风格感觉

21世纪写作指南

[美] 史蒂芬·平克（Steven Pinker）◎著
王烁 王佩◎译 阳志平◎审校

机械工业出版社
China Machine Press

图书在版编目（CIP）数据

风格感觉：21世纪写作指南 /（美）史蒂芬·平克（Steven Pinker）著；王烁，王佩译. —北京：机械工业出版社，2018.4（2025.6重印）

书名原文：The Sense of Style: The Thinking Person's Guide to Writing in the 21st Century

ISBN 978-7-111-59615-8

I. 风… II. ①史… ②王… ③王… III. 写作学 IV. H05

中国版本图书馆 CIP 数据核字（2018）第 060147 号

北京市版权局著作权合同登记　图字：01-2015-4146 号。

Steven Pinker. The Sense of Style: The Thinking Person's Guide to Writing in the 21st Century.

Copyright © 2014 by Steven Pinker. All rights reserved.

Simplified Chinese Translation Copyright © 2018 by China Machine Press.

Simplified Chinese translation rights arranged with Steven Pinker through Brockman Inc. This edition is authorized for sale in the Chinese mainland (excluding Hong Kong SAR, Macao SAR and Taiwan).

No part of this book may be reproduced or transmitted in any form or by any means, electronic or mechanical, including photocopying, recording or any information storage and retrieval system, without permission, in writing, from the publisher. All rights reserved.

本书中文简体字版由 Steven Pinker 通过 Brockman Inc. 授权机械工业出版社在中国大陆地区（不包括香港、澳门特别行政区及台湾地区）独家出版发行。未经出版者书面许可，不得以任何方式抄袭、复制或节录本书中的任何部分。

风格感觉：21世纪写作指南

出版发行：	机械工业出版社（北京市西城区百万庄大街22号　邮政编码：100037）
责任编辑：	邹慧颖　朱婧琬
责任校对：	李秋荣
印　　刷：	北京联兴盛业印刷股份有限公司
版　　次：	2025年6月第1版第11次印刷
开　　本：	147mm×210mm　1/32
印　　张：	14.5
书　　号：	ISBN 978-7-111-59615-8
定　　价：	99.00元

客服电话：（010）88361066　68326294

版权所有·侵权必究
封底无防伪标均为盗版

推荐序 1
提升写作能力，从关注逻辑开始

推荐序 2
古典风格：聪明人的写作原则

001　　**引言　写作风格为什么重要**

013　　**第 1 章　破解好文章**
　　　《解析彩虹》／016
　　　《背叛斯宾诺莎》／018
　　　讣告的艺术　／022
　　　《他乡暖阳》／028

033 **第 2 章　观看世界的窗**

古典风格是什么 / 035
古典风格如何解释抽象观念 / 038
写作中的坏习惯 / 046

　　滥用元话语和路标 / 046
　　混淆写作主题与自己的专业 / 049
　　用引号做自我辩解 / 051
　　用模糊语言做缓冲 / 052
　　不假思索地使用陈词滥调 / 055
　　过多使用僵尸名词 / 059
　　避用人称代词"我"和"你" / 063
　　误用被动语态 / 065

069 **第 3 章　知识的诅咒**

什么是知识的诅咒 / 072
为什么好人写出烂文章 / 074
当心术语、缩略语和技术名词 / 077
组块和功能固着让思维变抽象 / 082
把文稿给读者和自己看 / 090

093　　**第 4 章　思维网·句法树·词语串**

句法树将思维网转换为词语串　/ 097
基本的句法规则　/ 101
什么会引发树盲症　/ 108

　　主语与动词不一致　/ 108
　　并列结构各分支不一致　/ 115
　　选择了错误的格　/ 119

如何创造容易理解的树　/ 126

　　删掉不必要的词　/ 127
　　避免向左分支的结构　/ 130
　　避免中心埋置的结构　/ 138
　　大声读出句子　/ 143

如何消除歧义　/ 144

　　听从韵律的指引　/ 152
　　适当为句子加标点　/ 152
　　保留表明句法结构的词语　/ 154
　　小心惯用搭配模式　/ 157
　　善用结构平行　/ 158
　　把无关（但相互吸引）的短语分开　/ 161
　　把最重的留到最后　/ 165
　　先主题，再评论；先已知，再未知　/ 166

v

如何安排词语顺序 / 167

　　被动语态 / 167
　　换一种结构 / 172
　　换一个动词 / 174

177　第 5 章　连贯之弧

如何组织写作材料 / 181
尽早点明主题和论点 / 185
用相同主语形成主题链 / 190
有序地称呼反复出现的事物 / 194
　　用词应该如何变化 / 196
有逻辑地联系前后陈述 / 201
　　相似性关系 / 203
　　接近性关系 / 209
　　因果关系及其他 / 210
　　恰当使用连接词 / 212
谨慎地运用否定 / 218
　　被否定的陈述要看起来可信 / 221
　　否定的范围和焦点要明确 / 223
保持比例均衡的感觉 / 226
连贯地呈现主旨 / 229

237　　第 6 章　明辨对错

语法　/ 255

形容词和副词　/ 255
ain't　/ 257
and、because、but、or、so、also　/ 259
between you and I　/ 260
can 还是 may　/ 263
悬垂修饰语　/ 264
融合分词　/ 269
if-then　/ 272
like、as、such as　/ 277
所有格先行语　/ 279
介词悬空　/ 281
主格的表语　/ 284
时态呼应以及其他视角转移　/ 285
shall 和 will　/ 291
分裂不定式　/ 293
虚拟语气和非现实语气的 were　/ 297
than 和 as　/ 301
that 和 which　/ 303
动词化和其他新词　/ 307
who 和 whom　/ 313

数量、特质与程度　/ 318

绝对的和分等级的特质（very unique）/ 318

　　　　单数和复数（none is 与 none are）/ 321
　　　　双数和复数（两个和多于两个之间的区别）/ 328
　　　　可数名词和不可数名词 / 331
　　　　男性与女性（无性别主义语言与单数 they）/ 335

　　用词 / 344

　　　　应该忽略的挑剔规则 / 345
　　　　不该使用的非标准用法 / 353

　　标点 / 375

　　　　逗号以及其他连接符号（冒号、分号和破折号）/ 377
　　　　撇号 / 390
　　　　引号 / 394

　　写作中真正重要的规则 / 398

402　术语表

417　致谢

420　注释

431　参考文献

提升写作能力,从关注逻辑开始

在 21 世纪的全球化背景下,社会不仅要求我们能够读懂英文,更需要我们能够熟练进行英文写作(和中文写作)。英语写作能力同计算机能力一样,成为当代大学生适应社会生存的基本需要。英语写作不仅考验学生对词汇、用法、语法等语言要素的积累,更考验学生对上述各个要素的组织能力,以及学生自身的分析能力、表达能力、逻辑推理能力和对各种语言要素的整体掌握能力。熟练进行英文写作并形成自己的写作风格,成为衡量大学生综合能力的一个重要指标。

就我自己的专业——心理学而言,一名合格的心理学毕业生除了需要接受足够的心理学实验设计、编程、数据收集和统计分析方面的训练,还要有能力将数据分析得到的结果和从中得出的推论以严谨、清晰的科学论文形式发表出来,成为人类知识宝库的组成部分。写作是任何学人都必须具备的能力。在美国,统计一下所有专业大学毕业生的所有课程，就会发现写作课是选修比例最高的课程，其次才是心理学导论课。但就我多年指导研究生论文写作的经验来看，中国学生的论文写作能力堪忧，甚至在发表多篇论文以后依然不能独立写作。造成这个困境的根本原因之一就是作者不能自觉地站在读者的角度考虑文章的结构与表述，忽视背景信息对理解文章的重要性；过多使用不加定义的术语、缩略词和技术名词，进一步加剧了读者与作者之间的隔阂。造成文章令人费解的另一个常见原因就是文章逻辑结构不合理，段落主题不明确，段落与段落之间、上句与下句之间连接不清，所以整个文章连在一起让人感觉焦点模糊，支离破碎，不知作者到底要表达什么核心思想。此外，语法和时态错误造成含义模糊的句子或病句，也是导致文章佶屈聱牙的重要原因。陶行知先生说过："文章好不好，要问老妈子。老妈子看得懂，可以卖稿子；老妈子看不懂，只能当废纸。"写作经验不足的人需要一些写作指南，帮助他们了解写作要点，清晰传达出想要表达的信息，并在不断改进的过程中形成自己的写作风格。

现在市面上已经有多部不错的介绍英文写作的著作或译作，如《风格的要素》《高级英文写作教程》《英文写作实用教程》等。与这些已经出版的英文写作指南相比，由著名认知科学家和科普作家、著作等身的史蒂芬·平克教授编著的《风格感觉：21世纪写作指南》拥有自己的特色。第一，相较于其他英文写作，本书更加关注写作逻辑，而非语法错误。作为一个母语非英语的人，进行英文写作时不可避免会有一些语法错误，但导致文章晦涩难懂的核心问题不是语法，而是思想与写作的逻辑。作者只有明确知道这一点，才能从根本上解决写作问题。第二，本书非常适合有一些写作经历但写作经验不很丰富且想要提高写作水平的人。作者在第 1 章采用实例，帮助读者解析那些大家公认的好文章到底好在哪里，然后在第 2 章进一步告知不好的文章到底"坏"在哪里，并在接下来的几章中循序渐进地指导写作。整个过程流畅自然，引人入胜。第三，本书作者采用了很多漫画来说明写作误区产生的原因，生动有趣地解决了"why"的问题。

我认为，不管是从事科研论文写作还是一般论说或创作，读者都能从本书中获得有用的信息。我热诚推荐史蒂芬·平克教授的《风格感觉：21 世纪写作指南》。

周晓林
北京大学心理与认知科学学院长江学者特聘教授
教育部高等学校心理学教学指导委员会主任委员

古典风格：聪明人的写作原则

中文有《诗经》，英文有《圣经》。"关关雎鸠，在河之洲；窈窕淑女，君子好逑。"元始，上帝创造天地。地乃虚旷混沌，渊际晦暝，上帝之神煦育乎水面。最早的写作风格由此而来。千年演化，文体多变，风格迭出。有的风格辞藻华丽，手法夸张，如司马相如《子虚赋》——"王车驾千乘，选徒万骑，畋于海滨"。有的风格简约清晰，雄辩滔滔，如培根《谈读书》——"读书足以怡情，足以傅彩，足以长才"。

数千年来文体风格演化，始终存在古典风格与艺术风格的对立。前者追求平易但不平淡，言之有物，又有文采；后者重视写作形式，文学实验遍及题材音韵、节奏句式，穷古今之变。在盛唐是古文与骈文的对立，韩愈发起古文运动，向《诗经》《论语》等古典作品学习写作。在清朝是古文与时文的对立，桐城派领袖人物方苞号召重回经典，力求简明达意，条理清晰。在古希腊则是塞内加风格与西塞罗风格的对立：塞内加重视论点的鲜明与表达的有力,句子简短,接近口语;西塞罗讲究修辞,句子长而丰满,音调铿锵。到了文艺复兴时期是培根与巴洛克风格的对立:培根文章简短、简明扼要,思想深刻;巴洛克风格繁复华美,带点神秘主义色彩。

与汉语不同,英语经历了三个语言时期:古英语、中英语和近代英语,三种语言虽有联系,但差异极大。因此,今天追溯英文写作传统,更多是从近代英语算起,《圣经》英文译本的诞生即是标志事件。莫尔开启了近代英语古典风格写作源头,之后从德莱顿、班扬、笛福、斯威夫特、科贝特、萧伯纳、奥威尔,到美国怀特,一脉相承。在中国,则从韩愈、柳宗元、桐城派到曾国藩。

文风兴盛,关乎时代命运。那些天资绰约的魏晋名士们,身处一个礼崩乐坏、生命无常的时代,不约而同选择了华美绮丽的文风,对仗工整、数典用事。如曹植《洛神赋》——"仿佛兮若轻云之蔽月,飘飘兮若流风之回雪";又如阮籍《大人先生传》——"天下之贵,莫贵于君子;服有常色,貌有常则,言有常度,行有常式;立则磬折,拱若抱鼓,动静有节,趋步商羽,进退周旋,咸有规矩"。身处盛世,你不由自主地向往尧舜古风,是盛唐之古文运动,也是康乾桐城派;还是文艺复兴时期的蒙田、培根,也是17世纪法国的笛卡儿、拉罗什福科。

当时代强调理性,古典风格流行。1660年,英国皇家学会成立伊始,"要求全体会员用一种紧凑、朴素、自然的说话方式,正面表达、意思清楚、自然流利,一切尽量接近数学般的清楚,宁用工匠、乡下人、商贩的语言,不用才子、学者的语言。"科学文章必须写得像"数学一般平易",否则会误了社会大事。今天还有几位科学家记得300年前英国皇家学会的约定？牛顿《自然哲学之数学原理》开篇如是写道：

> 古代人从两方面考察力学，其一是理性的，讲究精确地演算，再就是实用的。实用力学包括一切手工技艺，力学也由此而得名。但由于匠人们的工作不十分精确，于是力学便这样从几何学中分离出来，那些相当精确的即称为几何学，而不那么精确的即称为力学。

牛顿写法简朴自然。今天科学家的普遍写法则是："有心理健康问题的人可能变得危险。以多样的策略来处理这个主题很重要，包括心理健康援助，也包括执法角度。"为什么非要故作高深呢？明明可以写成："有心理疾病的人可能变得危险。我们需要咨询心理健康专业人士，但可能也要通知警方。"

幸好，还有科学家铭记古典风格。认知科学家马克·特纳（Mark Turner）与人文学者弗朗西斯-诺尔·托马斯（Francis-Noël Thomas），不满当代英文写作风格，在我即将引进的经典之作《像真相一样清楚简单》（*Clear and Simple as the Truth*）一书中，他们重返古典风格，认为它不同于实用风格，也不同于平实风格，而是将写作看作一种智力活动，作者与读者地位平等，用对话来交流。在《风格感觉》一书中，认知科学家平克则将古典风格发扬光大，他认为：

> 观看世界是古典风格的主导隐喻。作者看到了读者没看到的东西，引导读者的视线，使读者自己发现它。写作

的目的是呈现不偏不倚的事实。当语言与事实一致时,写作便成功了;成功的证据便是清楚和简洁。

古典风格是清晰的,作者在用文字呈现真相之前就已知悉真相,因此古典风格的作者不为真相辩论,而只是带着读者看世界——文章是观看世界的一扇窗。古典风格是简洁的,但并不简单,它总会带读者看到那些不一样的真相。"早起的鸟儿有虫吃",这是朴素风格;"早起的鸟儿有虫吃,但第二只老鼠有奶酪吃"(因为第一只老鼠被捕鼠器逮着了),这才是古典风格。

就像我们今天熟悉的一个隐喻:现代人是使用石器时代的大脑生活在21世纪。你我都是使用同样的大脑在写作。我们的大脑受制于千千万万年来的星辰起落、狩猎采集、演化大道。比如人类的语言习惯是有生命的大于没有生命的;人类先于动物;阳性大于阴性。只会说美女与野兽,而不会说野兽与美女;只会说夫唱妇随、男耕女织,而不会说妇唱夫随、女耕男织。

适者生存,人类会演化出适合交流的写作风格。在认知科学家特纳与平克看来,追求简单、清晰的古典风格正是演化赢家。

当认知科学家遇上写作,会发生什么?那些不符合现代科学揭示的心智与语言运作规律的写作手册都要改写。因此,认知科学家们纷纷来到人文学者的地盘,谈诗论文。客气一点儿的特纳与人文学者合著了《像真相一样清楚简单》;娶了小说家做妻子的平克则在新书《风格感觉》中致力于站在认知科学前沿研究角度,为当代作者提供一份风格指南。

平克是当代最重要的认知科学家,不仅出版过《语言本能》(The

Language Instinct)、《心智探奇》(How the Mind Works)等科普畅销书，还曾荣获普利策非虚构类写作大奖。所以，当一流科学家与一流作家身份合二为一，《风格感觉》尚未出版，即广受关注。试看平克此书给我们揭示的 21 世纪知识分子写作要点。

原则 1：节俭使用元话语

你可能听过元认知、元记忆、元学习，认知科学关心"meta"词缀，不少术语均以"meta"开头。元话语（metadiscourse）是指语篇中标示话语结构的标记语言，相当于为读者"设置路标"，提醒读者该注意什么。来看平克现身说法的一个例子。

> 本章的剩余部分结构如下：第一小节介绍"元话语"及其主要表现形式——设置路标。第二小节讨论三个问题的坏处：致力于描述专业活动而非介绍主题，过多使用自我辩解的语言，以及过度闪烁其词、避做正面表态。之后的第三小节解释使用惯用语的问题。第四小节谈过度抽象化的问题，包括滥用名词化和被动语态。最后，我会评述以上讨论的主要观点。

如果你是一位路人，在一个满是指示牌的地方，你很容易迷路，不知所措。在上段例子中，"本章""第一小节""第二小节""之后的第三小节""第四小节""最后"同样设置了一堆路标。充斥标记语言的文字，难以理解和记忆，应大刀阔斧地砍掉。你可以用提问代替元话语。

改前：这一章讨论引起名字流行程度上升和下降的因素。

改后：一个名字流行或不流行的原因是什么？

或把一段文字的内容当作发生在眼前的事："正如你刚才看到的……"你还可以用有内在大小关系的具象事物来代替第一、第二、第三、第四这种写法，如"仁者如水，有一杯水，有一溪水，有一江水，圣人便是大海之水"。

好的写作善于利用读者的期待心理，不让读者受困于各种路标，带着读者上路，曲径通幽，善于利用"连贯之弧"组织文章脉络。就像平克所言，具备连贯性的文章是经过设计的：一个层层嵌套的有序树形结构，多个连贯之弧交织其中，串起主题、论点、行动者和主旨。它确保读者抓住主题，领会论点，紧跟相关事物，并让观点环环相扣。

原则2：放弃专家腔，更自然地对话

试看一段文字：

近年来，越来越多的心理学家和语言学家将注意力转向儿童语言习得的问题。本文将评述这一过程近年来的研究。

这样的文字无聊乏味，催人欲睡，却偏偏比比皆是。将这些坏文字扔到一边，看看古典风格如何写这段话。

小孩子不用专门上课，就能获得说一门语言的能力。他们怎么做到的？

对话比主题更重要。你是试图向读者解释一些重要主题，而非向他们说明该主题将有多么困难，它背后的学术争议有多么复杂。

记住，你的写作是与读者对话，别把你的老本行当作谈话主题。你关心的，并不一定是读者关心的。在非虚构写作时，常见错误是用自己研究中的内容来混淆主旨。一位哲学家喋喋不休地谈论其他哲学家的所作所为，而不谈论原本应该关心的主旨本身。当然，也有例外，比如两位知名学者之间的辩论。

原则 3：写作清晰有力，少用模糊词汇

一些修饰词，如"看似""显然""几乎""某种程度上"，有时候必要，却过于乏味。如果你用过头了，还会给读者不良暗示——作者不愿对文字承担责任，随时准备拍屁股走人。当你在新闻报道里读到"据说死者躺在血泊里，背上插着把刀"，你对这篇报道有几分信任？

同样，"非常""十分""特别"这样的强调词会有过犹不及的效果，让人产生不必要的困惑。比如你怀疑一个人是否偷了你的钱，你可能得到以下两种说法。

> 杰克是个诚实的人。
> 杰克是个特别诚实的人。

听到第二种说法时，你会更加怀疑杰克。对不加修饰的形容词或名词，人们倾向于二元对立的理解——要么诚实，要么不诚实。而添加修饰词，会凸显程度的差异，"特别诚实"有多诚实呢？

原则 4：陈词滥调，如避蛇蝎

请使用新鲜、言简意赅的词汇来代替陈词滥调。读者读文章就像看戏一样，沉浸其中，陈词滥调容易让读者出戏。听到一个又一个不加斟酌、暗淡无味的词汇时，读者会关闭视觉想象，仅仅在脑中划过一个个熟悉的音节。好作家懂得如何将陈旧意象重新包装，写出新意。试看海子的诗。

> 黑夜降临，火回到一万年前的火
> 来自秘密传递的火　他又是在白白地燃烧
> 火回到火　黑夜回到黑夜　永恒回到永恒
> 黑夜从大地上升起　遮住了天空
>
> ——海子《献诗》

如果让一位平庸作家拿黑暗、火、永恒造句，会写成"黑暗中重生，浴火中永恒"这样的句子，只有海子会写成：

> 火回到火　黑夜回到黑夜　永恒回到永恒

此句之妙，妙在重复与同质。如博尔赫斯写的那句"死了，就像是水消失在水中";再如"让上帝的归上帝,恺撒的归恺撒"。

原则 5:抽象名词,远之;抽象概念,论之

弗吉尼亚·伍尔夫曾经写过一本书《普通读者》(*The Common Reader*)。什么是普通读者?你可以理解为有阅读趣味与欣赏能力的人。究竟是写成晦涩难懂、寥寥数人阅读的无聊文章,还是为普通读者写作?平克选择了后者。他建议你从不同角度谈论抽象概念,并且尽量避免不必要的抽象名词。滥用抽象名词,莫过于两类:"性度力"与官僚体。

先说"性度力"。打开在线书店网站检索,你会看到这类图书标题:《自控力》《演讲力》《说服力》《沟通力》《领导力》……文笔差的文章中,你时不时又能读到:专注度、自由度、可信度、关联度、相关度、聚合度、生活满意度、显著性、安全性、易用性、自觉性、特异性、敏感性、科学性、鲁棒性、效度、演讲力。这是吓唬外行。奥威尔将这类词汇称为"语言的义肢",能砍就砍。

另一类滥用抽象名词的例子则是官僚体。什么是官僚体?文章中充斥了大量"问题""模式""水平""观点"。举个例子,"一个有着心理健康问题的人会变得很危险"应删掉"问题",改为"有心理疾病的人会变得很危险"。

原则 6:去掉僵尸名词

"名词化"是指将动词改变为名词,这是写作大凶器。鲜活的动词密封为名词,失去了原有的力量,和动作发起者的关联也被大大削弱。

比如,"确认"变成"做出确认","决定辞职"变成"做出辞职的决定"。奥威尔曾深入批评,认为学者与官员倾向过度使用它,比如常见的学者腔,将"我们向参与者展示一个句子,他们判断句子的真假"写成"参与者阅读一些论断,然后透过用作评估的字眼的提供,他们对论断的真实性加以确认或否认"。

原则 7:采用主动和互动风格

尽量采用生动、互动的风格,提高情感指数。什么是情感指数?它语出《有效商务写作》一书,表示你是否关心读者。试看情感指数坏的例子:

我们很高兴地宣布,本实验室的新设施将对外开放,随时准备承接各类脑科学实验。

文中的"我们""本实验室的新设施将对外开放"都不是站在读者角度,此句情感指数等于负二。为了提高情感指数,需要修改为:

你将有机会使用本实验室,来做你的脑科学实验。

推荐使用第一人称和第二人称。不要假装还有一位经纪人帮你冲在前面,比如应该删掉这类句子:

这篇文章会表明……

尽量使用主动语态，试看平克给出的范例：

例子 A　随着时间的推移，X 会带来持续的累积性毁坏。
例子 B　不要使用 X，它在几分钟内就可以将你杀死。

哪种表达更能引起读者的共鸣？哪个句子的情感指数更高呢？答案不言自明。

原则 8：被动语态，并非洪水猛兽

《风格的要素》等英文经典写作手册反对使用被动语态。不过平克指出，如果你只是偶尔用用被动语态，尽管大胆使用。只是需要记住一个原则：此时，你试图攫取用户注意力，集中到你要突出的事物上。主动语态引导读者将注意力投在正在做出的行动上；被动语态则让读者的注意力放在做出这些行动的人或物上。有时需要关注的正是后者。例如这个句子：

看到李雷了吗？他正被一位拿着购物袋的女子扔鸡蛋。

在第二句话中出现的被动语态合情合理，因为它可以抓住读者对李雷的注意力，而不是关注正向他扔鸡蛋的女子——她是韩梅梅吗？

上述八条正是平克写作八原则。如何学习 21 世纪的古典风格？平克在《风格感觉》中已经讲得淋漓尽致，相信各位读者均将开卷有益。

略有遗憾的是，中英文差异不小。汉字是世界上唯一流传五千年的象形文字，它的信息密度和节奏感与英文不同。如"口是心非"读起来朗朗上口，同时包含深刻语意，翻译成英文就失了中文韵味。余光中将中文生命的常态总结为措辞简洁、语法对称、句式灵活、声调铿锵。

除此之外，从《诗经》一开始，中文就有散文句法与诗歌句法两种。文养气，诗洗心。文指什么？散文句法。诗指什么？诗歌句法。多数人不知道"诗歌句法"的存在。以为白话文只有"散文句法"。其实不然。例如，与严谨的散文句法相比，中文诗歌句法可随意插入语气助词，可随意省略句子成分，可随意调整词序与语序。典型例子如杜甫的千古名句："香稻啄余鹦鹉粒，碧梧栖老凤凰枝。"写成严谨散文句法，应该是鹦鹉、凤凰作为主语在前。但在中文诗歌句法中，可以灵活对调。

在师法西方平克等人的古典风格时，你不应忘记，中国还有韩愈、桐城派那样的古典风格，你更不应该忘记，中文还有"卿云烂兮，纠漫漫兮""白云在天，丘陵自出"那份来自源头的美好。

阳志平

安人心智集团董事长

写作风格为什么重要

风格确保作者清楚传达信息。风格赢得信任。风格给世界增加美。

引言

我爱读写作风格指南。自从我在心理学入门课上被布置阅读斯特伦克和怀特的名著《风格的要素》(*The Elements of Style*)之后,写作指南就是我最爱的一类文字。不仅因为完善写作是终身的挑战,我自然欢迎得到指导,还因为可信赖的写作指南本身得写好,而最优秀的指南都是其自身建议的表率。《风格的要素》源自威廉·斯特伦克(William Strunk)的写作课讲义,被学生埃尔文·怀特(Elwyn B. White)加工成书,身体力行自己的许多精彩建议:"用名词和动词写作""把着重词放到句尾",最棒也最重要的指令是"删掉不需要的词"。许多著名的风格大师用其才华阐释写作艺术,其中包括金斯利·艾米斯(Kingsley Amis)、雅克·巴尔赞(Jacques Barzun)、安布罗斯·比尔斯(Ambrose Bierce)、比尔·布莱森(Bill Bryson)、罗伯特·格雷夫斯(Robert Graves)、特雷西·基德尔(Tracy Kidder)、斯蒂芬·金(Stephen King)、埃尔莫·伦纳德

（Elmore Leonard）、F. L. 卢卡斯（F. L. Lucas）、乔治·奥威尔（George Orwell）、威廉·萨菲尔（William Safire），当然还有怀特本人，《夏洛特的网》(*Charlotte's Web*) 和《精灵鼠小弟》(*Stuart Little*) 的作者。下面是这位散文大家对老师的回忆：

> 我在斯特伦克课堂上度过的那些日子里，他删掉了那么多不需要的词，那么激烈、那么热切，又是那么明显地享受这一过程，以至于时常陷于尴尬：课堂时间还多的是，可没话说了，就像一个电台导播提前放完了所有音乐。斯特伦克的脱困办法很简单：每句话说三遍。在课堂上讲到要简洁，他身体前倾，倚靠讲坛，拽着大衣翻领，用带有阴谋意味的沙哑嗓音说道："第 17 条规则——删掉不需要的词！删掉不需要的词！删掉不需要的词！"[1]

我喜欢读写作风格指南还有个原因，与植物学家去花园弄花草、化学家进厨房做实验㊀的原因相同：它是我们科学的实际运用。我是心理语言学家和认知科学家。所谓写作风格，说到底，不就是有效运用语词来吸引人类心灵的关注吗？对试图向广大读者解释这些学科领域的人来说，这就更使人着迷了。我思考语言如何运作，才能对语言如何运作做出最好的解释。

但是正因为我对语言有专业了解，所以传统写作指南越来越令我不安。斯特伦克和怀特对写作风格很有直觉，对语法却谈不上掌握。[2] 他们对短语、分词和关系从句等术语下了错误的定义，在引

㊀ 英语有个说法是 kitchen chemistry，即把厨房当成实验室。——译者注

导读者不使用动词的被动语态、转而使用及物动词的主动语态时，却把两者的例句都搞错了。"有许多干枯的叶子躺在地上"，这句话就不是被动语态；"公鸡晨鸣"中也没有及物动词。由于缺少分析语言的工具，他们将个人直觉变成建议就很勉强，不得不徒劳地召唤作者的"耳朵"，似乎也没发现自己的一些建议自相矛盾："许多温暾的句子……可以通过换入主动语态的及物动词而被改得活泼有重点。"这句话反对被动语态，但本身就用了被动语态。乔治·奥威尔在其被大肆吹嘘的《政治和英语》(Politics and the English Language)中掉进了同一个陷阱，他并非讽刺地嘲笑这一类文字："但凡可能，被动语态就优先于主动语态而被使用。"[3]

自相矛盾暂且放到一边，我们现在知道，告诉作者不用被动语态是个坏主意。语言学研究表明，被动语态用特殊的方式吸引读者的注意力和记忆，因此有一些不可或缺的功能。老练的作者应该知道这些功能是什么，当文字编辑受语法知识粗浅的传统写作指南影响而把每个被动语态都改成主动语态时，作者需要挺身反抗，再改回来。

写作中引发最多情绪反应的一件事，就是区分什么是正确用法，什么是不正确用法。那些不懂语言学的写作指南在这件事上是跛脚的。许多写作指南对待传统用法，就像原教旨主义者维护十诫：律法永不会错，刻于蓝宝石上，凡人只能凛遵，否则有永罚的危险。㊀怀疑者和独立思考者调查这些诫命的历史，却发现其来自传说和迷思的口述传统。对这些传统诫命深信不疑的写作指南，没有对作者尽到责任。有些诫命可以使文字变好，但许多只是使其变差，作者最好是藐视这些诫命，因其常常把语法的正确性、逻辑的

㊀ 根据《出埃及记》，十诫是刻在石板上的。——译者注

连贯性、正式风格和标准语这些问题混为一谈，而老练的作者必须弄清它们的区别。正统写作指南也难以处理一个无法逃避的现实：语言在变。语言不是由权威部门立法规定的标准文书，而是在线百科，集合了数以百万计写作者、说话者的贡献。他们时时刻刻都努力使语言适应自己，然后不可阻挡地变老、死去，接着，轮到他们的子孙来改装语言。

但是在经典写作指南的作者笔下，那些伴随他们长大的语言仿佛是永生的，因此他们无法对正在发生的变化培养出欣赏的耳朵。在20世纪早期，斯特伦克和怀特摒弃当时新出现的动词，如"personalize"（"个性化"）、"finalize"（"使……结束"）、"host"（"做东"）、"chair"（"主持"）、"debut"（"初次亮相"），并警示作者们永远不要用"fix"替代"repair"（两者均代表"修理"），也不要用"claim"替代"declare"（两者均代表"宣称"）。更糟糕的是，他们用荒谬的说辞来论证自己的好恶。比如，他们说动词"contact"（"联络"）"含义模糊且妄尊自大，所以不能说'联络别人'（contact them)，要说'与他们接触'（get in touch with them)，'寻找他们'（look them up)，'给他们打电话'（phone them)，或者'与他们会面'（meet them)"。其实，"contact"的模糊一面正是其用处所在：有时作者并不需要知道人们之间怎样相互接触，只要是接触就行了。再看看这个让人摸不着头脑的例句，用来论证数字不能直接放在"people"（"人"的复数）之前，而只能放在"person"（"人"的单数）之前："假如六个人（six people）中间有五个人离开了，那么剩下来几个人？答案：一个人（one people）㊀。"按照这个说法，那也不应该在

㊀ one people 有一个民族的意思。——译者注

诸如"men"("男人"的复数)、"children"("孩子"的复数)、"teeth"("牙齿"的复数)等不规则复数之前使用数字:"如果六个孩子(six children)中的五个离开了……"

在怀特生前出版的最后一版《风格的要素》里,他承认语言在发生一些变化。变化是"年轻人"煽动起来的,"他们用自己发明的口语与其他年轻人说话:他们以狂野的热情更新语言,就像装修地下室公寓一样。"怀特对这些"年轻人"(他们现在也已到了退休年龄)的姿态是高高在上的,他预测"nerd"("呆子")、"psyched"("爽翻")、"ripoff"("剽窃")、"dude"("老兄")、"geek"("极客")和"funky"("时髦")这些词都是昙花一现,结果它们却全都生了根。

写作专家们对新事物的老朽反应,不仅由于对语言变化缺乏欣赏,还由于对自身心理缺少反省。随着年齿渐长,他们混淆了自己的变化与世界的变化,并将世界的变化与道德滑坡混为一谈,也就是所谓的"过去好时光"幻觉。[4] 每一代人都觉得当今的孩子在糟蹋语言,顺带糟蹋了整个文明社会。[5]

> 共同语言在消失,正被大堆口头语慢慢挤压至死,后者是既做作又无力的伪语言,由天天发生的无数语法、句法、成语、隐喻、逻辑和常识错误造就……在现代英语历史上,从来没有过雅言败得如此彻底的时候。——1978年
>
> 包括有大学学历的人在内,最近的毕业生似乎根本没有掌握语言。他们都不能构造出简单的陈述句。他们拼写不出普通的日常词汇。标点符号用法显然就没学过。对几

乎所有新近毕业生来说,语法完全是个奥秘。——1961 年

从全国每所大学传来怒吼:"新生不会拼写,也不会标点符号。"每间中学都处于荒废之中,因为其学生对哪怕最基本的东西都是那么无知。——1917 年

大多数高中生的词汇量惊人地小。我总是尽量用简单的语言,但即使这样,我上课时,还是有一小部分学生只能理解我说的不到一半的内容。——1889 年

除非逆转现在的趋势……否则毫无疑问,100 年内英国人就将完全听不懂美国人说话。——1833 年

我们的语言(我指英语)在迅速堕落……我担心再也无法阻止。——1785 年

对于语言堕落的抱怨,至少可以追溯到发明印刷机的时候。威廉·卡克斯顿(William Caxton)1478 年装配了英格兰的第一部印刷机,很快他就哀叹:"诚哉,今日吾辈之笔写口谈已迥异于吾呱呱坠地之时矣。"的确,对于文字堕落的道德恐慌大概和文字本身一样古老。

Non Sequitur © 2011 Wiley Ink, Inc. Dist. by Universal Uclick. Reprinted with permission. all rights reserved.

这幅漫画并不怎么夸张。据英国学者理查·劳埃德-琼斯（Richard Lloyd-Jones）的研究，古代苏美尔人留下来的黏土板就载有对于年轻人写作技艺下降的抱怨。[6]

对经典写作指南的种种不安使我确信，我们需要一个用于21世纪的写作指南。我无意（更不消说）也无才取代《风格的要素》。作者们可以从不止一本写作指南中获益，斯特伦克和怀特书中的许多部分既有魅力又经得起时间考验，不过也有许多不尽如人意之处。斯特伦克生于1869年，在电话机（更不要说互联网）发明之前，在现代语言学和认知科学出现之前，在口语化于20世纪后半叶席卷世界之前，他对写作风格的感觉就已养成。今天的作者们学手艺，不能全靠他的建议。

新千年的写作指南不能固化来自以前指南的戒律。今天的作者们充满科学怀疑主义精神和质疑权威的精神，不会满足于被告知"本来就这样"和"因为我说这样"，任何年龄的人都受不了别人摆出高人一等的派头。他们接到任何建议，都有权要求获知理由。

而今天我们能够提供理由。我们对语法现象的理解，已远远超出与拉丁语粗浅类比得来的传统分类学。我们对阅读的心理动力有许多研究：读者理解一段话时记忆负荷的潮汐，读者逐步掌握其含义时知识的渐增，以及那些可能将读者带离正途的死胡同。我们对于历史和批评的研究，能把那些增进清晰、优雅、情感共鸣的规则与那些基于迷思和误解的规则区分开来。用理性和证据来取代教条，不仅可以使我免于给出笨拙的建议，还可使我给出的建议比注意事项清单更易记住。解释原因也能使作者和编辑明智地应用那些指导原则,知道能用它们来做什么,而不是像个机器人一样机械执行。

....

书名"风格感觉"(The Sense of Style)有双重含义。"视觉"(the sense of sight)和"幽默感"(a sense of humor)中的"感觉"(sense)指心灵的一种官能,这里指能与精巧句子产生共鸣的理解力。感觉还指与"胡扯"(nonsense)相对应的"正确的判断力"(good sense),这里指有能力区分两类准则:一类能改进文章质量,而另一类只是在传统用法中流传下来的迷信、癖好、切口和入会考验。

在本书中,你不会找到关于连字符和大小写问题的答案。它也救不了那些学得太差、连句子结构都没掌握的学生。与经典的写作指南一样,它服务于那些知道怎么写并且想写得更好的人,包括想提升论文质量的学生,想做博客、专栏、系列评论的有抱负的评论家和记者,想为学术腔、官腔、公司腔、法律腔、医学腔找解药的各类专业人士。本书也适用于这样的人:他们并不寻求写作上的帮助,但对文字和文学感兴趣,对心智科学会怎样揭示语言的最佳用法感到好奇。

我所关注的是非虚构写作,特别是那些看重清晰连贯的体裁。但与经典写作指南的作者们不同,我并不认为清晰连贯等同于直白的词汇、简陋的表达和整齐划一的文风。[7]清楚连贯的写作也可以有文采。另外,尽管本书的重点在于非虚构,其逻辑对小说作者也有帮助,风格的许多原理是普遍适用的,不管是用于描写真实的还是想象的世界。我相信这些原理也有助于诗人、演说家以及其他有创造性的文字匠人,他们需要知道那些平庸乏味的文章有什么规则,以便在追求修辞效果时公然无视之。

人们常问,现在还有谁在意写作风格。他们说,互联网时代来临,短信、推特、电邮、聊天室等使语言面临着新威胁。要按这个逻辑,早在智能手机和互联网出现之前,写作技艺就已衰亡。你记忆中有这样的时代吗?20世纪80年代,就连小孩子都说得出流利的段落,官员都写得一手好文章,每篇学术论文都是文章写作的精品吗?(或者是在70年代?)互联网使我们变文盲这种论调的问题在于,每个时代都有烂文章折磨读者。斯特伦克教授早在1918年就想改变这种情况,年轻的埃尔文·怀特那时还在康奈尔大学英文课堂上学习。

今天的末日预言家们没看到,他们所强烈反对的趋势,其精髓就是口头媒体(广播、电话、电视)被书面媒体所取代。不久以前被说是要毁掉语言的还是广播和电视。今天,我们的社会文化生活比史上任何时候都更依赖书面语言。这些书面语言可不都是互联网怪兽的半文盲臆语。随意浏览一下就会发现,许多互联网用户重视行文清楚、语法正确、拼写和标点恰当,这些要求不止针对书和传统媒体,对电子杂志、博客、维基词条、消费者评论甚至对邮件也一样。调查显示,现今大学生写作量比以前大,平均每页纸犯下的文字错误却没有更多。[8]与人云亦云的传说相反,这一代大学生在论文里乱用笑脸图标和社交网络缩略语(如IMHO和L8TR)[一]这

[一] 前者为"in my humble opinion"的缩写,意为"恕我直言";后者为"later"的缩写,意为"稍后"。——译者注

种事干得并不比上一代学生忘记介词和冠词更多,而上一代学生是因为发电报时省词形成了习惯。像所有语言使用者一样,互联网一代知道遣词造句要适应情景和受众,也理解在正式文本中怎样才是得体。

风格仍然重要,至少有三个原因。

第一,它确保作者清楚传达信息,使读者免于浪费宝贵生命来解码含混文字。而做不到的结果可能是灾难,正如斯特伦克和怀特所说:"路牌写错导致高速公路上发生死亡事件,一封真心诚意的情书因为短语放错位置而致情人心碎,电报写得马虎,结果到火车站接不到人。"政府和企业都发现,行文每清楚一分,都可以预防大量错误、挫折和浪费,[9] 许多国家近来还把写作需清晰写入法律。[10]

第二,风格赢得信任。作者行文注重连贯、准确,读者看了会相信作者在其他不那么容易发现的地方也会同样要求自己。一位技术公司经理解释为什么拒绝那些满是语法和断句错误的简历:"花了 20 多年还不知道 it's 的正确用法,我受不了这样的学习曲线。"[11] 如果这还不够激励你改进写作技能,再看看这个:约会网站 OKCupid 发现,自我介绍的语法和拼写糟糕,会使潜在的约会对象兴趣大减。一个用户说:"如果你想约会,我不指望你写得像简·奥斯汀那样锦心绣口,但为什么不努力给人留个好印象呢?"[12]

第三,风格给世界增加美。这并非赘言。对于有文化的读者,读到清脆的句子、吸引人的隐喻、俏皮的旁白、优雅的转折,可谓生活中一大乐趣。我们将在第 1 章看到,良好写作这种完全不实用的优点,正是掌握良好写作这一实用技能的起点。

破解好文章

> 先成为好读者是成为好作者的起点。写作者可以通过这个方法获得自己的技巧:在阅读中发现、欣赏,并对好作品进行逆向工程,破解它们好在何处。

第 **1** 章

"**教**育是件有价值的事，"王尔德写道，"只是得时常记住，凡是值得知道的，都不可能被教会。"[1] 在写作本书的黑暗时分，我有时担心王尔德是对的。我问过一些成名作者，在他们的学徒年代曾参考过哪些写作指南，最多的答案是"没有"。他们说，他们自然而然就会写。

我绝不怀疑好作者句法晓畅、词汇丰富有其天赐内因，但不存在天生的写作技巧这回事。这些技巧也许不是来自写作指南，但肯定有其来历。

这个来历，就是其他作者的作品。好作者酷爱阅读。他们掌握了一份由海量字词、成语、构造、比喻和修辞技巧构成的清单，以及对它们之间如何配合、如何冲突的悟性。这就是好作者的"耳感"，是一种暗默的风格感觉。像回应王尔德一样，每本诚实的写作手册都承认这种风格感觉无法表露，也无法传授。伟大作家的传记作者们都要追溯传记主人公年轻时代读过的书单,因为里面有他们成为作家的关键。

如果不是与王尔德看法不同,认为许多风格准则确实可以传授,我是不会写这本书的。不过,成为好读者是成为好作者的起点。作者在阅读中发现、欣赏,并对好作品进行逆向工程,以获得自己的技巧。本章的目标是管窥它实现的过程。我选取作于21世纪、风格和内容迥异的四篇作品,然后自言自语,尝试破解它们好在何处。我的目的不是假装给这些文章颁奖,也不是把它们树作必须模仿的典范,而是通过偷窥我自己的意识流展示一个习惯:遇到好文章,便流连不去,沉思它好在哪里。

要培养作者的耳感,欣赏好文章比遵循诫命更有效,也更有吸引力。许多关于风格的建议既严厉又挑剔。最近的一本畅销书主张对错误"零容忍",第一页里就挥舞着"恐怖""恶魔般的""糟透了""跌破底线"这些严词。刻板的英国人和顽固的美国人写的那些经典写作手册,严肃要求作者回避标新立异的词汇、修辞手法和活泼的头韵法,夺走了写作的所有趣味。这个门派有条著名的建议,已然跨越了严肃与杀婴的界线:"但凡有冲动写篇异常漂亮的文章,那就写,全身心地写,但在付印之前把它删掉。杀掉你的宠儿。"[2]

照此理解的话,学习写作就好比在新兵训练营里努力越过障碍物,每次出错时耳边都会传来教官的咆哮。为什么不能将其视作如厨艺或者摄影一般愉悦的学习过程呢?完善技艺是终生的呼召,错误是游戏的一部分。尽管获得进步需要教训的提示、练习的打磨,但它必须首先由欣赏大师杰作带来的愉悦点燃,由想要与大师比肩的渴慕点燃。

《解析彩虹》

> 我们都会死，因此都是幸运儿。绝大多数人永不会死，因为他们从未出生。那些本有可能取代我的位置但事实上从未见过天日的人，数量多过阿拉伯的沙粒。那些从未出生的魂灵中，定然有超越济慈的诗人、比牛顿更卓越的科学家。DNA组合所允许的人类之数，远远超过曾活过的所有人数。你和我，尽管如此平凡，但仍从这概率低得令人眩晕的命运利齿下逃脱，来到世间。

在《解析彩虹》(*Unweaving the Rainbow*)一书的开篇，理查德·道金斯（Richard Dawkins）这位绝不妥协的无神论者和不知疲倦的科学辩护人解释道，为什么他的世界观没有像浪漫主义者和宗教信徒们惧怕的那样，熄灭对生命的新奇感和礼赞。[3]

我们都会死，因此都是幸运儿。（We are going to die, and that makes us the lucky ones.）好文章开头有万钧之力。道金斯不用陈词滥调开头，如"自历史的曙光洒向人间以来""近来，学者们越来越担心的问题是……"，而是用能激发强烈好奇心的有内容的观察来开头。读者一打开《解析彩虹》，就被最可怕的事实当头一击，接踵而来一个自相矛盾的阐释：我们会死，所以是幸运儿？谁不想知道怎样解开这个谜团？简洁的用词和格律进一步强调了该悖论之严酷：用词短促而简单，一个重读的单音节词后跟六个抑扬格⊖音步。

⊖ 专业术语的解释请见"术语表"。——编者注

绝大多数人永不会死。死亡是坏事,但隐含着一件好事,即曾经活过。一个排比句解开了悖论:永不会死……从未出生。接下来又用了排比重申这一对比,但通过并列节奏相同的惯用语避免了重复:本有可能取代我的位置……但事实上从未见过天日。

阿拉伯的沙粒。诗意的表达,比"巨大的"或者"庞大的"那类无色彩的形容词更好地引出道金斯想要的那般壮丽。这一表达采用语词变化(沙粒,而不是沙子),略带异国风情,没有陷入陈词滥调。阿拉伯的沙子,这一表达虽然在19世纪早期比较常见,但自那以来便不再流行,而且现今已没有一个公认的地方叫作阿拉伯;我们把它叫作"沙特阿拉伯"或者"阿拉伯半岛"。[4]

从未出生的魂灵。用鲜活的意象传达基因在数学上的可能组合这一抽象观念,也狡黠地征用了一个超自然的概念来推进一个自然主义的论述。

超越济慈的诗人、比牛顿更卓越的科学家。排比是很有力的修辞方法,但在死亡和出生之后,在本有可能取代我的位置和从未见过天日之后,怎么也是够了。为避免单调,道金斯倒置了这一对句中的一句。这句话也淡淡地提示出关于未得出世天才的另一则沉思,"这里也许安息着一些沉默的、湮没无闻的弥尔顿。"〔见托马斯·格雷(Thomas Gray)的《乡村教堂墓地写下的挽歌》(*Elegy Written in a Country Churchyard*)。〕

从这概率低得令人眩晕的命运利齿下。这个习语将捕食者恐怖的大嘴带到眼前,使我们对活着更加心怀感激:我们得以存在,险险逃脱了致命的威胁,因为我们本不会出生的概率极高。到底多高?这对所有作者来说都是挑战,要从英语词库里找到还没有被夸张和滥用毁掉的最高级词汇。从使人难以想象的命运利齿下？从令人惊惧的命运利齿下？不。使人头晕目眩，使人变蠢——道金斯找到了一个还能使人印象深刻的极致词汇。

好的写作能翻转看世界的角度，就好像心理学教材里，同一个剪影既可看作高脚杯，又可看作两张脸。在刚才的六个句子里，道金斯翻转了我们对死亡的认知，表达了一个理性主义者对生命的礼赞，所用的语言如此令人触动，我认识的许多人本主义者都要求在自己将来的葬礼上朗诵这些话。

《背叛斯宾诺莎》

是什么让一个人成为她现在的样子？是什么让她不是另外一个人而偏偏是她自己？是什么让她跨越时间的流逝却保持着完整的同一性，经历不停的变化却仍然继续存在，直到她不能（起码不能顺顺当当地）继续为止？

我注视着这幅照片。夏日野餐中的小女孩，一只小手紧紧抓住大姐姐，另一只手颤巍巍地拿着一大片西瓜，小嘴张成圆形，努力与西瓜相交。这个小女孩就是我。但为什么她是我？我完全不记得那个夏日，对那个小女孩有没有成功地将西瓜放进嘴里也无亲知。确实，从那个小女孩的身体到今日之我的身体，存在着一个连续物理事件的平滑序列，也许身体同一性正是我们个体同一性的栖身之所。但是，此身于时光中如一也带来了哲学悖论。那个连续物理事件的平滑序列，使小女孩的身体与此刻我自视所见的身体如此不同；那构成她身体的原子，不再构成我的身体。而且如果说我们的身体不一样，那我们的观念就会更不一样。我的观念对于她[让她弄懂斯宾诺莎的《伦理学》(*Ethics*)试试看]，就如同她的观念对于我一样难以理解。她的前语言思维过程大多在我的理解之外。

然而那个穿着白色褶边围裙、下定决心的小东西毕竟是我。她继续存在，经历了各种儿时疾病、12岁时差点儿在洛克威海滩的激流中溺水以及其他险情。可以想见，假如发生的是其他历险，她（也就是说我）将不再是她自己，我会变成另外一个人还是会不再存在？如果我丧失了对自己的所有感知（不管是因为精神分裂还是邪灵附体，因为昏迷还是日渐痴呆），那个经历这些考验的人还是我吗？还是说我已灵魂脱窍了？那存在的是另一个人，还是谁也不存在？

死亡是否是那样一种历险，我不可能从中归来而仍是我自己？我在照片中紧紧抓住手的那个姐姐已经死了。我每天都在想她是否仍然存在。被爱过的人似乎总是那么重要，不会就这样从世界上完全消失。你爱过的人就是一个世界，如同你知道自己也是一个世界。这样的世界怎么可能就此完全终结？但是如果我的姐姐仍然存在，那么她是什么？又是什么能使得她现今的存在，与那个在已被淡忘的日子里对小妹妹微笑的美丽女孩，是同一个人？

这段文字摘自《背叛斯宾诺莎》（*Betraying Spinoza*），哲学家兼小说家瑞贝卡·纽伯格·戈德斯坦（Rebecca Newberger Goldstein，也是我的妻子）解释了个体同一性的哲学之谜。这个问题吸引了定居荷兰的犹太思想家、书中的主人公斯宾诺莎。[5] 与人道主义者同仁道金斯一样，戈德斯坦分析了生存与死亡这个令人眩晕的谜题，但两者的风格差别之大，说明语言资源之丰饶足以用多种方式来阐明同一个主题。道金斯的写法是男性的：咄咄逼人的开头、冷酷的抽象、挑衅的意象、对雄性领袖的赞美。戈德斯坦的写法言由己出、引人共鸣、触发遐思，却又不失心智上的严谨。

起码不能顺顺当当地继续。语法的分类反映了思维的构件：时间、空间、因果、事件。哲学作者可运用它们唤起读者注意到形而上学难题。这里出现了一个副词"顺顺当当地"，修饰动词"继续"，也就是"继续存在"的省略。"存在"（to be）这类动词通常不能用副词来修饰，因为存在或者不存在，两者之间没有灰色地带。"顺顺当当地"这个副词的意外出现，将形而上学的、神学的和个人的问题摆到了桌面上。

另一只手颤巍巍地拿着一大片西瓜，小嘴张成圆形，努力与西瓜相交。好文章能通过想象理解。[6] 作者将寻常的吃西瓜用了不寻常的几何学词汇来表达：一大片西瓜与张开的圆圆口型相交。这迫使读者停下来在脑海中想象出这一幕，而不是浮光掠影翻过去。我们觉得照片中的小女孩可爱，不是因为作者屈尊用了"可爱""迷人"这些词直白告诉我们，而是因为我们想象得出她的稚气举止，就像作者沉思这个陌生小家伙就是自己时，头脑中也是同样的画面。我们看到一只小手笨笨地想要拿住成人尺寸的物品；看到她要对付一个对大人来说不成问题的挑战的决心；看到张大到错位的小嘴巴，期待满嘴的香甜。使用几何学语言，也使读者为戈德斯坦下一段要介绍的前语言思维做好准备：我们退回到幼年，那时连"吃"和"放嘴里"都是抽象的，而使某物与身体某处相交是具体的挑战，两者相差好几个层次。

这个小女孩就是我。但为什么她就是我？……我的观念对于她，就如同她的观念对于我一样难以理解。……可以想见，假如发生的是其他历险，她（也就是说我）将不再是她自己。那我会变成另外一个人吗？戈德斯坦反复地并列使用第一人称和第三人称的名词和代词：那个小孩……我；她……我……她自己；我……另外一个人。哪个语法人称对应哪个短语？这种句法的混淆，却恰好反映了我们对于"人"的意义本来就存在心智上的混淆。她还运用了"存在"这个经典的动词，引出我们的存在主义困惑：我会变成另外一个人还是会不再存在？……那存在的是另一个人，还是谁也不存在？

白色褶围裙。用一个老式的词语来形容一件老式的衣服，帮助我们确定了照片的年代，而无需用"褪色的照片"这种陈词。

我在照片中紧紧抓住手的那个姐姐已经死了。前面18个句子混合了伤感的回忆和抽象的哲思，然后遐思被残酷的启示打断。不管说亲爱的姐姐"死了"（dead）多么令人痛苦，用委婉的词汇，如"逝去""离世"，在此是无法完成这个句子的。这里讨论的主题是我们怎样努力着，将死亡这个不容置疑的事实，与对一个人不复存在的可能性的无法理解，两相协调起来。先人们曾创造出委婉的词汇，如"走了"，似乎死亡是朝向远方的旅行。假如戈德斯坦也采用这类推诿的修饰，那她的分析还没开始就被自己毁掉了。

我每天都在想她是否仍然存在。被爱过的人似乎总是那么重要，不会就这样从世界上完全消失。你爱过的人就是一个世界，如同你知道自己也是一个世界。这样的世界怎么可能就此完全终结？每次读到这段话都令我泪水盈眶，不仅因为写的是我绝不可能谋面的妻姐。哲学家们所谓关于意识的难题（*一个人……就是一个世界，如同你知道自己也是一个世界*）经过简洁重述，创造了饱满深情的效果。理解这个抽象哲学难题的困惑，与不得不接受我们所爱之人已逝的辛酸混杂在一起。这不仅是"以自我为中心"的认识（即他们不仅作为第三人称、作为我的伙伴被夺走了），也是"不以自我为中心"的认识（即他们作为第一人称、作为他们自己的经验也被夺走了）。

这些文字提醒我们注意虚构与非虚构写作技巧的重合之处。引文中个人与哲学思考交织，以用作解释工具，帮助我们理解斯宾诺莎所谈的问题。但这些也是贯穿戈德斯坦所写小说的主题，也就是：学院哲学所执迷的（包括个体同一性、意识、真理、意志、意义、道德等），与人们试图找到其生命意义时所执迷的，两者本是一体。

讣告的艺术

莫利斯·桑达克（Maurice Sendak），《华丽的噩梦》（*Splendid Nightmares*）作者，终年83岁

  莫利斯·桑达克被普遍认为是20世纪最重要的童书艺术家，他把图画书从安全、净化过的育儿室中猛然拉出，掷入暗黑、恐怖而又具有萦绕不去之美的人类心理幽

深之处。他于周二在康涅狄格州丹伯里市去世……

广受赞誉，间或受审查，偶尔被虫蛀鼠咬，桑达克先生的书是20世纪60年代前后出生的那一代人及其儿女们的童年不可缺少的一部分。

*

保琳·菲利普斯（Pauline Phillips），秉持冷峻不屈的风格，为千百万人提供咨询，笔名"亲爱的艾比"，终年94岁。

"亲爱的艾比：我的妻子裸睡。然后淋浴、刷牙、做早饭也都一直光着身子。我们刚结婚，家里也只有我们俩，我想这样真的没事。你觉得呢？——埃德"

"亲爱的埃德：对我来说这没有问题啊。不过告诉她，煎培根时记得穿围裙。"

加州主妇保琳·菲利普斯，大约60年前想找点儿比打麻将更有意义的事情做，于是化身为多家报纸的专栏作家"亲爱的艾比"，成为深得万千读者信任的刀子嘴顾问。她周三于明尼阿波利斯市去世。

以幽默、冷峻但又富有同情的口吻，菲利普斯女士将人生指南专栏从维多利亚式泪汪汪的风格带入了20世纪的顽强不屈风格。

"亲爱的艾比：我们的儿子服役时娶了个女孩，他们2月时结婚，8月就产下4千克的女婴。她说是早产。4千克也能算早产吗？——想知道"

"亲爱的想知道先生：宝宝来得很准时，婚礼到得晚了点儿。别往心里去。"

菲利普斯女士 1956 年开始写专栏时用的是阿比盖尔·范·布伦的名字。她很快以尖刻辛辣并时常文雅地谈论情色为人所知，复信的话题包括婚姻、医疗，有时两者兼有。

*

海伦·格莉·布朗（Helen Gurley Brown），给单身女孩以完整生活，终年 90 岁

海伦·格莉·布朗，《性与单身女孩》(Sex and the Single Girl) 的作者，告诉人们单身女性不仅拥有还极为享受性生活，震动了 20 世纪 60 年代的美国。作为《时尚 COSMO》(Cosmopolitan) 杂志的总编，她在随后 30 年里一直在告诉女性怎样才能享受得更多一些。她于周一在曼哈顿去世，终年 90 岁。当然，她身体的有些部分比这要年轻得多。

布朗女士于 1965～1997 年担任《时尚 COSMO》总编，她最先把对性的坦率讨论带入女性杂志，由此被广泛称赞。女性杂志今天的样子（丰乳肥臀的模特林立与撩人的封面导语）与她的影响有不小的关系。

我选择的第三段文字也与死亡有关，展示出另一种语气和风格，进一步证明好文章不仅仅是套用一个公式。凭借冷幽默、对怪癖的喜爱以及对英语词汇的灵活运用，语言学家、记者马格莉

特·福克斯（Margalit Fox）完善了讣告的艺术。⁷

具有萦绕不去之美的人类心理幽深之处。深得万千读者信任的刀子嘴顾问。丰乳肥臀的模特林立与撩人的封面导语。 只能用800个词来刻画人的一生，必须精心选择词汇。福克斯找到了贴切的字眼，汇成易读的文字，证明那些说复杂主题不可能用几句话就总结清楚的说法，不过是找借口，因为福克斯所写的主题可是人们一生的成就。

广受赞誉，间或受审查，偶尔被虫蛀鼠咬。 这是一个轭式搭配：㊀故意将一个词的不同含义并列起来。上述例子里，"书"这个词既用作表达其叙述的内容（这可以广受赞誉或者受审查），也用作表达实体书本身（因此可以被虫蛀鼠咬）。除了让读者会心一笑之外，这种轭式搭配还通过将审查之举与读者的天真无邪放到同一个台面上，巧妙地调戏了那些反对桑达克画中出现裸体的古板道德家。

及其儿女们。 一个短语讲出一个故事，一代人带着对桑克达图画书的美好记忆长大，然后再读给自己的儿女听。这是对桑达克这位伟大艺术家低调的致敬。

亲爱的艾比：我妻子裸睡。 讣告用艾比的一则专栏轰然开头，立即将数百万读"亲爱的艾比"文章长大的读者带入怀旧心情，也向那些没有读过的人形象地介绍了她一生的工作。我们自己看到，而不是被告知那些另类的问题、风趣的回答以及相对她所处的那个时代而言的宽容明智。

㊀ 轭式搭配（zeugma）是一种修辞术，指一个词以不同的词义同时与两个词搭配使用，例如在"He took my advice and my wallet"这个句子中，动词 took 与 advice 搭配时，意思是指"接受"，与 wallet 搭配时，是指"拿走"，这就好比两匹马同负一轭，所以叫做轭式搭配。——译者注

亲爱的艾比：我们的儿子服役时娶了个女孩。有意地突然转折（用冒号、破折号、整段引语）是生动文章的标志之一。[8] 差一些的作者大概会臃肿地介绍："接下来是菲利普斯女士专栏的另一个例子。"但福克斯未作警告就打断叙述，将我们的目光再导向处于巅峰状态的菲利普斯。作者好比电影摄影师，运用像镜头角度和快切一样的文字技巧，在故事的进展中操纵观众的视角。

婚姻、医疗，有时两者兼有。（the marital, the medical, and sometimes both at once.）㊀乏味的写作指南不许作者用头韵，但诗情灵光一现能给文章带来生气，就像这句，既有令人愉快的格律，也有"婚姻"与"医疗"这对顽皮的双声词。㊁

终年90岁。当然，她身体的有些部分远比这要年轻得多。这句话巧妙地扭转了传统讣告的程式化表述和乏味口吻。接下来我们会看到布朗是一位主张"女人自我界定性问题"的斗士，所以能理解这里关于整容手术的影射是善意的，而不是尖酸刻薄的——布朗本人也会欣赏这个玩笑。

萦绕不去、冷峻不屈、刀子嘴、泪汪汪、顽固的、文雅、情色、丰乳肥臀、撩人。福克斯使用这些不太常见的形容词和副词，公然违抗写作指南里最常见的两个建议：用动词和名词，不要用形容词和副词；只要普通平常的词能解决问题，就不要用不常见的和花哨的词。

但这些建议说得不好。许多华而不实的文章确实塞满了多音节

㊀ the marital 和 the medical 押头韵，押头韵是英文写作常用技巧，就是前后两词的首个音节发音相同，形成悦耳的读音。——译者注
㊁ 暗指婚姻内的夫妻打架会带来医疗问题。——译者注

拉丁语风格的词汇（比如用 cessation 而不用 end 表示"停止"，用 eventuate in 而不用 cause 表示"导致"），以及松松垮垮的形容词（比如用 is contributive to 而不用 contributes to 表示"贡献"，用 is determinative of 而不用 determines 表示"决定"）。炫耀你其实不大懂的花哨词汇只会暴露自己的浮夸，偶尔还显得荒谬。但是通过巧妙地插入令人意外的单词，老练的作者能够使文章活跃甚至让人兴奋起来。根据对于写作质量的研究，多变的词汇和运用不寻常的单词，是将活泼的文字与烂泥一样的文字区分开来的两个特征。[9]

最恰当的单词不仅比任何其他选择都能更精准地表达含义，而且其音调和发音也与含义相呼应。这就是音义联觉，也就是声音的感觉。[10] 声音决定意义，而非意义决定声音，比如用"萦绕不去"（haunting）表示"萦绕不去"，用"尖刻"（tart）表示"尖刻"。这个现象并非偶然。倾听你的声音，感受发音时的肌肉活动。"丰乳肥臀"（voluptuous）就有唇齿吐纳的丰肥感在，而"撩人"（titillating）的发音吐字，则用一个淘气的单词撩拨耳朵，似不经意又逃不开。这些关联使"丰乳肥臀林立"和"撩人的封面导语"比"性感模特成群"和"挑逗的封面导语"生动得多。形容模特不要用"婉娴"（pulchritudinous），这可谓典型的不宜用词汇，其发音难听，与形容美丽的含义正好相反，而且用得极少，除非作者是用来炫耀。

不过，有时即使是炫耀也能有效果。为记者麦克·麦克格雷迪（Mike McGrady）所写的讣文中，福克斯写道："《陌生人裸体而来》（*Naked Came the Stranger*）由 25 个《今日新闻》（*Newsday*）的记者合写，那个时代的编辑部不能肯定比现在更放松，但肯定更醺醺（bibulous）。"[11] 麦克格雷迪策划了 1979 年的这场文学恶作剧，把一部故意写得糟糕的艳情小说，变成一部国际畅销书。"bibulous"一词有趣，意为"嗜酒的"，与饮料（beverage）、喝掉（imbibe）有关，使人联想到胡言乱语（babbling）、荡漾（bobbling）、冒泡（bubbling）和语无伦次（burbling）。有志于成为作家的读者，阅读时须有一本词典在手边（智能手机上有好多种词典 app），而作者应该毫不犹豫地采用那些读者得查词典才懂的词，只要这些词含义精准，看见能想起读音，并没有生僻到读者永远看不到下一次（maieutic、propaedeutic 和 subdoxastic 这几个词就最好不要用了）。我写作的时候常备同义词典，不过也牢记一本自行车修理手册给出的建议，在谈到能在钢制轮圈上压出凹痕的大力钳时说："本工具有潜在杀伤性，切勿冲动。"

《他乡暖阳》

从 20 世纪早年直到中年以后很久，美国南方几乎每个黑人家庭，也就是美国的几乎每个黑人家庭，都需要拿个主意。那些输掉官司的佃农，想找一份办公室工作的打字员，害怕在庄园主妻子附近做错一个手势就会被吊死在橡树上的男工，都陷在这个像佐治亚红土一样坚硬死板的种姓制度里，他们都需要拿个主意。在这件事上，他们与渴望越过大西洋或者格兰德河（美国与墨西哥的界河）的所有人没什么两样。在第一次世界大战中，美国内部一场朝圣之旅悄然迈出了第一步。这场迁徙热事先并无征兆，也不大为外人所理解。它直到20世纪70年代才结束。它将在北方和南方带动一系列变革,无论是谁,即使是那些选择离开的人们,最初都想象不到这一点,他们做梦都想不到,这需要用人的一生去完成。

历史学家将把这称作大迁徙。它将成为20世纪最大一个未获足够重视的故事……

书中这些人的行动既普遍又是典型美国式的。他们的迁徙是对并非出自他们之手的经济和社会结构的回答。他们做了很多个世纪以来人类在生活难以为继时做过的事情:朝圣者们在英国国教的暴政下做过,苏格兰-爱尔兰后裔在俄克拉何马州的土地化为沙尘时做过,爱尔兰人在没饭吃时做过,欧洲犹太人在纳粹肆虐时做过,俄罗斯、意大利和其他地方无地可依的人在大洋彼岸更美好前程向他们招手时做过。把这些故事绑在一起的,是退无可退的境况,不情愿但仍怀抱希望去寻求出路,前往当下所处之地以外的任何地方。他们做了贯穿整个人类历史的人们在寻找自由时常做的事。

他们走了。

在《他乡暖阳》(*The Warmth of Other Suns*)中,记者伊莎贝拉·威尔克森(Isable Wilkerson)确保大迁移的故事再也不会被低估。[12]"大迁徙"之称绝不夸张。数以百万计的非裔美国人从南方腹地迁徙到北方城市,推动了民权运动,重画了城市版图,重写了美国政治和教育的议程,并改变了美国文化,随之改变了世界文化。

威尔克森不仅纠正了世界对于大迁徙的无知,而且通过1200

个采访和清晰的文章，使我们得以理解其中完整的人类现实。我们生活在社会科学的时代，已经习惯于通过"力量""压力""进程""发展"这些术语来理解社会，而太容易忘记这些"力量"是数以百万计男女的渴望、追求、信念、行动的概要。将个体湮没在抽象概念中的习惯不仅会导致伪科学（"社会力量"可不遵守牛顿定律），更会导致失掉人性。我们很容易这样想："我（和我这样的人）选择做哪些事情各有其理由；他（和他那样的人）则是社会过程的一部分。"这正是奥威尔《政治和英语》一文的寓意，警告人们不要陷入去人性化的抽象中："数百万农民被剥夺了农场，被逼上颠沛流离之路，全部家当都在身上——这被叫作人口转移或者新垦地调整。"反感抽象概述，憎恶陈词滥调，威尔克森用放大镜对准叫作"大迁徙"的这团历史，展现出了那些谱写这段历史的人的人性。

从 20 世纪早年直到中年以后很久。 哪怕写年代用的也不是寻常语言：这个世纪就像一个老去的人，是与故事的主人公们同时代的人。

想找一份办公室工作的打字员。 而不是"被拒绝了经济机会"。通过引出早前年代的这一普通熟练工种，威尔克森邀请我们想象一名妇女的绝望，她已掌握了一技之长，本可以把自己从棉花地提升到办公室，但因为肤色，她没有机会。

害怕在庄园主妻子附近做错一个手势就会被吊死在橡树上的男工。 不是"压迫"，不是"暴力威胁"，甚至也不是"私刑"，只是一个骇人的身体图像。我们甚至能看到这是一棵什么样的树。

像佐治亚红土一样坚硬死板。 这个比喻中鲜明的意象、典故的运用（我想到了马丁·路德·金写的"佐治亚的红色山丘"）和抒情的抑抑扬格再一次显示，诗意能使文章活起来。

渴望越过大西洋或者格兰德河的所有人。不是"从欧洲或墨西哥来的移民"。人群在这里不属于社会学分类。作者强迫我们想象那些移动着的身体，并记住拖着他们前行的那些动力。

朝圣者们……做过，苏格兰 - 爱尔兰后裔……做过，欧洲犹太人……做过，俄罗斯、意大利、中国和其他地方的人……做过。威尔克森在这段开头说，书中主人公的行动是普遍性的，但她没有停在一般陈述上。她推荐把"大迁徙"放入广为流传的一系列历史性移民事件当中（用令人愉悦的排比句来表达），肯定有许多移民后裔是本书读者，他们收到含蓄的邀请，将其对祖先勇气和牺牲的敬意投射到在这场"大迁徙"中被遗忘的朝圣者身上来。

土地化作沙尘，而不是"沙尘暴"；**没饭吃的**，而不是"土豆饥荒"；**无地可依的人**，而不是"农民"。威尔克森不许我们在连篇累牍的重述中打盹。新鲜的用词和具体的意象，迫使我们持续更新大脑中的虚拟现实投影。

他们走了。关于段落写作，有许多强加于写作课程学生的愚蠢规则，其中之一是一段话不能只有一句。但在这里，用仅仅两个词构成的一段话，威尔克森为包含丰富描写的序章作结。突如其来的结尾、页尾的延伸空白，折射出离去之坚定与前程之不明。好文章须有豹尾。

以上这些文章的作者有一些共通做法：坚决用新鲜词汇和具

体意象，而不用陈词滥调和抽象概述；关注读者的观察角度及其视线的目标；以简单的名词和动词打底，审慎而明智地插入不常见的词汇或成语；使用排比句；偶然制造精心安排的意外；呈现有说服力的细节，避免直白的表达；格律与发音与要表达的含义和情绪有共鸣。

这些作者还拥有一种共同的态度：不隐藏那些推动他们来讲述其主题的激情和兴趣。他们写，仿佛他们有重要的东西要说。不，不对，说得还不准确。他们写，仿佛他们有重要的东西要呈现。我们将会看到，这是风格感的关键因素。

观看世界的窗

> 为普通读者写一篇散文、论文、影评、社论、通讯或一篇博客时,古典文体因为清晰、简洁,胜过其他各种臃肿的文体。

第 **2** 章

写作是不自然的行为。[1] 正如达尔文观察到的:"说话是人的本能,小孩子咿呀学语,但没有哪个小孩子有烘焙、酿造和写作的本能。"口头语言比我们人这个物种出现得都要早,语言本能使小孩子早在上学之前好几年就能有条理地对话。书面语言则是近期的发明,还来不及在我们的基因组中留下痕迹,只能在整个孩提期及以后的日子中努力习得。

当然,说话和写作的方法不同,这正是孩子们写作困难的原因之一:他们要经过练习,才能用笔或键盘再现语言的发音。但两者还有其他区别,因此即使方法已经掌握了,培养写作能力还是一项终身的挑战。说话和写作涉及非常不同的人际关系,只有与说话相关的人际关系对我们才是自然的。对话是本能的,因为社会交往是本能的:我们与那些说得上话的人说话。我们接触说话对象时,大略知道他们知道什么,可能对什么感兴趣;与他们说话时,我们关注其眼睛、表情和体态。如果需要进一步阐释，或者不能接受某个主张，又或者想补充什么，他们会打断话头，或者伺机接过话头。

可在我们满怀好意发出一篇书面文字时，刚才说的这些互动都不存在。接收者难以看见，神秘莫测。我们必须把想法传递给他们，却对他们知之甚少，也看不到他们的反应。写作之时，读者仅存在于我们的想象中。写作首先需要假想。我们要设想身处对话当中，书信往还当中，或者演讲当中，又或者独白当中，经由我们在笔下虚拟世界里的思想化身之口，说出我们的话。

良好写作风格的关键，是要对假想中交流所置身的虚构世界有清楚的概念，这远比一切戒条都重要。这样的世界存在许多可能。用拇指发短信的人假想自己仿佛在做面对面对话。写期末论文的大学生假想自己对主题的了解胜过读者，致力于使读者获得所需要的信息，现实却是读者通常比他更了解这一主题，也不需要更多信息，而写论文真正的目的是让学生为日后真正的考验做练习。活动家写宣言，神父拟布道词，都要好似站在人群面前，激发他们的情感。

为普通读者写作一篇散文、论文、影评、社论、通讯，或者一篇博客时，作者应该沉浸在哪种虚拟情境当中？弗朗西斯－诺尔·托马斯和马克·特纳今天已经为这类作者指出了一种文章范式。他们称之为古典风格，并在精彩的小书《像真相一样清楚简单》里做了详细解释。

古典风格是什么

观看世界是古典风格的主导隐喻。作者看到了读者没看到的东西,引导读者的视线,使读者自己发现它。写作的目的是呈现不偏不倚的事实。当语言与事实一致时,写作便成功了;成功的证据便是清楚和简洁。事实可被了解,但事实不等同于揭示它的语言;文章是观看世界的一扇窗。作者在写下文字之前已然洞察事实,他也无须借写作之机来理清思想。古典风格的作者不需要论证,只需要呈现事实。这是因为只要视线不被遮蔽,读者便能在看到事实时认清它。作者与读者是平等的,作者对读者视线的引导过程,用的是对话形式。

古典风格的作者必须模拟两种体验:向读者展示世界,并与其对话。两种体验的性质塑造了古典风格的写作方法。展示,说明有东西要看,因此作者指向的是世界中的具体事物:人们彼此往来,与物切磋。[2] 对话,说明期待读者的合作。作者指望读者能读懂字里行间之意,把握其大意,串联其点滴,而作者无须把自己思路中的每一步都明示出来。[3]

托马斯和特纳解释说,古典风格只是写作风格之一,由笛卡儿和拉罗什富科等17世纪法国作家发明。要理解古典风格与其他风格的区别,可以比较一下交流情景中的不同姿态:作者怎样假想与读者的关系,以及作者想要达成什么。

古典风格不是沉思风格,也不是浪漫风格,在那些风格中,作者试图表达对某事独有的、激情的、往往妙不可言的反应。古典风格也不是预言式的、神谕式的或者演说式的风格,在那些风格中,作者天赋异禀,看到了其他任何人都看不到的东西,并用语言的律动引导读者团结一心。

古典风格与实用风格(如备忘、手册、学期论文和研究报告)

的区别则不是那么明显（如《风格的要素》这样的传统写作指南主要适用于实用风格）。实用风格中，作者和读者的角色清晰（主管和员工、老师和学生、技术人员和客户），作者的目标就是满足读者的需求。以实用风格写作，可以遵从固定的模板（如五段式文章、科学期刊上的报告），因为读者需要及时获得信息，所以文章还得简洁。与此相反，以古典风格写作，作者可以选择任何形式和任何长度来表现其主题。古典作者的简洁"来自其思想的优雅，绝非来自时间或主顾的压力"。[4]

古典风格与朴素风格有微妙差异，后者把一切都放在视野之中，读者不需任何帮助就一览无余。古典风格则不然，作者致力于找到那些值得展示的东西，并找到观察它的最有利地形。同样，读者也要付出努力才能体察，但其努力会得到回报。正如托马斯和特纳所解释，古典风格有贵族气质，不是人人平等的："真相属于所有那些致力于获得它的人，但肯定不是人人都有，也不是任何人的天生权利。"[5] 比如，"早起的鸟儿有虫吃"，这是朴素风格。"早起的鸟儿有虫吃，但第二只老鼠有奶酪吃"，㊀这是古典风格。

古典风格与朴素风格、实用风格均有交叉，而三者都区别于自我意识型的、相对主义的、讽刺的或者后现代的风格。在后面这些风格中，"作者虽未明言，但他最主要的考虑就是使自己的事业免于被指责在哲学上过于幼稚。"托马斯和特纳说："打开一本烹饪书时，我们就把导向哲学和宗教传统核心的那些大问题完全放在一边，也期待作者把它们放在一边，例如这些问题：讨论厨艺是否可能？蛋真的存在吗？对食物的知识是否可能？谁可能告诉我们关于厨艺的

㊀ 第一只老鼠被捕鼠器夹住，第二只可以吃上面的奶酪了。——编者注

任何真理？……古典风格亦然，把关于这些努力的哲学问题放在一边。如果处理起这些问题来，它就永远不能处理自己要讲的主题，而它的目的就是全心全意地处理那个主题。"⁶

这些不同的风格之间并没有截然的分界，许多文章混合了不同风格，或者来回切换。（例如，学术文章就常常混合实用风格和自我意识型风格。）古典风格是一种理想的写作风格。不是所有文章都应该采用古典风格，也不是所有作者都能驾驭这种表达。不过，了解古典风格的特征可以使任何人成为更好的作者，而且对于学术、官僚、企业、法律、技术等领域的文章所遭受的毒害，古典风格是我知道的最好解药。

古典风格如何解释抽象观念

乍一看，古典风格好像幼稚并且庸俗，只适用于讲述具象的世界。事实并非如此。古典风格与常见但无用的建议"避免抽象"不是一回事。有些时候我们的确要写抽象观念。古典风格所做的是把它们当作物品和力量来解释，任何观察者只要站的位置合适，就能看见。让我们来看看物理学家布莱恩·格林（Brian Greene）怎么用古典风格来解释人类所思考过的最离奇的想法之一：多重宇宙理论。⁷

格林在开头讲到，天文学家在 20 世纪 20 年代发现星系之间的距离在拉大：

> 如果空间今天在扩张，那么从前的宇宙必然比现在要小。在很久很久之前的某一刻，我们今天看到的所有东西

（包括组成每个行星、每个恒星、每个星系甚至空间本身的那些成分）必然是先被压缩成一个无限小的点，然后向外扩大膨胀，演变成今天我们所知道的宇宙。

大爆炸理论诞生了……但科学家们知道大爆炸理论有个重要缺点。它竟然没解释大爆炸本身。爱因斯坦方程式非常精彩地描述了大爆炸后的瞬间宇宙如何演化，但要是应用到宇宙最早那一刻的极端环境上，方程式就不起作用了（就像你计算器上输入1除以0的时候，计算器会发出报错信息）。所以，大爆炸理论没告诉我们可能是什么引发了爆炸本身。

格林没唠叨这些推理依据了多么复杂的数学运算。相反，他用意象和日常例子展示给我们数学揭示的东西。我们就像看着一部扩展中的宇宙回溯过去的电影，接受了大爆炸理论。通过除以零这个例子，我们理解了方程式不起作用这一抽象概念。除以零是什么意思？我们可以深入思考把一个数字分割成零部分有什么实际意义，也可以把这些数敲进计算器，亲眼看看报错信息。

接下来，格林用一个比喻告诉我们天文学家最近令人意外的发现：

> 把球向上抛，地球的引力会拖慢球的上升，同样，每个星系对彼此的引力也一定在拖慢空间的扩张……（但是）与被拖慢非常不一样，空间的扩张在大约70亿年前换到超速挡，而且从那以来一直在加速。好比将一个球轻轻向

上扔，刚开始其上升变慢了一点儿，然后就像火箭一样越升越快。

很快，天文学家找到了一个解释，格林用一个松散的比喻来说明：

> 我们都习惯于引力只做一件事——将物体彼此拉近。但根据爱因斯坦的相对论，引力也可以把物体分开……如果空间包含一种不可见的能量，就像一种不可见的雾一样均匀地分布在空间中，那么这些能量雾造成的引力就会产生排斥效果。

但是，这个暗能量假设指向了又一个谜团：当天文学家们推导有多少暗能量弥漫在宇宙各个角落才解释得了观察到的宇宙加速扩张时，遇到了这个无人能解释的数字：

0.00000000000000000000000000000000000000000000000000000000000000000000000000000000000000000000000000000000000000000000138

把这个数中所有的零——阵列于前，格林给我们留下两个印象：这个数极小，又出奇地精确。他接着指出，这个数值很难解释，因为它看起来恰好被微调到允许地球上出现生命。

在暗能量数量更多的宇宙中，每当物质要聚集成星系，暗能量的斥力就会强到能分开这些聚集起来的块，星系便无法形成。在暗能量少得多的宇宙中，这些斥力则转为引力，使这些宇宙很快塌陷回去，星系还是无从形成。而没有星系，则没有恒星，也没有行星，因此那些宇宙中，我们这种形态的生命没有机会存在。

有一个想法可以化解这一难题，那就是大爆炸理论中解释爆炸的（格林之前讲过）。根据这个暴胀宇宙学理论，空洞的空间可以造成其他大爆炸，创造出极多数量的其他宇宙：一个多重宇宙。这使得我们所处宇宙中那种暗能量的精确值不再那么令人意外：

> 我们处在这个宇宙而不是其他宇宙，跟我们处在地球上而不是海王星上，原因差不多——我们这种形态的生命出现的条件在哪里成熟，我们才会在哪里出现。

的确如此！只要有许多行星，就有可能其中一颗距太阳的距离恰好适宜出现生命，没人会觉得为什么人类出现在这颗行星上而不是海王星上这种问题有意义。这同样适用于存在许多宇宙的情况。

但科学家们还是面临着一个问题，格林用一个类比来说明：

> 正如只有货源充足的鞋店才能保证你能找到自己的尺码一样，只有"货源充足"的多重宇宙才能保证其中存在一个恰有这么多暗能量的宜居宇宙。仅靠自身，暴胀宇

学理论还达不到目标。尽管其无休无止的大爆炸创造出的宇宙数量极大，但许多宇宙的特征是相似的，就好比鞋店里一货架一货架的鞋全是 5 号和 13 号的，却没有你要找的尺码。

完成拼图的最后一块是弦理论。根据弦理论，"可能存在的宇宙的总量是 10^{500}，这是一个大到几乎无法理解也无法做类比的数字"。

> 把暴胀宇宙学理论与弦理论结合起来……可能存在的宇宙的数量多得简直就要爆仓了：通过膨胀，一个接一个的大爆炸将弦理论中数量多得要命的可能存在的宇宙变成实际存在的宇宙。我们所处的宇宙实际上被保证在其中有一席之地。而因为拥有那些我们这种生命形式所必需的特质，那就成了我们栖息的宇宙。

只用了 3000 个词，格林就使我们理解了一个令人头晕的概念，没有找借口说这些理论所涉及的物理和数学知识解释起来很难，或者读者理解起来很难。他叙述了一系列事件，确信无论谁读到都能明白其含义，因为他选择的例子是精确的。"除以零"是"方程式不起作用"的完美例子；引力拖拽抛起的球，与其拖慢宇宙扩张完全同理；可能性不多的时候，无法找到一个恰好具有某种特点的东西，既适用于在鞋店中找合脚的鞋，也适用于多重宇宙中物理学常量的值。这些例证，与其说是比喻和类比，不如说是他所要解释现象的实际例子，而这些例子读者能亲眼看到。这就是古典风格。

与伽利略以来的许多科学家一样,格林能够明白清晰地讲解复杂概念,这并非偶然,而是因为古典风格的理念与科学家的世界观气味相投。常有误解认为,爱因斯坦证明一切都是相对的,而海森堡证明观察者总会影响被观察者,但绝大多数科学家并不那样认为,他们相信,关于这个世界的客观真理是存在的,而且无偏见的观察者能够发现它们。

同样,古典风格的指导性形象与相对主义的学院式意识形态(如后现代主义、后结构主义)所持的世界观,两者之间差异非常大。这同样并非偶然,抱持后面这些世界观的学者一贯在哲学家丹尼斯·达顿(Denis Dutton)于20世纪90年代创设的年度糟糕写作大赛上拔得头筹。[8]1997年的年度冠军属于名声显赫的批评家弗雷德里克·詹姆森(Fredric Jameson),他关于电影评论的书是这样开头的:

> 视觉本质上是色情的,也就是说,它的目标是令人着迷、忘却一切的魅力;如果它不愿意暴露自己的目标,那么想想它的特点——那就是其目标的附属物;与此同时,最严肃的那些电影必须通过压抑自身的放纵而获得能量(而非通过更加吃力不讨好地约束观众)。

"视觉本质上是色情的"这个论断,说得客气些,并不是个能见的事实。"也就是说"承诺要给个解释,但给出的解释同样令人迷惑:"目标是令人着迷、忘却一切的魅力"为什么就一定色情呢?这些话等于对迷惑的读者明说了,你们理解这个世界的能力毫无价值,你们的角色就是见证伟大学者做出谜一样的宣言。古典风格则不然，它假设作者和读者是平等的。古典风格让读者觉得自己像天才，糟糕的文章让读者觉得自己像蠢材。

1998年的年度获奖文章同样骄傲地拒斥古典风格，其作者是著名批评家朱迪丝·巴特勒（Judith Butler）。

> 一种结构主义解释认为，资本以相对一致的方式构成社会关系，后来转变为一种霸权主义观点，认为权力关系受到重复、集中和重新结合等机制所支配，这种变化把时间性问题带进结构的思考，也标志着一种转换：从一种阿尔都塞式的理论，即把结构性整体视为理论对象，变换为另一观点，即对结构的偶然可能性的洞察开辟了一个重建的霸权观念，霸权被认为有赖于权力重新结合的偶然接合点和策略。

读到这段可怕的文字，读者只能惊叹于巴特勒耍花招的能力，竟能用抽象命题解释更抽象的命题，完全看不到现实世界中的参照。我们从关于一个理解的解释转到关于重构一个问题的观点，这使我回想起喜剧电影《安妮·霍尔》(*Annie Hall*)中好莱坞派对上的一幕："现在它只是一个念头，但我认为我能搞到钱，将它变成一个概念，将来再把它变成一个想法。"读者做不到的是理解它，也就是用自己的眼睛看到巴特勒看到的东西。如果上面这段话还有点儿什么含义的话，似乎是一些学者慢慢认识到权力能随时间改变。

这些比赛赢家作品的深奥难懂是有迷惑性的。绝大多数学院派挥洒这种烂泥一样的文字是毫不费力的，许多学生则不用教就会，比如这则漫画中的容客·哈里斯（Zonker Harris）。

Doonesbury © 1972 G. B. Trudeau. Reprinted with permission of Universal Uclick. All rights reserved.

  格林解释多重宇宙时所用的朴素语言一样会造成错觉。将一个论证缩减至最精炼，做出有序的解释，用既熟悉又准确的类比来说明它，既需要认知努力，又需要文学巧技。多莉·帕顿（Dolly Parton）说："你不会相信为了让它显得这么便宜，得花那么多钱。"

  古典风格在呈现一个观点时所表现的自信，不能与那种坚称自己正确的傲慢相混淆。在其文章的另外部分，格林没有隐藏许多物理学家同行的看法，即他们认为弦理论和多重宇宙理论言过其实、未经证实。格林只是希望读者能理解这两个理论。托马斯和特纳说，读过一篇古典风格的文章，读者"可能会得出结论：它精湛、古典，而且完全错了"。[9]

尽管方方面面都很直接，但古典风格仍然是一种伪装、一种仿冒、一种站位。哪怕是致力于发现世界真相的科学家，也多少有一点儿后现代。他们知道发现真理很难，知道世界并不会主动把自己展示给我们，知道我们必须通过理论和构造来理解世界，而理论和构造不是照片而是抽象命题，知道我们必须持续地检查自己理解世界的方法中有无隐藏的偏见。只不过，好作者不会在写下的每一段里都招摇这种焦虑；为了简洁的需要，它被巧妙地藏了起来。

记住古典风格是一种伪装，才能理解这种貌似过分的要求：作者须先了解真相，再将其变成文字，而不能利用写作的过程组织和厘清思路。当然没有作者会这样写文章，但这无关紧要。古典风格的目标是使得文章看起来像作者在下笔之前思路就已完全成型。就像节目的最后一刻，一尘不染的厨房里，名厨从烤箱里端出一盘完美的蛋奶酥一样，那些杂务已完成于事前幕后。

写作中的坏习惯

滥用元话语和路标

本章的剩余部分结构如下：第一小节介绍"元话语"及其主要

表现形式——设置路标。第二小节讨论三个问题的坏处：致力于描述专业活动而非介绍主题，过多使用自我辩解的语言，以及过度闪烁其词、避做正面表态；之后的第三小节解释使用惯用语的问题。第四小节谈过度抽象化的问题，包括滥用名词化和被动语态。最后，我会评述以上讨论的主要观点。

你理解上面这些话吗？

我觉得你没有。如此乏味的这段话充满了元话语，也就是关于话语的话语，如"小节""评述""讨论"。没经验的作者常以为用文章剩下内容的详细预告来引导读者，是在帮他们。实际上，那些读来好似目录被揉成一团的预告，帮的是作者而非读者。在文章的这个位置，那些词汇对读者来说没有任何意义，那么长、那么随意的清单不会在读者的记忆中长时间留驻。

上面一段评述了元话语的概念。这段则介绍其主要的表现形式之一，即设置路标。

笨拙的作者也经常这么做。他们不假思索地按照以下建议来：说你接下来要说什么，说出来，之后再说你刚说了什么。这个建议来自经典演讲术，对于长篇演讲是有意义的：如果听众的思绪开了小差，没听到的就再也听不到了。但这个建议对于写作就没有必要，读者完全可以翻回去查找略过的部分。在古典风格中，它还会带来困扰，因为古典风格模拟的是对话。你绝不会向同伴说："我将与你说三件事。我要说的第一件事是一只啄木鸟刚刚飞到了那棵树上。"你直接说就是了。

不假思索地设置路标带来一个问题：读者理解它们比没有它们指路更费事，好比抄近路的攻略太复杂，搞明白它的时间比抄近路省下的时间还长。更好的做法是，把路径清楚地铺设出来，使你走到的每个转弯处都显而易见。好文章会利用读者对下一步去哪儿的预期。它陪伴读者踏上旅途，按逻辑顺序安排材料（从一般到具体、从大到小、从早到晚），或者通过叙事弧来讲述故事。

不是说作者应该完全弃用路标。哪怕是随意闲谈也会用到一些路标，如"我给你讲个故事""长话短说""换句话说""如我所说""记住我的话""你听过那个牧师的事没有"。正如写作中做的所有决定一样，路标的数量需要你做出判断和妥协：太多，则读者因为阅读各种路标而停滞不前；太少，则读者茫然不知自己将被带往何方。

古典风格写作的艺术是节俭地使用路标，就像我们在对话中所做的那样。同时，要尽量少用元话语。有个办法可以不用元话语来引入新的话题：用提问来开头。

这一章讨论引起名字流行程度上升和下降的因素。	一个名字流行或者不流行的原因是什么？

还有一个办法，运用古典风格背后起指导作用的隐喻——视觉。一段文字被当作肉眼可见的一件事。

前面这段证明父母有时会给女孩取男孩的名字，但绝不会反过来。	正如我们看到的，父母有时会给女孩取男孩的名字，但绝不会反过来。

既然"看见"暗示了有人在看，我们就不再需要说段落"证明"了什么东西，小节又"总结"了什么，以免好像印在纸上的一堆墨迹有自己的灵魂一样。作者和读者才是活跃的双方，他们共享奇观，而

作者可以用古老又好用的代词"我们"来做指称。这也给作者提供了其他可以代替元话语的隐喻,比如"一起前行"或者"携手合作"。

前面一节分析了单词语音的来源。这一节谈关于单词含义的问题。	在考察完单词语音的来源之后,我们遇到了单词含义之谜。
第一个要讨论的主题是专有名词。	我们从专有名词开始。

在重述之前内容的时候,关键就在于"换句话说"。如果从前面的每段话里拷贝一句,一起贴在最后,殊无意义。那只是迫使读者再去理解一次这些句子的含义,也等于是作者承认自己并非是在呈现观点(同一个观点总是可以用不同的语言表达),而只是把词语在页面上拖来拖去。总结要充分重复关键词,以便读者把它们与前面更详细阐述的段落联系起来。但这些关键词须妥帖地放在新句子中,本身独立成章,与前后文协调一致。总结应该是独立的,几乎让人觉得那些被总结的段落从未存在过。

混淆写作主题与自己的专业

让专业文章陷入泥沼的,并不只有"元话语"这种自我意识的写作形式。作者把要写的主题与自己的专业相混淆,则是另外一种自我意识的写作。作者生活在两个宇宙里。一个是他们所研究之物的世界:伊丽莎白·毕肖普(Elizabeth Bishop)的诗、儿童语言的发展、中国的太平天国运动。另一个则是他们的行业:发表文章,参加会议,知晓业内的趋势和八卦新闻。一个研究者醒着的绝大部分时间是在第二个世界里,所以很容易与第一个世界相混,结果便出现了这个学术论文的典型开头：

近年来，越来越多的心理学家和语言学家将注意力转向儿童语言习得的问题。本文将评述这一过程近年来的研究。

无意冒犯，但几乎没人对教授们如何打发时间感兴趣。古典风格无视这些，直入主题：

小孩子不用专门上课，就能获得说一门语言的能力。他们怎么做到的？

公平地说，有时对话的主题的确是研究者的活动，比如一篇概述，向研究生或其他业内人士介绍某领域的学术文献。但是研究者们常常忘记了文章写给谁看，自恋地大段描写同行才着迷的而不是读者真正想知道的东西。

专业自恋绝不限于学术界。记者时常报道自己的报道过程，创造出臭名昭著的"媒体回音室效应"。博物馆的标识解释陈列柜里的碎片符合陶瓷风格的哪一类，而不是介绍出自谁手、有何用途。音乐和电影指南里满是一部作品首映周末的票房数据，或者上座／上榜有多长时间。政府和公司官网按其级别架构而非用户想找的信息来组织。

自我意识过强的作者常常絮叨他们要做的事多么艰难、复杂、充满争议：

什么是难解的冲突？"难解"是一个有争议的概念，

对不同的人有不同的含义。

面对压力的韧性是一个复杂的多维概念。尽管对于韧性不存在一个普遍接受的定义，但它通常被理解为从困难和创伤中复原的能力。

语言习得的问题极为复杂。对"语言""习得""儿童"这些概念下定义都很难。对于实验数据的解释有很多不确定性，关于这些理论有大量的争议。需要做更多的研究。

最后一个例子是我编的，但前两个是真的，而这三个都是典型的不关心外界、更关注自己的风格，正是这种风格让学术文章如此乏味。在古典风格中，作者相信读者有足够的智力，懂得许多概念不易定义，许多争议不易解决。读者正是来看作者怎么解决这些问题的。

用引号做自我辩解

自我意识过强的作者有另外一个坏习惯：在常用成语上用引号（有时叫作"战栗引语"或"惊恐引语"），以使它与作者保持距离。

将各种力量联合起来之后，你们能做到"整体大于部分之和"。

但这不是"关键信息"。

哪怕所有其他人都有固定的方法，他们还是可以"跳出框框思考"，但他们并不总能做到"适可而止"。

这开始于一些"少壮派"领导的运动，反抗主宰行业的"保守派"。

她是一个"学习很快的人"，能够自学几乎所有自己感兴趣的领域。

上面几段话的作者们仿佛是在说："我是想不出更好的表达方法了，但不要以为我用这些词就是轻浮，我真的是个严肃学者。"这里的问题不只是谨小慎微。最后一个例子来自一封推荐信，我们读了会认为这个学生的确是学习很快的人，还是"学习很快的人"，即这个人只是自称或者据说学习很快，实则未必？在自我意识、目中无人的、非古典的后现代主义风格中，战栗引语的使用被推向了极致，这种风格拒斥任何一个词指代任何东西的可能性，甚至拒斥语词所指代的世界客观存在。因此，2004年讽刺报纸《洋葱新闻》(*The Onion*)用这个标题报道后现代主义的旗手去世：雅克·德里达"死了"。

引号有一些合理的用法，比如用于直接引语（她说："胡扯！"），或者用来指一个单词本身而不是这个单词的含义（《纽约时报》使用的词是"数千年"，而非"千万年"），或者用来表明作者并不接受别人用这个词的含义（他们处决了自己的妹妹，以保全家族的"荣誉"），但对自己的用词过于拘谨不在合理的范围。古典风格要发出自信的声音。如果不带上自我辩解的引号就不舒服，那你多半就不该用这个词。

用模糊语言做缓冲

接下来是情不自禁地使用模棱两可的语言。许多作者在文中用一层层的缓冲垫是在暗示无意支持自己所言。这些缓冲垫包括:"几乎""显然""比较""相当""近乎""部分""主要""大概""与其""相对而言""像是""这样说吧""有点儿""有那么点儿""一定程度上""一定范围而言",当然还有无处不在的"我会说"(如果情况不同了,你就会支持这一立场,但是现在你不愿支持它,你是这个意思吗)。想想上面推荐信里提到的"几乎",作者想说的到底是被推荐者对有些领域感兴趣但并没有自学呢,还是说被推荐者也许试着自学但力有未逮呢?一个科学家给我看了她 4 岁女儿的照片,喜气洋洋地说:"我们几乎喜爱她。"

作者养成这种模棱两可的习惯,是因为听从了"保护你的屁股"(意为想办法开脱自己的罪责)那条官僚规则。他们期望,如果批评者来挑错,这可以使他们免责,或者至少减轻指控。担心引起诉讼的记者也一样,文章里到处是"所谓"和"据报道",比如这句:"所谓的死者躺在血泊里,背上插着把刀。"

"保护你的屁股"的口号可以换成"来告我啊"。古典风格的作者相信读者的常识和宽容,就像日常对话中,我们知道什么时候说话者的意思是"大体上"和"假设其他条件不变"。如果有人告诉你,莉兹想从西雅图搬走,是因为这个城市下雨。虽然他没有加上量词(如"经常下雨"或"有时下雨"),你也不会认为他是说西雅图天天时时都在下雨。如托马斯和特纳所解释的:"如果准确仅仅是为了准确,那就是迂腐。古典风格作者会明确表述那些次要的观点,但并不保证其准确无比。作者与读者有约在先:读者不能对这些次要观点吹毛求疵,因为它们不过是论据而已。"[10] 说到底,如果对手总是想挑你的刺,文章就算满是缓冲词汇也枉然。

有时作者除了缓冲别无选择。这时最好给陈述加上限制条件，说清在哪些情形下该陈述不成立，而非总给自己留后路或对自己的真实意思含糊其辞。法律文件的解释可能会朝向不利自己的方面，并不是普通谈话中那种合作关系，所以每一个例外都需要说清楚。学者要提出一个假设，必须以尽可能准确的形式将其观点公开表达至少一次，以便评论者知道他的主张是什么，才能尽力对其做出评价。如果有理由认为读者有可能将统计上的倾向误读为绝对法则，那么负责任的作者就该有所预见，为这种概括加上相应的限制条件。"民主国家不发动战争""男人比女人更擅长几何""吃西兰花防癌"这类说法未能公正看待现实，那些现象最多表示两条重叠钟形曲线平均值之间的微小差异。因为将其理解为绝对法则会有严重后果，所以负责任的作者应该加入修饰语，如"平均而言"或者"其他条件不变"，与"稍微"或者"有点儿"并用。最好的做法是用不加缓冲的陈述明确地传达后果的严重性和确定性，比如"20 世纪中期，民主国家之间开战的可能性是独裁国家之间的一半。"不是说好作者从不做缓冲，但缓冲应精心选择，而不是手一抖就加上。

　　有些矛盾的是，用来表示强调的词，如"非常""高度""极为"，效果却与缓冲相似。这些词不仅模糊了文章，还削弱了作者的意图。如果我想知道是谁偷了零钱，听到"不是琼斯，他是个诚实的人"比听到"不是琼斯，他是个非常诚实的人"要更安心。这是因为未经修饰的形容词和名词通常会被理解为绝对性的：诚实意味着"绝对诚实"，或者至少是"就当前讨论的事而言绝对诚实"（好比"杰克把瓶子里的啤酒喝了"，意思是他喝光了，而不是只喝了一两口）。一旦加上强调成分，你就把全或无的两分法换成了分等级的刻度尺。是的，你是想把主角放在刻度尺的高位（比如 10 分打 8.7 分），但这不如让读者根本就不去想他有多诚实这回事。因此有个常用的建议（往往被误认为是马克·吐温说的）："每当你想用'非常'这个词，就写'damn'㊀；编辑会把它删掉，然后文章就对了。"[11]

不假思索地使用陈词滥调

古典风格是令人愉悦的幻觉，好比使人沉浸于戏剧之中。作者须致力于保持这种印象：他的文章是读者观看场景的窗，而不只是一堆字。如果作者依赖千篇一律的语词套路，就如同演员僵硬地表演，幻觉就破了。这种作者这样写文章："他在寻找圣杯的路上迈出了第一步，但发现它既非灵丹妙药，也不能稳操胜券，因此他兵来将挡、逆来顺受、保持乐观，这些说来易做来难。"

我们要像避免瘟疫一样避免陈词滥调，这是显而易见的。[12] 当读者被迫读了一个又一个陈腐的成语时，他就不会再将所读的文字转换成心里的意象，而仅仅是动动嘴唇默念而已。[13] 更糟的是，当一个爱用陈腐成语的作者重重放下一个个死气沉沉的成语时，他就关闭了自己的视觉大脑，因此不可避免地会把隐喻弄混，还在用视觉大脑的那些读者会被这些荒唐可笑的意象干扰。比如：

The price of chicken wings, the company's bread and butter, had risen.
鸡翅的价格——这家公司的基本经济来源——上涨了。

Leica had been coasting on its laurels.
莱卡公司一直在吃老本。

㊀ damn 有"非常"的意思。——编者注

Microsoft began a low-octane swan song.
微软开始了一首有气无力的绝唱。

Jeff is a renaissance man, drilling down to the core issues and pushing the envelope.
杰夫是个多才多艺的人,对核心问题钻研到底并且挑战极限。

Unless you bite the bullet, you'll shoot yourself in the foot.
除非你咬紧牙关,否则就会自食其果。

No one has yet invented a condom that will knock people's socks off.
还没人发明出一种让人们大吃一惊的保险套。

How low can the team sink? Sky's the limit!
这个团队会堕落到多低?只有天空是尽头!

即使传达一个想法的最好方式是个陈腐的意象,古典风格的作者也能提醒读者记住这个成语本来所指的意象,使他们保持关注,把玩这个意象,将其保留在想象之中:

向美国人讲国际政治时,他们的眼神就变得呆滞了。	谁试过给纽约人解释斯洛伐克联盟政治的精妙之处?我试过。他差点儿得要打一针肾上腺素才能从昏迷中醒过来。[14]
电子出版是打了类固醇的学术活动。	使用电子出版,写完东西到出版只需要15秒钟。这等于学术服了麻黄碱。极速出版真吓人。[15]

尝试指挥队伍领导者跟遛猫一样难。	说指挥队伍领导者跟遛猫一样难，真是冤枉了猫。[16]
霍布斯剥离了人性中爱、温情甚至简单的共情能力，只剩下恐惧。他把婴儿与洗澡水一起倒了。	霍布斯剥离了人性中爱、温情甚至简单的共情能力，只剩下恐惧。澡盆空空如也，婴儿消失了。[17]

如果不得不用一个陈词，为何不以一种确实讲得通的方式使用它呢？想想看：被忽视之物的命运是"穿缝而过或掉进缝里"（fall through or into the cracks，意为某事被疏忽或遗忘），而不是"卡在缝隙中间"（between them）；典型的不可实现的愿望，是"既把蛋糕吃了又保留它"（eat your cake and have it，意为两者不可兼得），而不是"保留蛋糕又吃了它"（have the cake and eat it），尽管后者说起来比较顺当。用几秒时间查查陈词的原初措辞，时时会让你意外，也会使你的写作更生动。"给百合花镀金"与拼凑成它的两个原初隐喻相比，既乏力也不恰当。这两个隐喻最早见于莎士比亚的《约翰王》(King John)："给百合花上色，给黄金镀金。"后一句中，"黄金"和"镀金"，将视觉上的重复通过声音的重叠加以呼应。有见于此，你完全可以在句中加入经改编的其他意象，从而避免陈词滥调："给黄金镀金，给百合花上色，给紫罗兰洒香水，给冰块抛光，给彩虹添加一道色彩，用微弱烛光给太阳增光添辉，实在多此一举，浪费而可笑。"

不假思索地使用陈词甚至是危险的。"一致性是头脑狭隘之人的心魔"这句话，讹用自拉尔夫·沃尔多·爱默生（Ralph Waldo

Emerso）对"愚蠢的一致性"的评论。我时常想，这个世界上有多少不合理的事被这句荒谬的话给开脱了。最近一位白宫官员将美国以色列政治事务委员会称为"房间里的800磅⊖大猩猩"，混淆了"房间里的大象"（指大家假装看不见的东西）和"800磅的大猩猩"（指强大到足以为所欲为的家伙，来自这个有趣的谜语："一头800磅的大猩猩坐哪儿？""想坐哪儿坐哪儿。"）。以色列游说集团在美国外交政治中的影响是有争议的：他们到底是被关注程度不足，还是邪恶地控制一切？考虑到这样的争议，如果意思是"房间里的大象"，那就是老生常谈，如果意思是"800磅的大猩猩"，那就是煽风点火了。

作者不可能完全不用成语（它们跟单词一样，是英语词汇的一部分），但好作者会找到新鲜的比喻，确保读者的感官皮层保持兴奋。莎士比亚反对"给彩虹加一层色彩"；狄更斯描写一个男子腿长到使他像是"别人午后的阴影"；纳博科夫写洛丽塔扑通坐下，"两腿像海星一样分开"。[18] 不过，并不非得是伟大的小说家才能激发读者的内心想象。一位心理学家解释计算机模拟神经元内部的激活过程，累积到最后，"像平底锅里的爆米花一样"发射。[19] 一位寻找新作者的编辑这样写其参加的葬礼："作家密集到我觉得自己像是阿拉斯加灰熊，站在瀑布下面，伸手就能捞上来一条大马哈鱼。"[20] 就连电影《摇滚万岁》(This Is Spinal Tap) 中虚构的摇滚乐队"脊椎穿刺"(Spinal Tap) 的贝斯手也值得我们赞赏，如果不是因为他的文学敏锐度，也至少是因为他对意象的重视。他对一个采访者说："我们很幸运能在这个乐队中。大卫和纳格尔都很有远见。他们像诗人，

⊖ 1 磅 ≈ 0.45 千克。

像雪莱和拜伦……本质上这就像火与冰。我觉得自己在乐队中的角色介于两者之间,跟温水差不多。"

过多使用僵尸名词

古典风格的文章中,作者将读者的目光引向这个世界中读者能亲眼所见的东西。所有目光都注视着一个施事者:一个主角、一个有影响力的人、一股驱动力量。施事者推动或刺激某个事物,它就会行动或改变。或者某个有趣事物进入视线,读者一部分一部分地检视。古典风格将抽象最小化,因为那是肉眼不能看到的。但这不意味着它会回避抽象主题(回想下布莱恩·格林对多重宇宙的解释),它只是清晰明了地展示那些构成主题的事件,方法是叙述一段逐渐展开的、有真实角色正在做事的情节,而非只说出一个抽象概念,将那些事件都压缩为一个词。下面左边这些乏味的段落充满了抽象名词(加了下划线),试着与右边更直接的版本进行比较。

研究者发现,低酗酒水平的典型人群实际上酒的<u>摄入量</u>是中等的,但高<u>摄入量</u>的酗酒水平较低,比如犹太人。	研究者发现,那些少见酗酒的群体(例如犹太人),实际上还是适度饮酒,只不过很少有人饮酒过量并变成酒徒。
在实际的<u>层次</u>上,我很怀疑修订宪法能否行得通。但是在追求的<u>层次</u>上,宪法修订<u>战略</u>可能更有价值。	我怀疑修订宪法实际上能否成功,但追求它可能是有价值的。

有心理健康问题的人可能变得危险。以多样的策略来处理这个主题很重要，包括心理健康援助，也包括执法角度。	有心理疾病的人可能变得危险。我们需要咨询心理健康专业人士，但可能也要通知警方。
减少偏见的转变模式，其目的在于使人们更喜欢彼此，与集体行动的转变模式，其目的在于点燃斗争以实现群体间的平等，调解这两者的前景如何？	我们是应该通过减少偏见，也就是使人们彼此相互喜欢来改变社会，还是应该鼓励处于不利地位的群体通过集体行动来争取平等，或是说两者都做？

  如果在街上遇到一位"水平"或者一位"角度"，你能认出它来吗？你能向另外的人指出它在哪儿吗？还有"做法""假设""概念""条件""背景""框架""议题""模式""过程""范围""角色""策略""倾向"或者"变量"？这些是元概念：关于概念的概念。它们是包装材料，让学院派、官僚、公司发言人用来为自己所讲的主题镀金。只有把包装砍掉，观察目标才能进入眼帘。"追求的层次"这个词组并没有给"追求"增加更多意义，"减少偏见的转变模式"也绝不比"减少偏见"更高级。回忆一下赢得1998年年度糟糕写作大赛的那些句子，几乎全部由元概念构成。

  如果作者想埋葬自己的角色及行动，除了"模式"和"水平"这类语言棺材，英语还提供了另一个危险的武器——名词化，也就是把一个词变成名词。名词化的规则是将一个完美的、活泼的动词拿过来，用"-ance""-ment""-ation"或者"-ing"等后缀做防腐处理，使其变成一个毫无生气的名词。不说"肯定一个想法"，而说

"做出一个肯定";不说"推迟某件事情",而说"实施一次延期"。研究写作的学者海伦·斯沃德(Helen Sword)将其称为"僵尸名词",因为它们缺少一个有意识的施事者指挥其行动,只是自己笨重地在画面中穿行而过。[21] 它们会把文章变成活死人之夜。

神经发生的<u>阻断</u>减少了社会性<u>回避</u>。	当我们阻断了神经发生后,这些老鼠不再躲着其他老鼠。
实验参与者读到一些<u>断言</u>,其真实性通过一个评价词语的后续<u>呈现</u>被肯定或否定。	我们给实验参与者呈现一句话,后面跟着词语"真"或"假"。
<u>理解力</u>测试被用来当作<u>排除性</u>指标。	我们排除了那些理解不了指导语的人。
也许一些缺失的基因对空间认知缺陷是<u>更起作用的</u>。	也许一些缺失的基因促成了空间认知缺陷。

最后一个例子显示,动词变成形容词也会耗掉生气,如"促成"变成"起作用的","渴望"变成"在这个渴望水平上"。汤姆·托勒斯(Tom Toles)的这幅漫画暗示僵尸名词和形容词是学术体的标志之一。

但是,在这个世界上释放僵尸的不只是学者。一场飓风危及2012年度共和党全国大会,佛罗里达州州长里克·斯科特(Rick Scott)对媒体说:"没有任何将会出现取消情况的预期。"这是在说,他并不预期大会将被取消。2014年,美国国务卿约翰·克里(John Kerry)宣布:"总统有意愿尝试看看我们须怎样努力才能找到一条

Toles © The Washington Post. Reprinted with permission of Universal Uclick. All rights reserved.

推进的道路。"说白了,总统愿意帮忙。这类"职业"习惯又没能逃过讽刺作家的笔,例如下面这幅麦克内利(MacNelly)创作的漫画,发表于亚历山大·黑格(Alexander Haig)辞职的时候,黑格曾是里根政府的国务卿,也因常常创造性地添加后缀而臭名昭著。

避用人称代词"我"和"你"

当一个语法构造与政客联系在一起时,你就可以确定它提供了一条逃避责任的道路。与被其夺走身体的动词不同,僵尸名词在没有主语的情况下也可以蹒跚而行。这是它们与被动语态(如"被确定""被使用")的相同之处,使前面的例句陷入了泥沼。

还有第三种逃避责任的计策,许多学生和政客避开人称代词"我"和"你"。在《致论文作者的一封信》中(*Epistle to Thesis Writers*),社会心理学家高尔顿·奥尔波特(Gordon Allport)指出了这些伎俩:

> 你的焦虑和不安全感会诱惑你过多地使用被动语态:"基于被搜集而来的数据提供的分析,零假设被拒斥的建议可以被做出。"
>
> 拜托了,先生;这事不是我做的!它是被做的!战胜你的怯懦,用这个创造性的主张开始你的总结段落:"瞧!我发现……"
>
> 你可能会这样为使用没有力道的被动语态辩护:剩下的唯一选择就是过度依赖第一人称代词"我"或自以为是的"我们"。你的结论是:在你事业的这个紧要关头还是谦逊比较安全。我的回答是:不管在什么紧要关头,我都看不出,如果我指的是我自己,那么说我有何害处?[22]

人称代词"我""你"常常不仅无害,而且十足有用。正如古典风格所建议的,它们模拟一场对话,也对记性不佳的读者有帮助。要记住一堆"他""她""他们"所代表的角色，需要耗费大量脑力，但除非正处于冥想状态或者陷入狂喜，一个人绝不会忘掉自己以及正在说话的对象（"我""我们""你""你们"）。要避免法律文体和其他混沌的专业文体，就得使用第一人称代词和第二人称代词，把被动语态改成主动语态，让动词好好做动词，别变成僵尸名词。下面是《宾夕法尼亚州简明语言版消费者合同法》(Pennsylvania Plain Language Consumer Contract Act) 反对和推荐的措辞。

如果买方违约而卖方通过律师启动收款程序，则买方应付律师费。	如果买方付款延迟，则卖方可以： 1. 雇律师来收款。 2. 要求买方付律师费。
如果未清余额全额预付了，未兑现的信贷费用会被返还。	如果我在到期日之前付全款，你会返还未兑现部分的信贷费用。
买房有责任付清如下所有费用。	我会在到期前付清所有费用。
俱乐部开业之前收取的所有会员费将被放在信托里。	如果我在俱乐部开业前付了会员费，俱乐部将把钱放在一个信托账户里。[23]

具体的以及对话式的风格，不仅仅能使专业术语更易读，还可能攸关生死。看看这个便携式发电机上的警示标语。

长时间轻微暴露在一氧化碳中会导致累积伤害。在没有明显警示性症状的情况下，在一氧化碳中的极度暴露也可能很快致命。

　　婴儿、儿童、老人以及有健康问题的人较易受一氧化碳影响，可能产生较严重的症状。

　　这些话用第三人称，充满了僵尸名词（如"极度暴露"）和被动语态（如"较易受影响"）。人们读后却并不觉得可能有恐怖的事情发生。也许正因为如此，每年超过 100 名美国人在室内使用发电机和内燃式加热器，无意中把家变成了毒气室，害死了全家。新款发电机上的警示标语就好多了。

　　在室内使用发电机，**几分钟即致死**。
　　发电机废气含有一氧化碳。这是一种你既看不见也闻不到的有毒气体。
　　千万不要在家里或车库里使用，**即使**门窗都开着。
　　只在**室外**使用，远离门、窗、通气口。

　　这个警示标语使用了主动语态下的具体动词以及第二人称，叙述了一个具体的事件：如果你这样做，它会杀死你。警告用祈使句来表达（"千万不要在室内使用"），正像人们在对话中会做的那样，而不是用非人称的概括（"轻微暴露在一氧化碳中可能有害"）。

误用被动语态

　　把僵尸名词变回生机勃勃的动词，把被动语态变成主动语态，这些建议在写作指南和简明语言规则中随处可见。根据我们刚才看到的理由，这通常是好建议，但只有作者或编辑明白了其理由，它才会是好建议。没有一种英语的构造可以存活 1500 年之久，除非它的确有什么用处，这也包括被动语态和名词化。它们可能被使用过多，也常常被误用，但这不意味着完全不能用。在第 5 章里我们会看到，名词化能将一个句子与前面的句子连起来，保持文章的连贯性。被动语态在英语中也有几种用处。其中一种（我会在第 4 章和第 5 章里谈到其他用处）对古典风格是不可或缺的：被动语态能使作者引导读者的目光，就像摄像师选择最好的摄影角度。

　　作者常常需要将读者的注意从一个动作的施事者那里引开。被动语态使他能够做到这个，因为施事者可以不被提起，这在主动语态里不可能做到。你可以说"小熊维尼吃了蜂蜜"（主动语态，提到行动者），也可以说"蜂蜜被小熊维尼吃了"（被动语态，提到行动者），还可以说"蜂蜜被吃了"（被动语态，未提到行动者），但不能说"吃了蜂蜜"（主动语态，未提到行动者）。有时这一省略存在道德问题，就像逃避责任的政客只承认"错误被犯下了"，省略掉指明谁犯下这些错误的那部分表达。但有些时候省掉行动者很方便，因为总是提故事中的小角色只会使读者分心。语言学家杰弗里·普勒姆（Geoffrey Pullum）注意到，新闻报道中这样用被动语态并无不妥："直升机被开来灭火。"[24] 告诉读者一个叫鲍勃的家伙在开飞机，并无必要。

　　即使行动者与行动的目标都在场景中可见，主动或被动语态的选择也允许作者引导读者的目光将其集中于多个人物中的一个，再指出关于这个人物的有趣事实。这是因为读者的注意常常开始于句子主语所指称的对象。主动语态和被动语态句子的主语不同，先出现在读者心理聚光灯下的人物因此也不同。主动语态的构造使读者的目光对准正在做某事的某人:"看到那个提着购物袋的女士没有?她正用西葫芦打那个小丑。"被动语态使读者的目光对准被做了某事的某人:"看到那个小丑没有?他正被提着购物袋的女士拿西葫芦打。"作者用错语态,会使读者脖子前后来回摆动,就像在看网球比赛:"看到那个提着购物袋的女士没有?一个小丑正在被她用西葫芦打。"

被动语态之所以使公文体和学术体文章陷入困境,原因在于它们并非由于这些目的而被选用。它们只是暴露出作者的心不在焉:他忘了要为读者上演一个事件。作者知道故事的结尾,就把结果直接描述出来(某事被做了),但读者视野中没有施事者,无法想象被其推进的事件,而是被迫去想象一个没有原因的后果,跟想象刘易斯·卡罗尔(Lewis Carroll)《爱丽丝漫游仙境》(Alice in Wonderland)中无猫的微笑一样,这很难。

本章中,我提醒你们注意,许多写作坏习惯使文章沉闷:元话语、设路标、缓冲、自我辩解、专业自恋、陈词滥调、混淆隐喻、元概念、僵尸名词、不必要的被动语态。要使自己的文章焕发生气,请记住这个禁令清单。不过,更好的是记住古典风格的主导隐喻:在与读者的对话中,作者将读者的视线引向世界之中的某物。上面每条禁令都对应着一条歪路,使作者偏离这一方案。

古典风格不是唯一的写作方法,但它是一种理想的写作方法,将作者从许多最坏的习惯中拉回来。它之所以特别有用,是因为它使写作这件不自然的事变成我们做起来最自然的两件事:说与看。

知识的诅咒

文章写得晦涩难懂的主要原因是：你难以想象，你所知道的事情在不知道这件事的人看来是什么样子。

第 3 章

为什么有那么多文字令人费解？为什么一位普通读者需要花费九牛二虎之力才能理解一篇学术论文、税务登记表上印刷的小字，或如何创建家庭无线网络的说明？

我所听过最常见的解释在下面这幅漫画中。

这是一个好的开始。但是还需要更多废话。

根据这一理论，晦涩的文章乃是作者刻意的选择。官僚和商界经理们坚持要用令人费解的胡言来掩饰自己。穿着格子衬衫的技术写手以此来报复往他脸上踢过沙子的体育生和拒绝跟他约会的姑娘。伪知识分子喋喋不休地用晦涩的冗词赘语来掩盖自己肚里没货的事实。在社会科学等软科学领域，学术界把微不足道和显而易见的道理用复杂的科学术语进行装饰，试图用浮夸的官样文章来糊弄读者。在下面这幅漫画里，凯文向霍布斯解释了这些原则。

Calvin and Hobbes © 1993 Watterson. Reprinted with permission of Universal Uclick. All rights reserved.

我对这种骗人的理论怀疑已久，因为经验告诉我这种话一听就是假的。我认识很多学者，他们没什么要隐瞒，也没必要引人注意。他们就重要的课题进行开创性的研究，思路清晰，推理缜密，诚实可靠，脚踏实地，是那种你很乐意一起喝上一杯啤酒的朋友。然而，他们的文章依然很烂。

常有人告诉我，学术圈别无选择，因为期刊和大学出版机构的审稿人认为，如果文风不沉闷，则意味着写作不认真。我从没经历过这种事，这根本就是一种荒诞的说法。在《风格化学术写作》（*Stylish Academic Writing*）这本并非世界上最薄的书里，海伦·斯沃德自讨苦吃，抽查了500篇学术期刊文章，分析其写作风格，发现无论在哪个领域，只有极少数文章的文风优美而鲜活。[1]

解释人性的弱点，我的首选工具是"汉隆剃刀"（Hanlon's Razor）理论：用愚蠢足以解释，便不要用恶意去揣测。[2] 这里所说的愚蠢不是指无知或者智商低，事实上，往往是最聪明、信息最灵通的人最受愚蠢之累。我曾经参加过一次 TED 生物学演讲，面向一般大众，录像通过互联网向千百万非专业人士播出。主讲人是一位著名的生物学家，主题是他最近在 DNA 结构研究上的一次突破。他的演讲被密不透风的术语所包裹，只有他的分子生物学同行才能理解。很显然，全场没人明白他在说什么，除了这位著名生物学家自己。当主持人打断他的话头，请他把自己的工作解释得更清楚一点儿时，他看似着实吃了一惊，并无半点气恼。这就是我所说的愚蠢。

什么是知识的诅咒

我们把它叫作"知识的诅咒"（Curse of Knowledge）：你难以想象，你所知道的事情在不知道这件事的人看来是什么样子。这个术语由经济学家发明，用来帮助解释为什么一个人明明掌握了对手不知道的信息，却没有在做生意时表现得更精明。[3] 例如，二手车经销商本应当用同一厂家和型号的蹩脚车辆以次充好，标价和保养良好的车辆一样，因为客户根本无法分辨两者的区别。（在此类分析中，经济学家想象，人人都不谈道德，只追求利益最大化，故无人为了诚实的缘故而行事。）但是，至少在实验性的市场中，卖方并没有充分利用其独有的知识来赚足便宜。他们给自己的资产定价时，俨然觉得买方对质量的了解跟他们自己一样。

知识的诅咒可不仅仅是经济学理论中的一则奇事。无法把"你知但别人不知"的东西抛诸脑后，是人类心灵普遍遭受的折磨，心理学家们持续发现这个现象的新版本，并给它们逐个取了名字。一种是自我中心主义，即孩子们无法从他人视角想象一个简单的场景，例如桌子上的三座玩具山。[4]一种是事后聪明的偏见，对于自己碰巧知道的一些结果，如疾病诊断的结果、一场战争的结果等，人们倾向于认为别人虽然没有经历但显然也应该预测到。[5]一种是虚假的共识，做出某个敏感决定的人，想当然地以为别人也会做出同样的决定（例如，答应实验人员挂上写着"悔改"字样的纸板在校园里游荡）。[6]一种是虚幻的透明度，观察者事先通过私下交谈了解到一些背景故事，从而能听出演讲者的冷嘲热讽，于是想当然地认为台下那些天真的听众也能听出其中的讽刺。[7]还有一种是心盲症，是指缺少推测自己和他人心理状态的能力，例如当一个三岁儿童看到一个玩具被藏起来了，他会想当然地认为另一个并没有看到玩具被藏起来的孩子会从实际藏匿玩具的地方开始找，而不是从其上一次看到玩具的地方去找。[8]（在另一个相关的实验中，一儿童走入实验室，打开糖果盒，惊奇地看到里面装的是铅笔。此儿童不仅会认为之前不在实验室里而刚刚进来的另一个儿童也知道里面装着铅笔，而且还会说自己也早就知道盒子里装的是铅笔！）随着成长，大部分孩子都会克服这种情况，将自己的知识和他人的知识区分开来，但并非全部如此。即便是成人也会稍微倾向于猜测别人会朝着只有他们自己才知道的物品藏匿处去寻找。[9]

　　成人在试图评估他人的知识与技能时，特别容易陷入诅咒。如果一个学生学会了几个生僻词，例如"apogee"（"最高点"）、"elucidate"（"阐明"），或者掌握了一些类似拿破仑出生地、天空中最亮的星之类的事实知识，他就会认为其他学生也知道。[10]一群志愿者接受实验，任务是对相同字母的异序词进行解码。一些单词因为事先已经向志愿者展示过了，所以比较容易解。这些志愿者认为对他们来说容易的单词（因为他们事先看过答案），对所有人都会一样容易。[11]在另一个实验中，当熟练手机用户们被问及多长时间能教会一个新手使用手机，他们猜测需要13分钟，实际上需要32分钟。[12]用过手机但不熟练的用户猜测需要20分钟，他们对学习曲线的预测更准确一些，虽然也猜少了。你对一样东西知道得越多，就越容易忘记它当初学起来有多难。

为什么好人写出烂文章

　　为什么好人写出烂文章？据我所知，知识的诅咒是最佳且唯一的解释。[13]很简单，作者没有意识到：读者并不知道他所掌握的知识，也不熟悉他业内的行话，不能领悟他觉得简单得不值一提而故意忽略掉的推导步骤，更无法想象对他来说明若白昼的场景。于是，作者不肯花时间解释术语，不肯详述推导的逻辑，也不肯提供必要的细节。《纽约客》的这幅漫画所展示的普遍经验，就是一个熟悉的例子。

任何人想解除知识的诅咒,须先意识到此种诅咒之邪恶。如同醉鬼已经醉得意识不到自己醉到不能开车,知识的诅咒也阻碍我们认识到自己中了诅咒。这种盲目损害着我们交流的每一步。在团体教学的课程中,学生们总是喜欢用布置作业的老师的名字来给论文取名,所以我经常收到一打附件为"pinker.doc"的电子邮件。教授们又为论文改了文件名,于是丽莎·史密斯(Lisa Smith)收回一打附件为"smith.doc"的邮件。为参加一个快速过境的旅行项目[一],我访问了一个网站,面对一排导航文字 GOES、Nexus、GlobalEntry、Sentri、Flux、FAST,我不得不选择点击一个,但这类官僚气十足的术语对我而言一点儿意义都没有。一张游览路线图告诉我,徒步游览瀑布需要两个小时,但没有说是单程还是往返,并且好几个岔路口都没有标注路标。我的公寓里乱放着一些小家电,但我从来记

[一] trusted-traveler program,指的是美国和加拿大、墨西哥之间开通的低风险、加急办理的过境旅行项目,为信得过的过境人员和车辆提供快速通道,下面所说的 GOES、Nexus 等分别对应不同的具体项目。——译者注

不住怎么用，因为那些神秘莫测的按钮，有时要按一秒、两秒或者四秒，有时要两个同时按下，而这些操作在不同的看不见的"模式"下又会实现完全不同的功能，这些模式又是要按其他按钮来触发的。终于，我很幸运地找到了说明书，上面提示我：在"闹钟与铃声设定"状态下，按住［设定］键，然后依次按{闹钟"小时"设定}→{闹钟"分钟"设定}→{时间"小时"设定}→{时间"分钟"设定}→{"年份"设定}→{"月份"设定}→{"日期"设定}，最后按下［模式］键，让设置生效。我敢肯定，对于设计它的工程师来说，这一切都十分清楚。

把这种日常生活中的沮丧乘以数十亿倍，你就会知道知识的诅咒同腐败、疾病、熵一样，拖累了人类的进步。那些收费昂贵的专业精英，如律师、会计师、电脑高手、服务热线接线员，每年吸走大量金钱，就是为了澄清那些糟糕的文字。古人有谚："少根钉，输战争。"少个形容词，亦复如是。克里米亚战争中的"轻骑兵的冲锋"就是一个因命令含混而酿成军事灾难的范例。1979 年发生的三里岛核事故归咎于警示灯上含混的指示文字让操作员会错了意。历史上伤亡最惨重的特内里费空难中，波音 747 的飞行员发出无线电信息说他"在起飞"，他的意思是"正在起飞中"，但是被一位空中管制员解读为"进入起飞位置"，等发现错误时为时已晚，波音客机已经像铁犁一样插进跑道上另一架飞机的机身中。[14] 2000 年美国总统大选中，棕榈滩选民领到一种"蝴蝶选票"，这种选票给人视觉上的误导，致使许多支持阿尔·戈尔的选民误把票投给了其他候选人，很可能就是这个原因使得乔治 W. 布什逆转选情，从而改变了历史的进程。

当心术语、缩略语和技术名词

我们如何才能摆脱知识的诅咒？一条老生常谈的建议是永远记得身后正在看着你写作的读者，但这个方法并非如你所想那样有效。[15] 问题在于，不管如何设身处地为他人着想，你并不能更精确地知道他人到底知道多少。[16] 对一样东西太了解很容易使你忘记别人可能一无所知，你甚至连检查一下他们是否知道这点都忘了。好几项研究显示，尽管事先被要求把读者放在心头，记住初学一样东西是什么样子，或者忽略自己所知道的，他们也很难从知识的诅咒中醒悟过来。[17]

话说回来，想象有个读者越过你肩头看着你写，是个良好的开端。当有人展示出知识是如何让判断产生偏差的，人们有时也能学会用怀疑的眼光看待自己的知识，而如果你已经读到这里了，你也许容易接纳这个警告。[18] 嘿，说的就是你！你的读者对于你说的话题，知道的远远没有你多，除非你能知道哪些知识是你知而他不知的，否则你绝对会使他晕头转向。

有一个更好的办法可以解除知识的诅咒，那就是当心路上埋伏的那些特殊陷阱。其中有一个众人隐约皆知的陷阱，就是术语、缩略语和技术名词的使用。无论是音乐、厨艺、体育、艺术还是理论物理，人类的每一种消遣都发展出一套行话，这样一来，行内人提起一种大家都熟悉的东西时就不用说出或打出冗长的解释了。问题在于，由于我们对自己的职业和爱好太熟悉、使用那些行话太多，所以它们会从指尖自动流淌出来，而我们忘记了读者可能并未加入我们学到那些行话的俱乐部。

显而易见，作者不可能完全不用缩略语和技术术语。在同一个圈子里，缩写是无可厚非的，甚至是不可或缺的。生物学家谈及"转录因子"和"mRNA"的时候，不需要每次都给出定义和拼写。而且一些科技术语也最终变成了日常用语，比如"克隆""基因""DNA"。但是知识的诅咒提醒我们，作者往往高估了这些术语的标准化程度和普及范围。

即使把数量惊人的术语都弃而不用，也不会有任何害处。科学家可以把"小鼠模型"替换成"老鼠"和"鼠类"，节省页面空间，也不损害其科学性。哲学家把下面的拉丁语换成日常语言照样会很严谨："ceteris paribus"（"其他条件不变"），"inter alia"（"除其他之外"），"simpliciter"（"绝对地"）。尽管很多非专业人士认为"the party of the first part"（"甲方"）是为了法律上的需要，但事实上，这样的表达是啰唆无用的。正如亚当·弗里曼（Adam Freeman）在他论述法律术语的书中所说："让法律文书与众不同的是，它是古代术语和癫狂冗词的组合，仿佛由一个发疯的中世纪法学家所写。"[19]

对于写字不经过大脑的作者来说，使用缩略语是一种诱惑，因为可以少敲几次键盘。只是作者忘记了，他们为自己生命所省下的几秒钟，代价是偷走读者的许多分钟。我看到一张数字表格的每一栏分别写着 DA、DN、SA、SN，我不得不翻到后面看它们的解释，原来分别代表不相同肯定、不相同否定、相同肯定、相同否定。每个缩写旁边都留有大片空白，作者不写全称的原因何在？为单篇文章而生造的缩写更应该避免，这是为了把读者从被称为"配对联结式学习"（paired-associate learning）的烦琐记忆任务中解救出来。配对联结式学习是指心理学家会强迫参加实验者记住随意配对的文字,例如"DAX-QOV"。纵然是普通的缩写,在文中首次出现时也应给出解释。正如《风格的要素》作者斯特伦克和怀特指出的,"并非人人都知道 SALT 是战略武器限制谈判(Strategic Arms Limitation Talks)的缩写,即使路人皆知,每分钟都在诞生的新生儿有一天也会初次遇到这个缩写。他们有权利看到全称,而非缩写。"[20] 此种灾难并非只限于专业人士的文章。我们中有人会收到这样的圣诞信,这个家庭的发言人兴高采烈地写道:"自从把孩子们送到 UNER,我跟艾文在 IHRP 过得很棒,我们将在 SFBS 继续搞我们的 ECPs。"

一位替人着想的作者也会培养为常见术语加一点儿解释的习惯,比如"拟南芥,一种开花的芥末类植物",而不是像我经常在科技书籍上看到的那样,只列个光秃秃的术语"拟南芥"。这不仅是一种显示雅量之举:一位给术语加上解释的作者,只不过多写几个字,就可以让自己的读者人数增加数千倍,这跟从人行道上捡到百元大钞一样。读者对于喜欢举例的作者也心存感激,因为一个没有例子的解释几乎等于不解释。例如,这是修辞学术语"一语双叙"的解释:"使用一个词对另两个词或更多词产生关联、修饰和支配的作用,不同的组合有不同的意义。"明白吗?现在让我继续:"……比如本杰明·富兰克林说过,'我们必须绞成一股绳,否则就会被分别绞死。'(We must all hang together, or assuredly we shall all hang separately.)"清楚些了吗?没有?有时两个例子强于一个,因为它们允许读者从不同侧面确定术语的含义。那就让我再加一个例子:"正如格劳乔·马克斯(Groucho Marx)㊀所说,'你可以打出租车

㊀ 美国戏剧明星。——译者注

走,如果打不到车,你就打着气走。'(You can leave in a taxi, and if you can't get a taxi, you can leave in a huff.)⊖" 21

如果技术术语不可避免,为何不用大家都易懂易记的词呢?讽刺的是,语言学恰恰是用术语冒犯读者的重灾区,使用了许多令人难解的术语:"themes"跟主题无关;"PRO"和"pro"的发音相同,但指的是不同的语言学概念;"属性谓语"和"事件谓语"无非是以不直观的方式来表述"临时谓语"和"长期谓语"。"A、B、C定理"不如更平易地称为"反身代词定理""代名词定理"和"名词定理"。长期以来,我一读到关于"some"两种用法的语言学论文就头疼。在非正式的会话语境里,"some"的意思是"一些,但不是全部",例如我说"一些人是沙文主义者"(some men are chauvinists)时,听者自然解读为"其他人不是沙文主义者"。然而,在严格的逻辑语境中,"some"表示"至少一个",但并不排除"全部",所以说"一些人是沙文主义者"与说"所有人是沙文主义者"并不矛盾。许多语言学家借鉴数学词汇,把这两种用法的意义称为"上限"和"下限",我从来没弄明白过。直到有一天我遇到一位通达的语言学家,他用日常语言把这两种用法的意义称为"只有"和"至少",我忽然茅塞顿开。

这个小花絮表明,即便同属于一个职业圈子,作者也难免会暴露在知识的诅咒之下。我每天都苦于应付来自我的领域、我的子领域以及我的子子领域的文章。下面这段文字是我刚读到的,选自两

⊖ leave in a taxi 和 leave in a huff,都用了相似的短语 leave in a,是一语双叙,前者是指打车离去,后者是指生气离去。——译者注

位著名的认知神经学家发表在一个给圈外人看的期刊上的短评。

意识知觉的缓慢和整合的特性，通过诸如"兔子错觉"及其不同版本等观察结果，得到了行为上的确认，"兔子错觉"实验发现，一个刺激最终被感觉到的方式，受原初刺激发生几百毫秒之后的后发刺激事件的影响。

当我在肆意生长的被动句、僵尸句和累赘句中劈开一条道路时，我断定这个句子的中心意思存在于"兔子错觉"这个术语之中，这种现象本应展示出"意识知觉的缓慢和整合的特性"。作者行文的时候，俨然认为人人都知道"兔子错觉"，但是我已经在这个行业浸淫了近40年，却从未听说过。关于它们的解释，也没有任何启发意义。我们怎么可能想象出"一个刺激""后发刺激事件"和"刺激最终被感觉到的方式"是什么景象呢？而且这一切和兔子有什么相干呢？理查德·费曼（Richard Feynman）曾写道："如果你听到自己在说'我想我明白这个'，那意味着你根本没明白。"尽管这篇文章是为我这样的人写的，但我读完这些解释，最多只能说"我想我明白这个"。

所以，我做了一些深入的研究工作，发现确有所谓的"皮肤兔子错觉"：在实验中，假如你闭上双眼，让别人在你的手腕上敲几下，接下来再敲你的手肘，然后敲击肩膀，你的感觉就像一连串敲击跑过整条手臂，仿佛一只蹦跳的兔子。好了，现在我明白了，在一个人的意识体验之中，前面的敲击落在什么位置取决于后面的敲击落在什么位置。但是为什么作者不这么说呢？并没有比说"先刺激这个"和"后刺激那个"多几个字呀！

组块和功能固着让思维变抽象

知识的诅咒是阴险的,因为它不但掩盖了我们思考的内容,还掩盖了思考的形式。当对一件事物很了解时,我们意识不到自己对它的思考有多么抽象。而我们也忘记了,那些过着他们自己生活的人,并没有经历过我们那种抽象化的特殊历程。

思想遇到两件事,就会无法靠近具象的世界。一件叫作"组块"。人的工作记忆一次只能存储很少几项内容。心理学家曾认为这一存储量大概在 7 项左右(视情况上下浮动 2 项),但是后来的研究甚至降低了这种估算,今天普遍认为这个数字接近于 3 或 4。幸运的是,大脑的其余部分用变通办法弥补了这一瓶颈。它可以把想法打包成越来越大的单元,心理学家乔治·米勒(George Miller)将这种单元称为"组块"。[22](米勒是行为科学史上最伟大的写作风格大师之一,难怪他特选了这个有亲和力的词,而不是发明一些技术行话。)[23] 无论里面储存了多少信息,每个组块只占用工作记忆的一个"插槽"。因此,对于一组任意排序的字符,比如 M D P H D R S V P C E O I H O P,我们只能记住少数几个。但如果它们属于我们熟练掌握的组块,比如缩写或单词,就像把上述字符组合成 MD、PHD、RSVP、CEO、IHOP 五个组块㊀,我们就能记住所有这 16 个字母。如果把这些组块放进更大的组块中,我们的记忆能力还能大大增加,例如"The MD and the PhD RSVP'd to the CEO of IHOP"("这位医学博士和这位哲学博士回复了国际饼屋首席执行官的邀请")

㊀ 分别代表医学博士、哲学博士、对邀请做出回复、首席执行官、国际饼屋(美国连锁餐厅名)。——译者注

这个故事可能只占用一个插槽，另外三四个就可以留给别的故事。当然，这种魔法取决于个人的学习历史。比如，对那些从没听说过"International House of Pancakes"（国际饼屋）的人来说，IHOP要占据四个插槽，而不是一个。我们惊奇于记忆术表演者能够生生背出远超一般人记忆容量的信息，但这其实是因为他们已经花费了大量时间，在长时记忆中建立了一个巨大的组块仓库。

组块不仅是提高记忆的小窍门，还是人类获得更高智慧的命脉。我们在孩提时代，倘若看见甲把一块甜点给了乙，便将这种行为记作"给予"。乙得到甜点后，反过来给甲一根香蕉，我们便把这两种给予的行为组块为"交易"。如果甲用一根香蕉从乙手上换来一块闪亮的钱币，因为他知道能用这钱币从丙手里换到一块饼干，我们把这种行为叫作"出售"。很多人的买卖行为构成了"市场"。将许多个市场中的行为组块，可以称为"经济"。经济现在可以视为一个响应中央银行行动的实体，我们将这种关系称为"货币政策"。有一种货币政策涉及中央银行购买私有资产，可以组块为"量化宽松"。凡此种种。

在读书和学习中，我们掌握了海量的抽象语义，其中每一个都变成了一个心理单元，我们可以马上将其回想起来，并通过念出其名字的方法与别人交流。一个装满组块的成人大脑是一台强大的理性思考引擎，但这也是有代价的，那便是无法跟其他没有掌握这些组块的人成功沟通。如果把"量化宽松"这个词详细解释出来，许多受过教育的成年人能够理解它是怎么回事，但如果不加解释，让这些人加入一场讨论，批评总统没有以更大的决心实行"量化宽松"，他们肯定如堕五里雾中。高中生听到你说"货币政策"可能会被排除在外，小学生可能根本听不懂一场关于"经济"的对话。

作者使用多少抽象概念合适，取决于其读者有多少专业知识。但是要猜到一个典型读者掌握的组块，需要一种很少有人具备的洞察天赋。当我们选择一个专业、开始接受训练时，就加入了一个小圈子。在我们看来，圈子中其他所有人都知道太多东西了！而且他们与彼此对起话来，就好像他们所拥有的知识对于每个受过教育的人来说都是第二天性。当我们在小圈子里安顿下来，它就变成了我们的宇宙。我们没有认识到，在别的圈子看来，我们的宇宙只是多重宇宙中的一个小水泡。当我们第一次和别的宇宙中的外星人接触并用我们本地的编码与之交谈时，他们肯定无法听懂，除非借助科幻世界里的"宇宙翻译机"。

即便我们已隐约知道自己在说一种专业术语，可能还是不愿回归平实的语言。因为那样相当于向同行泄露了一个尴尬的事实：我们依旧是生手、新人、青瓜蛋子。而且如果我们的读者知道这种术语，将其详解就有侮辱他们智商之嫌。我们宁愿冒着让他们困惑不懂的风险（这样至少表现得十分老练），也不愿冒险对显而易见的事物唠唠叨叨，给他们留下幼稚或傲慢的印象。

确实，每个作者都必须对读者熟悉相关话题的程度做出最佳估计，以此相应调整他所用语言的专业化程度。但一般而言，宁低勿高是明智之选。读者群的知识水平沿着钟形曲线呈正态分布，我们会不可避免地使得顶端的少数人厌倦（觉得太容易，无须多讲），使底部的少数人困惑（觉得太高深，听不太懂），唯一的问题是这两端的人各有多少。知识的诅咒意味着我们高估而非低估了一般读者对我们小小世界的熟悉程度。在任何情况下，我们都不要把文风明晰与屈尊俯就混为一谈。第 2 章中提过的布莱恩·格林关于多重宇宙的解释，演示了一位古典风格作家如何把一个只有内行才懂的观点用通俗易懂的语言表达出来，还不会让读者觉得作者以恩人态度自居。个中关键就在于假定：虽然读者跟你一样睿智和见多识广，但他们碰巧不知道你知道的一些事情。

私自缩写词语是有危险的，也许记住这种危险的最好办法是重温这则笑话：有个人第一次来到卡茨基尔休闲山庄，看到一群退休的犹太漫画家在桌边跟朋友讲笑话。其中一人喊道："47！"其他人便哄堂大笑。另一个人接着说："112！"其他人也乐不可支。新来的人不明白这是什么意思，就问一个常来的人。后者解释说："这些人经常混在一起，时间久了，便知道一样的笑话。所以为了节省时间，他们只需要报出笑话的代码，其他人就会自动从头脑中把笑话呼唤出来。"新来的人说："这真是个聪明的点子，我也试试。"于是他站起来大声喊道："21！"结果所有人都尴尬地沉默着。他再次尝试说："72！"大家都盯着他，但还是没有人笑。他坐回自己的座位，对常来这里的人低声说道："我做错了什么，为什么没有人笑？"那人回答："都是因为你讲的方式不对。"

没有意识到我的组块与你的组块可能不同，可以解释为什么我们的读者会因这么多的术语和缩写感到困惑，但这还不是使他们感到困惑的唯一方式。有时候，作者的措辞方式模糊得令人发狂，尽管他用的并非是圈子内的专业术语。即便在认知科学家中，"后发刺激事件"也不是指代敲击胳膊的标准说法。一位对投资界相当熟悉的金融客户可能因为一家公司的宣传册上写着"资产变更和权利"而迷惑。一位电脑高手在维护网站时，可能会被维护页面的下列指示词语搞晕："节点""内容类型""附件"。而困乏的旅行者在宾馆房间中设置闹钟时，不得不先搞清楚"闹铃功能"和"第二显示模式"的含义——他此刻只能祈求上天帮忙了。

为什么作者会发明这么多令人迷惑的术语？我相信答案在另一件事中，那便是：专业知识可能让我们的思想变得更独特，从而也更难与人分享。当我们熟悉了某一事物时，我们会对它的用途想得更多，却很少想它的外观和成分。这种转换在认知心理学课上被叫作"功能固着"。[24] 在一项经典实验中，老师给每位学生发一根蜡烛、一包火柴和一盒图钉。实验任务是把蜡烛固定在墙上，而且蜡油不能滴到地上。正确的方法是把盒子里的图钉倒出来，把盒子固定在墙上，然后把蜡烛放在盒子上。然而大多数人没有发现这个办法，因为他们认为盒子只是用来装图钉的，不是一个独立物品，即使它有着平整的表面和垂直的侧面这样的便利特性。这种盲点就叫"功能固着"，因为人们对某个物品的功能形成了固定看法，而忘记了它的自然构成。就像小孩忽视生日礼物本身而玩起礼物的包装纸，我们已经失去了将物品看作物品本身的理解力，而是只把它们当成达到目标的手段。

如果你把功能固着与组块结合在一起，再拌进那种让我们看不到它们的知识的诅咒，便能解释为什么专家会使用如此之多的独特术语、抽象词汇、元话语以及僵尸名词。他们并不是存心想迷惑谁，那只是他们的思维方式。一只老鼠畏缩在笼子一角，是因为另一只老鼠被放了进来——此场景被概括为叫作"社交回避"的组块。你不能责怪神经科学家这样思考。这一场景他已经看过成百上千遍，因此每次谈论实验结果时，他不需要按下视觉化记忆中的播放键再看一次那个小动物瑟瑟发抖的画面。但我们读者确实需要看一下才能理解究竟发生了什么，至少在第一次听到这件事时是这样。

与此相似，作者不再去思考也不再去写某些实实在在的物品，而是用这些物品在其日常工作中所扮演的角色来指代它们。回忆第 2 章的一个例子，心理学家给实验参与者展示一些句子，每个句子后面都跟着"真"或"假"的标签。心理学家解释说，他在做的是"一个评价词语的后续呈现"，之所以将标签称为"评价词语"，是因为他放标签是为了让参与者能够评价这个标签是否适用于前面的句子。不幸的是，他让我们自己去弄清"评价词语"是什么，这并没有节省字符，也没有在科学上显得更精确。同理，把手腕上的敲击说成是"刺激"，把肘部上的敲击说成"后发刺激事件"，因为作者关心的是一个事件跟着另一个事件发生，而不再关心这些事件是指在手臂上的敲击。

但我们读者关心。我们是灵长类动物，1/3 的大脑专门用于视觉，还有许多沟回专门用于触觉、听觉、运动和空间感。对于我们来说，要从"我以为我理解"前进到"我理解"，我们需要看到形象，感受到行动。很多实验表明，如果作者能写出以下右边那些句子，像那样用具体的语言去表述，读者便能更好地记住和理解材料，因为这种写法会让他们形成视觉图像。[25]

那套物品从桌子上跌落。	那套象牙制的棋子从桌子上跌落。
那个测量仪上沾满了灰尘。	那个油压计上沾满了灰尘。
乔治亚·欧姬芙称她的某些作品为"对等主义"，因为它们的形式是抽象的，为源体验提供了情感上的平行表达。	乔治亚·欧姬芙的画作描绘过多角的摩天大楼和霓虹大道的风景画，但大多数是发白的动物骨骼、沙漠的影子、新墨西哥州农村地区风吹日晒的十字架。

注意左侧那些抽象的描述，它忽略了那些专家已感厌倦的有形细节，但这是新手必须看到的：象牙制的棋子，而不只是"那套物品"；油压计，而不只是笼统的"测量仪"；发白的动物骨骼，而不只是一些"形式"。坚持具体的描述方式，不仅能让交流更轻松，还可以让我们做出更好的论证。读者若知道"皮肤兔子错觉"指的是什么，就能更好地评估它到底是指一种随时间而展开的意识体验，还是能用别的方式去解释。

如果考虑到作者受组块和功能固着所影响的个人史，你就能理解为什么专业文章中充斥着大量的元话语（"层次""问题""背景""框架""视野"等）。学者、顾问、政策专家以及其他爱用符号的专业人员的确在思考"问题"（他们可以将一堆问题列在纸上）、"分析的层次"（他们争论分析到哪一层更合适），以及"背景"（他们用这个词来推测为什么一个做法在一个地方行得通而到另一个地方就行不通了）。这些抽象概念是储存和处理他们观点的容器，不知不觉间，他们已经不会用事物本来的名字称呼它们了。比较一下左侧的专业词汇与右侧那些更加具体的同义词。

参与者在良好乃至优异的隔声测试条件中参加考试。	我们在安静的房间中组织学生考试。
机场内以及附近地区的管理行动，无助于减轻飞机在起降期间遭到飞鸟撞击的风险。	在机场附近捕鸟，无助于减少鸟类在飞机起降时与之相撞的次数。
我们相信，ICTS 方法可以带来集成的解决方案，将有效的人力、犬类服务以及尖端的技术结合起来，是选择过程中的一个关键区分因子。	他们选择我们的公司，是因为我们将保安、警犬以及感应器结合起来保护建筑物。

在第一个例子中，在我们看来是"安静的房间"，在实验人员看来却是"测试条件"，因为他在挑选房间时，脑子里想到的概念就是"测试条件"。在第二个例子中，对于这位处于指挥链顶端的安全专家来说，他生活中的每一天都承担着管理风险的责任，至于下属布下的捕鸟网，对他早已是遥远的记忆。在第三个例子中，这位保安公司的公共关系撰稿人在新闻稿中提到公司业务时，满脑子都是向潜在客户推销保安服务时所用的技术词汇。

把熟悉的抽象语言一层层剥离，向读者展示"谁对谁做了什么"，对作者来说是一个永无止境的挑战。就拿公共健康和社会科学报告来说，其主要内容总是在烦琐地解释两个变量之间的联系（例如吸烟与肺癌、视频游戏与暴力）。已用大量时间思考过两者有何联系的作者，会在头脑中把这两个变量分别用气泡膜包裹起来，两者如何产生联系的各种可能的方式也会被包起来。这些语言包触手可及，要分享新信息时自然而然就用上了：

食物摄取方式和身体质量指数之间存在正相关关系。

身体质量指数是食物摄取方式的函数。

食物摄取量根据一种单调递增关系预测了身体质量指数的水平。

读者能够明白作者在说什么，但是这好比打开包装取出物品一样麻烦。如果作者将这些变量从抽象名词的包装中提取出来，他就能用我们描述动作、比较和结果的平常语言来描述它们，那么一切都会更加清晰。例如前面那三句完全可以说成：

> 吃得越多，变得越胖。

知识的诅咒与组块和功能固着相结合，可以帮助我们理解古典风格为何如此难以掌握。想象自己睁开双眼，正在进行一场对话，为何如此之难？这件事做起来比听起来要难的原因在于：如果你精通某一话题并有独到见解，那么你也许已经在使用抽象的组块和功能性的标签思考了，这样的做法业已成为你的另一种本能，但你的读者对此还很陌生——而且你总是最后一个认清这点的人。

把文稿给读者和自己看

因此，作为作者的我们应该试着从读者的角度去思考，时刻注意我们很容易重新用起那些狭隘的术语和自己创造的抽象概念。但是，这些努力作用有限。我们之中没人具备，也几乎没人想具备那种看穿别人内心想法的透视能力。

为了挣脱知识的诅咒，我们必须超越自己的预测能力。就像工程师说的，我们必须形成一个闭环，从读者的世界里获得反馈信号，也就是把文稿给那些与目标受众相似的读者看，看看他们能否看懂。[26] 这听起来很老套，实际上却意义深远。社会心理学家发现，我们对自己推测别人心中想法的能力会过于自信，有时甚至到了自欺的程度，即便是对那些关系最密切的人也不例外。[27] 只有当我们询问那些人的时候，才会发现对我们来说显而易见的东西对他们可能并非如此。这正是专业作者需要编辑的原因，正如政治家需要求教于民意调查，公司需要组织焦点小组，互联网公司需要做 A/B 测试（所谓 A/B 测试，意思是拿出两套网站设计方案——A 版本和 B 版本，并且收集数据，看看哪个版本点击率更高）。

很多作者负担不起焦点小组和 A/B 测试的成本，但可以请室友、同事或者家人阅读自己的文章并提出意见。你请的评论者甚至不必是目标读者的代表样本，只要他们不是你就够了。

这并不意味着你应当采纳他们的每一条建议。每位评论者都有各自的诅咒，也有热衷的话题、认知的盲点以及各自的私心，作者不可能迎合所有这一切。很多学术性文章包含令人困惑且不合逻辑的推论和离题的内容，这是因为作者必须遵循匿名的期刊审稿人意见来修改，如果不这样做，审稿人就有权将稿子拒之门外。好文章绝不是一个委员会写出来的。如果不止一个读者提出同样的反馈意见，或作者自己觉得修改意见合情合理，那么他应该按照这样的意见来修改。

这带领我们找到了逃脱知识的诅咒的另一个途径：把文稿给你自己看，最好是等到连自己都不熟悉文章内容的时候再看。如果你像我一样，你会发现自己在想："我那时这么写是什么意思？""这里的意思是怎么连贯下去的？"而且，你会不止一次地自问："谁写的这篇烂文章？"

我常听说，有的作家能够文不加点、倚马可待，最多就是在发表之前改改错别字和标点符号。你也许不是他们中的一员。很多作者改了一稿又一稿。我会把每个句子都改写好几次，才会开始写下一句，而且我要将整个章节修改两三遍，才拿去给别人看。拿到别人的反馈之后，我会把每章再修改两遍，然后再进入新一轮的反馈－修改，整本书至少会被从头到尾润色两遍。这时书稿才会交到编辑手上，他会再开启一轮又一轮的修改。

写作过程中有太多事情需要妥善处理，让大多数初涉写作的凡人应接不暇。把一个有趣又真实的想法明确阐述出来，已经够难了。只有先把想法的轮廓呈现在页面上，作者才能腾出认知资源做进一步改进，让文字更合乎语法、更优雅，最重要的是，对读者来说更易理解。作者头脑中想法的呈现形式，很少与读者容易理解的形式相同。本书和其他写作书中的建议，更多是教你如何修改，而非如何写作。

很多关于写作的建议都带有道德教化的语气，仿佛只要成为一名优秀的作者，就能成为更优秀的人。不幸的是老天爷很公平，许多才华横溢的作者恰恰是无赖，许多拙于表达的作者反而是良善之人。但是，克服知识的诅咒这一规则，可能是与合理的道德建议最为接近的写作建议了：要一直努力跳出自己狭隘的思维模式，发现别人的所思所感。虽然这不一定能使你在生活各方面都变成更好的人，但它将成为你对读者保持恒久善意的源泉。

思维网·句法树·词语串

有句法的意识可以让你避免写出引起歧义、错综复杂、令人误解的文章。

第 4 章

为什么现在烂写作如此普遍？我最常听到的解释有三种："学校不再教孩子图解句子成分""互联网毁了我们的语言"和"人们故意写些胡言乱语"。

上述抱怨中提到的图解句子成分这门正在消失的艺术，要追溯到阿隆索·里德（Alonzo Reed）和布莱纳德·克洛格（Brainerd Kellogg）于1877年发明的一套标记系统，直到20世纪60年代，这套系统还在美国的课堂里讲授。[1]只是后来，它沦为教育工作者反抗一切正统教育方式的牺牲品。句子中的词被放置在一个类似于地铁路线图的由垂直线、斜线和分支线组成的图表中，以代表主谓关系、修饰关系等语法关系。下面这个例子教你如何图解这个句子："在索福克勒斯的戏剧中，俄狄浦斯娶了他的母亲"（In Sophocles' play, Oedipus married his mother）。

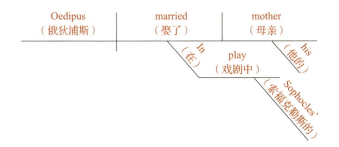

里德－克罗格标记法的观念，在当时是个创举，但由于一个原因，我并不怎么怀念它。虽然能在一个页面上把句法展示出来，但这并不是最好的办法，而且有些不利于阅读的特征，例如混乱的词语顺序、随便的图解规则等。不过，我认同这种怀旧想法背后的主要理念：受过教育的人，应该知道如何思考语法问题。

大家当然都知道如何运用语法，他们从两岁开始就一直在用。尽管无意识地掌握语言能力是人类与生俱来的天赋，但这并不能保证我们写出好句子。当句子变得复杂时，我们遣词造句的直觉便会失灵。除非我们有足够的时间和记忆力，能够扫一眼就理解某个句子，否则我们的手指难免会敲出自己不愿接受的错误。学会有意识地理解语言的基本单位，能让作者在直觉失灵时靠推断保持语法一致性，也能在意识到句子不对劲又找不到根源时，诊断出问题症结所在。

懂一点语法，相当于拿到进入文学世界的入场券。无论是厨师、音乐家还是球员，都需要知道一些术语，以便在技艺上与同侪互通有无。同样的道理，如果了解写作用到的素材叫什么名字、如何起作用，作者也可从中受益。文本分析、诗学、修辞学、批评、逻辑、语言学、认知科学，以及关于写作风格的实用建议（包括本书其他章节中的内容），都需要涉及谓语、从句之类的术语。了解这些术语的意思，可以让作者从其他人来之不易的经验中受益。

最妙的是，语法本身就是门迷人的学科，至少当它得到恰当解释时是这样。对于许多人来说，语法这个词往往会召唤起一段痛苦的记忆：闻着呛人的粉笔灰，暗暗恐惧着老处女教师会拿戒尺啪的一声打在自己的指关节上。[好几本写作风格指南的作者西奥多·伯恩斯坦（Theodore Bernstein）把这种典型的女教师称为"刺头儿小姐"（Miss Thistlebottom）；曾写过句子成分划分史的作家凯蒂·伯恩斯·弗洛里（Kitty Burns Florey）则称之为"伯纳黛特修女"（Sister Bernadette）]。但是语法不该被视为行话带来的严酷考验和单调沉闷的工作，正如以下这幅漫画中斯凯勒所想的。

《鞋子》，作者：杰夫·麦克奈利 (Jeff MacNelly)

语法应该被视为动态变化的世界中一种超乎寻常的适应能力，是我们这个物种对以下问题的解决方案：如何将复杂想法从一个脑袋放进另一个里。另外，把语法想成一种原始的应用程序，该程序的目的在于分享，会使它变得有趣且有用得多。通过理解语法各方面特征的设计如何让分享变为可能，我们就能更清晰、更准确、更优美地将其应用在写作中。

句法树将思维网转换为词语串

本章标题中三个名词,指的是经语法联系在一起的三样东西:我们头脑中的思维网,我们口中或笔下所流淌出的词语串,把思维网转换为词语串的句法树。

让我们从网开始。就像悄无声息的白日梦一样,你的思维从一个想法跳到另一个想法:视觉的影像、零散的观察、旋律的片段、有趣的事实、旧日的积怨、愉悦的幻想、难忘的时刻。在万维网还没有问世之前,认知科学家把人类的记忆建模成由许多节点结合而成的网络。每个节点代表一个概念,节点与节点相连,形成了词语、画面以及其他概念。² 下面是从这个巨大思维网中截取的一部分,展现一个人头脑中关于索福克勒斯所著悲剧故事《俄狄浦斯王》(*Oedipus Rex*)的知识:

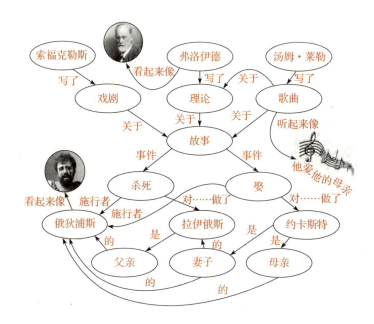

尽管我需要将每个节点都放在这张图上,但它们的位置无关紧要,也没有任何次序。重要的是,它们是如何联系起来的。思维的列车可以从任一概念出发,因提及某一词语,因与网络远处另一概念之间的联结忽然激活,或是因随机神经活动引发某一闪念而触发。从那里,你的思维可以朝任何方向,沿任何联结,到达其他概念。

如果你想和他人分享上述想法,会发生什么?我们可以想象某种高级外星人能将这张网压缩成数字文件,像两台会拨号的调制解调器那样悄无声息地相互传输。但是,我们人类用不了这个办法。我们学会了把每个想法与被称为"词语"的一小段声音联系起来,并且通过发出这个声音,让彼此脑海中一同浮现这个想法。但是除了随意说出单个词语,我们需要做的事情还有很多。如果你不熟悉俄狄浦斯王的故事,而我简单地说,"索福克勒斯 戏剧 故事 杀死 拉伊俄斯 妻子 约卡斯特 嫁给 俄狄浦斯 父亲 母亲",你花 100 万年也猜不出来究竟发生了什么。我们说出这些概念时,不但要说出概念的名称,还要依从点明它们之间逻辑关系的顺序(行动者、被动者、是什么,等等):"俄狄浦斯杀死了拉伊俄斯,那是他的父亲。""俄狄浦斯娶了约卡斯特,那是他的母亲。"把我们头脑中的概念关系之网转化成说话时有先有后、书页上从左到右的顺序,这个编码规则叫作句法。[3] 句法规则,连同词性转换规则〔例如把 kill 变成 kills(第三人称单数)、killed(过去时态和过去分词)、killing(现在分词)〕,构成了英语语法。语言不同,则语法各异,但它们都通过对词语进行不同的变化和组合来传达概念上的关系。[4]

要把一堆意大利面般缠结的概念挤压成一条线性词语串,设计这种规则并非易事。倘若某个事件包含好几个人物以及他们之间的好几种关系，就需要用一种方法弄清谁对谁做了什么。例如"杀死 俄狄浦斯 娶 拉伊俄斯 约卡斯特"这些概念，没有说清楚是"俄狄浦斯杀了拉伊俄斯并娶了约卡斯特"，还是"约卡斯特杀了俄狄浦斯并娶了拉伊俄斯"，抑或是"俄狄浦斯杀了约卡斯特并娶了拉伊俄斯"，诸如此类。句法解决了这一问题，方法是用毗连的多串词语来代表相关的多组概念，以及将一串词语插入另一串，代表这些概念是另一些更大概念的一部分。

为了理解句法如何运作，用一种视觉化的表现方法会很有帮助。我们画一棵倒过来的树形图，把一串词语包含另一串词语的排序画在分支末端上。

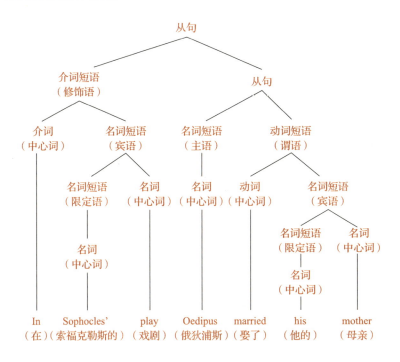

我将在后文中解释细节，不过现在你肯定会注意到：树形图底部的词语组成短语（"母亲"），这些短语组成更大的短语（"他的母亲"），更大的短语又组成一个从句（"俄狄浦斯娶了他的母亲"），这个从句可能又被嵌入一个更大的从句（整个句子）中。

如此可见，句法是一个应用程序，它用短语树把思维网转换成词语串。只要听到或者看到一个词语串，接收者就会反向操作，把词语放进树形图中，还原相关概念之间的联系。在这个例子中，听者可以推断，索福克勒斯写了一部描写俄狄浦斯娶了自己母亲的戏剧，而不是俄狄浦斯写了一部索福克勒斯娶了自己母亲的戏剧，也不仅仅是说话者在说关于一群希腊人的什么事情。

当然，树仅仅是隐喻而已。它抓住了这样结构：一串相邻的词，组成了短语，然后再嵌入更大的从句，通过词语和短语之间的组合，可以还原说话者头脑中角色之间的关系。树形图是在一个页面上展示出这种设计的一种简易方式。这种设计也可以用大小括号或者维恩图来更加精确地表现。

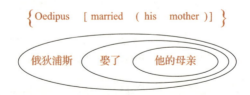

不管使用哪种标记法，辨别句子背后的工程设计（依照线性次序组织、传递错综复杂的思想网络的一串短语），是理解你在遣词造句时要达成何种目的的关键。反过来，这可以帮助你理解你面对的多种选择以及最容易出错的地方。

这个任务极具挑战性的原因是，英语句法可供作者运用的主要资源，也就是从左至右的行文顺序，必须一次性做好两件事情。它首先是语言用来传达谁对谁做了什么的编码。同时，它也决定了读者头脑中处理信息的先后顺序。人类的大脑每次只能做很少的事，信息进入其中的顺序决定了大脑处理信息的方式。正如我们将会看见的那样，作者必须时刻协调词语顺序的两个方面：信息的编码和心理事件的先后顺序。

基本的句法规则

让我们从更加细致地观察句法本身的规则开始，以俄狄浦斯这个句子的树形图为例。[5] 我们看到，从图表底部的词语往上，每个词语都被标示为一种语法范畴。即使 20 世纪 60 年代以后受教育的人也应当熟悉这些，他们称之为"词性"。

名词（包括代词）	人、戏剧、索福克勒斯、她、我的
动词	娶、写、思考、看、暗示
介词	在……之内、在……周围、在……下面、在……之前、直到
形容词	大的、红的、精彩的、有趣的、发狂的

副词	快乐地、直率地、给人印象深刻地、非常、几乎
冠词和其他限定词	这个、一个、一些、这些、那些、许多、一、二、三
并列连词	和、或、也不、但是、不过、所以
从属连词	以至于、是否、如果

因为句法规则对具体词的顺序不做要求，但是对词性的顺序有要求，所以我们将每个词按其词性放入树形图。一旦你学会把冠词置于名词之前，便不需要每次遇到一个新名词都重新学一遍规则，无论这个新名词是"hashtag"（"标签"）、"app"（"应用程序"），还是"MOOC"（Massive Open Online Courses 的缩写，意为"大规模在线开放课程"）。只要你见过一个名词，就相当于见过了所有名词。名词下面一定有很多子类，如专有名词、普通名词、不可数名词、代词，尽管摆放的位置可能大不相同，但其原则不变：同一子类中的词可以互换，因此如果你知道某一子类放在哪里，就知道该子类包含的每个词该放在哪里。

让我们重点观察树形图里的一个词："娶了"（married）。它的语法范畴是动词，而下面括号里的标签表明了它的语法功能是中心词。语法功能不仅决定在这种语言中一个词"是什么"，而且可以决定它在具体句子中是"做什么用的"：它怎样和其他词组合，以决定一个句子的意义。

短语中的中心词能够代表整个短语。它决定了短语的核心意义：在这个例子中，"娶了他的母亲"是"娶"这个动作的具体例子。它还决定了短语的语法范畴：在这个例子中，这是一个"动词短语"，即围绕动词生成的短语。动词短语是一串任意长度的词语，在树形图上占有一席之地。无论将多少内容塞入这个动词短语，比如"娶了他的母亲""在星期二娶了他的母亲""在星期二顶住女朋友的反对娶了他的母亲"，它总能被放在句子中的同一个位置："娶了"这个动词能放在哪里，这个动词短语就能放在哪里。其他短语的情况也一样，名词短语"底比斯国王"是围绕中心词"国王"而生成的，指的是国王的一个具体例子，"国王"可以放在哪里，这个短语就可以放在哪里。

插入短语的额外成分往往具有附加的语法功能，也就是将围绕中心词的故事中各个角色区分开来。在"娶"这个例子中，出场人物包括被娶的人和迎娶的人。[不过在英语里，"娶"（marry）是一个对称的关系，如果杰克娶了吉尔，那么吉尔也娶了杰克。但在这个例句中，我们把男性当成采取主动的一方。]悲剧性的是，在这里被娶者是"他的母亲"，而她之所以被认定是被娶的人，是因为这个短语的语法功能是"宾语"，也就是英语里跟在动词后面的名词短语。那个娶妻的人是俄狄浦斯，其语法功能是"主语"。主语是特殊的，所有动词都必须有一个主语，而主语位于动词短语之外，并且占据了一个从句的两大分支之一（另一支被谓语占据）。与此同时，其他语法功能也可以添加进来，以确定其余角色。在"约卡斯特递孩子给仆人"这个句子中，"仆人"是斜格宾语，也就是介词的宾语。在"俄狄浦斯以为波吕玻斯是他的父亲"这个句子中，从句"波吕玻斯是他的父亲"是动词"以为"的补语。

除了具有区分角色的语法功能之外，语言还具有提供其他信息的功能。修饰语可以为事物和行为添加"何时、何地、以何种方式、有何种属性"的注解。在这个句子中，"在索福克勒斯的戏剧中"就是"俄狄浦斯娶了他的母亲"的修饰语。其他修饰语的例子包括（见下划线所示）："<u>用四条腿走路</u>""<u>肿胀的脚</u>""<u>在去底比斯的路上</u>遇到他""俄狄浦斯派出的那个牧羊人"。

我们也注意到，在名词"戏剧"和"母亲"之前有"索福克勒斯的"和"他的"两个词，这叫"限定语"。限定语回答"哪一个"和"有多少"这类问题。在这里，限定语的角色由传统语法所说的"所有格名词"充当（我后面将会讲到）。其他常见的限定语包括（见下划线所示）：冠词（<u>那只</u>猫和<u>这个</u>男孩）、量词（<u>几个</u>晚上和<u>所有</u>人）和数字（<u>16</u> 吨）。

如果你年已花甲或者上过私立学校，可能会注意到，这与记忆中"刺头儿小姐"课堂上所教的句法机制有所不同。当代的语法理论，例如本书用到的《剑桥英语语法》(*Cambridge Grammar of the English Language*) 中的一个理论，把名词、动词称为"语法范畴"，把主语、宾语、中心词和修饰语称为"语法功能"，两者凛然有别。而这一切又有别于语言学里所说的"行动""实体对象""领有者""行动者""被动者"等"语义范畴和角色"，它们表明词语的"指称对象"在这个世界中起的作用。但在传统语法中，这三类概念是混为一谈的。

例如，我还是个孩子时，老师教我，"肥皂片"中的"肥皂"，以及"那个男孩"中的"那个"，都是形容词，因为它们修饰名词。

但这将语法范畴"形容词"与语法功能"修饰语"混淆了。我们没有必要仅仅由于名词"肥皂"放在这个短语中,便在它的头上挥舞着魔法棒将其词性改成形容词。我们可以更简单地说,有时名词也可以修饰其他名词。例如,"那个男孩"中的"那个","刺头儿小姐"也弄错了它的功能:它是限定语,而不是修饰语。我们怎么知道呢?因为限定语和修饰语是不能互换的。你可以说,"看着这个男孩"(Look at the boy)或者"看着那个男孩"(Look at that boy,限定语),但不能说"看着高个子的男孩"(Look at tall boy,修饰语)。你可以说"看着这个高个子的男孩"(Look at the tall boy,限定语+修饰语),但不能说"看着这个那个男孩"(Look at the that boy,限定语+限定语)。

老师也教过我们,"名词"是指一个人、一个地方或一件物品,但这种说法把语法范畴和语义范畴混为一谈了。甚至连喜剧演员乔恩·斯图尔特(Jon Steward)都犯迷糊了。他在节目中批评小布什总统提出的"对恐怖宣战"的口号,说:"'恐怖'甚至都不是一个名词。"[6]他的意思是想说,"恐怖"并非一个具体的实体,尤其是一群人组成的敌对武装。"恐怖"当然是个名词,这样的名词还有成千上万个,它们都不是指一个人、一个地方或一件物品,例如"词语""类别""节目""战争",还有"名词",这些都是从之前句子中找出的例子。虽然名词常常指代人、地、物品,但一个词是否被归类为名词,要视它在语法规则中扮演的角色而定。如同国际象棋中的"车"并非被定义为外观像小塔般的棋子,而是被定义为允许在国际象棋游戏中以特定方式移动的棋子,作为语法范畴的名词也必须按照语法游戏中的行动规则来定义。名词的这些规则包括:能够放置在限定语之后，如"the king"（"这位国王"）；不能接直接宾语，而只能接斜格宾语，如"the king of Thebes"（"底比斯国王"），而不是"the king Thebes"；可以标记为复数，如"kings"；也可以标记为属格，如"king's"。经过以上测试，"恐怖"（terror）当然是名词：它能放置在限定语之后，如"the terror"；不能接直接宾语，只能接间接宾语，如"terror of being trapped"（"被抓获的恐怖"）；可以标记为属格，比如"the terror's lasting impact"（"那种恐怖的持续影响"）。

现在我们能明白，为什么在我们的树形结构上，"索福克勒斯的"（Sophocles'）属于名词的范畴、限定语的功能，但它并非形容词。这个词属于名词范畴，一直都是；"索福克勒斯"并不会因为放置在一个名词之前就突然变成了形容词。而说它的功能是限定语，是因为它与"这个"（the）和"那个"（that）这些词的作用是一样的，而与"著名的"（famous）这类修饰语有明显区别。你可以说"在索福克勒斯的戏剧中"（In Sophocles' play）或者"在这部戏剧中"（In the play），但不能说"在著名的戏剧中"（In famous play）。

读到这里，你也许会问，"属格"是什么？不就是我们学过的"所有格"吗？是这样的，"所有"是一种语义范畴，这种"格"可以通过后缀"s"和代词"his"（"他的"）和"my"（"我的"）来标示，不需要跟"拥有"有任何关系。当你想到所有格时，例如"索福克勒斯的戏剧""索福克勒斯的鼻子""索福克勒斯的长袍""索福克勒斯的母亲""索福克勒斯的故乡""索福克勒斯的时代""索福克勒斯的死亡"，所有这些短语的共性并非都具有"所有权"或任何其他意思，而是都在树形结构上填补了限定语的位置，让你明白说话的人指的是谁的戏剧、谁的鼻子等。

一般地说，以更开放的心态去图解句子成分是很关键的，而不是想当然地以为你所应该了解的语法在你出生前都已确定了。范畴、功能和意义应当通过经验确认，做一些小实验，例如用一个范畴未知的短语替换范畴已知的短语，看看整个句子是否还讲得通。基于这种小实验，现代语法学家将词语归入不同的语法范畴，有时会与传统的划分方法不同。

这就是为什么前面的词性列表（101～102页）中没有"连词"这个传统范畴，而只有它的两个子类：并列连词（如"and"与"or"）和从属连词（如"that"和"if"）。原来，并列连词和从属连词没有共同之处，没有一个称为"连词"的范畴可以同时将二者包含在内。就此而言，很多传统上称为"从属连词"的词，比如"before"（"之前"）和"after"（"之后"），实际上是介词。[7] 例如，"after the love has gone"（"爱情消失之后"）中的"after"与"after the dance"（"跳舞之后"）中的"after"是同样的，人人都同意后者是介词，却没有意识到前者也是，这都是因为传统语法学家把功能和范畴混淆了，因此意识不到介词后面也可以接从句，而不只是用名词短语作宾语。

为什么以上这些很重要？虽然想把文章写好，并不真的需要图解句子成分，也不需要掌握一堆的术语，不过本章余下内容将向你展示，有一点儿句法的意识会在多个方面对你有帮助。首先，它能帮你避免很多明显的语法错误，这些错误都是你自己的局限造成的。其次，如果某位编辑或者语法细节癖声称从你写的句子中发现了错误，但你看不出有任何问题，如果你对受到质疑的那条规则有充分理解，那么至少可以分辨是不是该听从他们。我们将在第 6 章中看到，很多伪规则，包括一些已经出现在美国全国性新闻头条里的规则，实际上都是对形容词、从属连词、介词等语法范畴分析错误的结果。最后，有句法的意识可以让你避免写出引起歧义、错综复杂、令人误解的句子。所有这些意识，取决于对以下内容的基本掌握：语法范畴是什么，语法范畴与语法功能、语义的区别，以及它们如何恰当地嵌入树形结构。

什么会引发树盲症

树形结构能赋予语言以力量，表达观点之间的联系，而不是一股脑儿地把观点都推给读者。但这样做是有代价的，那便是会给记忆增加额外的负担。人们需要在认知方面付出努力，才能在头脑中建立和保持那些看不见的树枝，这容易让读者和作者退回到以前的状态，重新把句子当成一个接一个该死的词。

让我们从作者开始分析。当疲倦袭来时，作者观察整个树形结构上各个树枝的能力就会减退。他的视界收窄到门上的窥视孔那么小，一次只能看到一串文字中相连的几个词语。可是很多语法规则是由整个树形结构而不是一串词语决定的，这么一来，这种短暂的"树盲症"就会造成麻烦的错误。

主语与动词不一致

就拿主语与动词的一致性来说吧。我们说"The bridge is

crowded",但是换成几座桥,要说"The bridges are crowded"。这条规则不难遵守。孩子们在三岁之前就能学会。类似"I can has cheezburger"(has 应为 have)和"I are serious cat"(应为 I am a serious cat)这样的错误太过明显,以至于一套互联网搞笑图片"LOLcats"将其诙谐地称为猫打出来的句子。但是,"主语"和"动词"之间的一致性是由树形结构上的树枝决定的,而不是由词语串里的词语决定的。

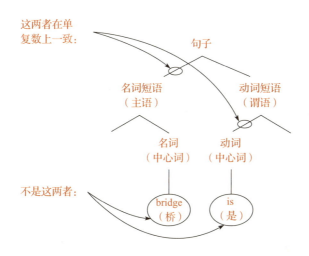

你也许会思忖,这有什么区别吗?无论怎么看,句子还不都一样?答案是:不一样。如果我们在主语尾部加入一些词使之变长,就像下页图中列出的那样,让"bridge"后面不再紧跟着动词,但是由整个树形结构所决定的一致性并没有受影响。"通向岛屿的桥上挤满了人"这句话,我们仍然用"The bridge to the islands is crowded"来表述,而不是用"The bridge to the islands are crowded"来表述。

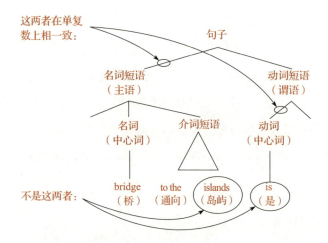

但是，由于树盲症的存在，一时疏忽而打成"The bridge to the islands are crowded"的大有人在。如果你不能让树形结构驻留在记忆里，那么在你打出那个动词之前，"islands"这个单词就会在你耳边萦绕，从而弄乱了动词的单复数。以下是出版物中出现过的几个一致性方面的错误。[8]

The <u>cost</u> of the improvements <u>have</u> not yet been estimated.
（这项改进的成功尚未被估算。）

The <u>readiness</u> of our conventional forces <u>are</u> at an all-time low.
（我们常规部队的随时应战能力空前低下。）

At this stage, the <u>accuracy</u> of the quotes <u>have</u> not been disputed.
（在这个阶段，这些引述的准确性尚未经过讨论。）

The <u>popularity</u> of "Family Guy" DVDs <u>were</u> partly credited with the 2005 revival of the once-canceled Fox animated comedy.
（"恶搞之家"DVD的走红，部分归功于这部一度被停播的福克斯动画喜剧在2005年重新开播。）

The impact of the cuts have not hit yet.
（这些削减造成的影响尚未显现。）

The maneuvering in markets for oil, wheat, cotton, coffee and more have brought billions in profits to investment banks.
（对食用油、小麦、棉花、咖啡以及更多农产品市场的操纵，已经为投资银行带来了数十亿元的利润。）

  这种失误很常见。我在写这一章的时候，每隔几页就看见微软Word软件的语法检查器画出的绿色波浪线。通常，它会标出被我的"树形结构监测雷达"漏掉的一致性问题。但即使是最好的软件，也没有聪明到能可靠地分析树形结构，所以作者还是不能把留意树形结构的任务交给文字处理软件。在以上我写出的例句中，最后两个就没有被软件标上代表错误的波浪线。

  在树形结构中插入额外的短语，只是分开主语和动词的一种方法。另一种方法是采用一种语法转换程序，该转换程序启发语言学家诺姆·乔姆斯基（Noam Chomsky）提出了他的著名理论：通过特定规则将一个短语放到一个新位置，将一个句子潜在的树形结构（它的深层结构）转变为另一个稍微不同的树形结构，称为"表面结构"。[9]例如，该程序可用于英语里包含"wh-"开头单词的疑问句，比如"Who do you love?"（"你爱谁？"）以及"Which way did he go?"（"他往哪边走了？"）。在深层结构中，以"wh-"开头的单词出现在你期待它在一般句子中出现的位置。在以下例子中，"who"位于动词"love"之后，正如"I love Lucy"。而移位规则把这个词提到句首，在表面结构中留下了一个空隙（画着下划线的空白处）。（从现在起，我们将在树形图上简化掉不必要的标签和分支。)

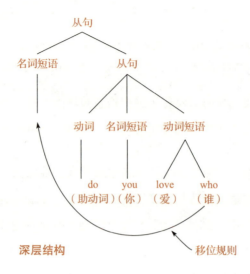

深层结构

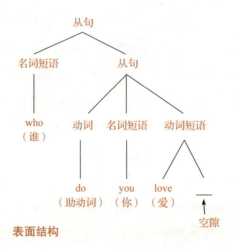

表面结构

我们能够理解这些句子,是因为在头脑里把移出去的短语又填回了空隙。"Who do you love __?"意思是"你爱的那个人是哪个人"。

移位规则也衍生出一种常见结构,叫作关系从句,如同"the

spy who __ came in from the cold"和"the woman I love____"。关系从句是指拥有一个空隙的从句（如 I love ____），而且这个从句起到修饰一个名词短语（如 the woman）的作用。空隙所在的位置，表示被修饰的名词短语在深层结构中所扮演的角色：若想理解这个关系从句，我们需要在头脑中把空隙填上。第一个例子的意思是"那个间谍即从外面的冷天走进来的间谍"。第二个例子的意思是"那个女人即我爱的女人"。

如果空隙和填充词之间的距离过长，那么这对作者和读者来说都将是一场灾难。我们在阅读时遇到一个填充词（比如 who 或者 that woman），需要先把它们储存在记忆里，同时又去处理鱼贯而来的材料，直到找到那个应该填进去的空隙。[10] 通常这对于我们顶针大小的记忆容量来说实在太多了，因而我们经常会因中间间隔的词语分神。

The impact, which theories of economics predict ____ are bound to be felt sooner or later, could be enormous.
经济学理论所预测的那种迟早会被人们感觉到的影响，可能是巨大的。

你注意到其中的错误了吗？一旦你把"predict"后面的空隙用"impact"这个词填上，得到"the impact are bound to be felt"，你就会发现应该用"is"而不是"are"。这个错误和之前的"I are serious cat"一样显而易见，但是记忆的过载让这个错误从眼皮下悄然溜走了。

树形结构的一个分支对另一分支使用什么词语通常有诸多要求，一致性原则就是其中之一。这种要求叫作"支配关系"，同样见于动词和形容词对于其补语的挑剔要求。我们"制订计划"（make plans）、"做研究"（do research），如果说成"做计划"（do plans）、"制订研究"（make research），听上去则很怪。可以说"oppress their victims"（"压迫他们的受害者"，有下划线的是宾语），而不能说"oppressing against their victims"（有下划线的是斜格宾语）；与此同时，可以说"discriminate against their victims"（"歧视他们的受害者"，有下划线的是间接宾语），而不能说"discriminate them"（有下划线的是直接宾语）。我们说一件事物与另一事物相同，英语中用"Something can be identical to something else"来表述，但如果用"coincide"来表示必须说"coincide with"，因为"identical"和"coincide"这两个词要求搭配不同的介词。当短语被重组或分开，作者常常会忘记这个词要求接哪个词，从而犯下恼人的错误。

> Among the reasons for his optimism about SARS is the successful research that Dr. Brian Murphy and other scientists have made at the National Institutes of Health.[11]
>
> 他对控制 SARS 疫情保持乐观的一个原因在于布莱恩·墨菲博士和其他科学家在国家健康研究院开展的研究取得了成功。

> People who are discriminated based on their race are often resentful of their government and join rebel groups.
>
> 那些由于种族出身被人歧视的人们，常常对他们的政府产生怨恨之情，并且会加入一些反抗组织。

> The religious holidays to which the exams coincide are observed by many of our students.
>
> 我们的许多学生都参与庆祝那些与考试日期相冲突的宗教节日。

并列结构各分支不一致

最常见的一种"树盲症"就是没能对并列结构的每个分支进行细致考察。并列结构指两个或者更多短语组成的一个短语,可以通过"并列连词"连接,如"自由的土地和勇士的家园""纸还是塑料",也可以靠逗号连接,如"你是累了,体能耗尽,还是无精打采?"

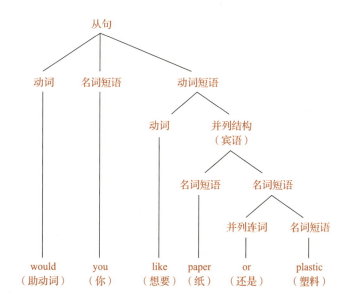

并列结构中的每一个短语都必须在自己的位置上各司其职,就像没有其他短语一样,而且它们必须起到相同的作用(宾语、修饰语等)。"你想要纸还是塑料"是个没有毛病的句子,因为你可以说"你想要纸吗",用"纸"作为"想要"的宾语,也可以说"你想要塑料吗",用"塑料"做"想要"的宾语。但是"你想要纸还是方便地"就违反语法规则了,因为"方便地"是一个修饰语,修饰语不能做"想要"的宾语。你永远不会说:"你想要方便地吗?"没有人会轻易犯下这种错误，因为"想要"和"方便地"挨得很近，使得这种不匹配显而易见。也没人会轻易说出"你想要纸片还是方便地"，这是因为他们能在头脑中屏蔽插在中间的"纸"和"还是"，使得"想要"和"方便地"之间的不匹配昭然在目。这类笑料也被喜剧明星斯蒂芬·考伯特（Stephen Colbert）用在他 2007 年畅销书的书名《我是美国（你也能！）》[*I Am America (And So Can You*!)]之中，以凸显他在荧幕中塑造的文盲形象。

  但是，一旦句子变得复杂，即使是有文化修养的作者，也可能无法顾及并列结构中的每个分支如何与彼此保持一致。下面这句口号的作者可能没有想到，顾客会对句子的搭配不当而皱眉："We get the job done, not make excuses"（"我们完成工作任务，不找借口"）。短语"get the job done"是现在时态的谓语，与主语"we"一致，但是短语"not make excuses"没有时态，与主语不一致（不能说 We not make excuses）；它只能作为"do"或"will"这类助动词的补语。修改这个口号的方法有两种，一是变成两个并列的完整从句（We get the job done; we don't make excuses），二是变成一个动词的两个并列补语（We will get the job done, not make excuses）。

  另一种更难察觉的搭配错误也会经常溜进文章中，成为报纸上的"更正与致歉"专栏的常规内容，许多编辑不得不在此为一周前所犯的错误向读者致歉。这里是《纽约时报》（*New York Times*）编辑菲利普·科比特（Philip Corbett）在他的特稿中找到的一些错误，修改后的版本位于右边。（我已经把原来搭配不当的词语加了下划线和括号，使读者一目了然）。[12]

He said that surgeries and therapy had helped him <u>not only</u> (to recover from his fall), <u>but</u> (had <u>also</u> freed him of the debilitating back pain).	He said that surgeries and therapy had <u>not only</u> (helped him to recover from his fall), <u>but also</u> (freed him of the debilitating back pain).

他说，手术和治疗不但帮助他从摔伤中复原，而且让他摆脱了令人衰弱的背痛。

With Mr. Ruto's appearance before the court, a process began that could influence <u>not only</u> (the future of Kenya) <u>but also</u> (of the much-criticized tribunal).	With Mr. Ruto's appearance before the court, a process began that could influence the future <u>not only</u> (of Kenya) <u>but also</u> (of the much-criticized tribunal).

随着鲁托先生出庭，一个流程开始启动，这不仅可能影响到肯雅的未来，而且影响到备受批评的法庭。

Ms. Popova, who died at 91 on July 8 in Moscow, was inspired <u>both</u> (by patriotism) <u>and</u> (a desire for revenge).	Ms. Popova was inspired by <u>both</u> (patriotism) <u>and</u> (a desire for revenge). Or Ms. Popova was inspired <u>both</u> (by patriotism) <u>and</u> (by a desire for revenge).

波波瓦女士于7月8日在莫斯科逝世，享年91岁，她不但受到爱国主义的鼓舞，而且受到一种复仇渴望的激发。

在这些例子中，并列项是成对出现的，第一个并列项由一个量词（both、either、neither、not only等）标记，第二个并列项由一个并列连词（and、or、nor、but also）标记。这些标记在例句中用下划线标出了，它们是这样成对的：

not only... but also...	不但……而且……
both... and...	既……又……
either... or...	要么……要么……
neither... nor...	既不……也不……

只有每个标记语后的短语是平行的，这些并列结构才显得优雅，正如例句中用括号括住的那些。因为"both""either"这类量词有一种可以在句子中任意摆放的烦人习性，所以它们后面所跟的短语经常无法做到并行出现，这就让句子听起来刺耳。比如，在关于手术的例句中，在第一个并列项中我们用的是"to recover"（不定式），在第二个并列项中我们则用的是"freed him"（分词），两者不匹配。想要修复不平衡的并列结构，最简单的方法是以第二个并列项为准，通过将第一个并列项的量词移至更合适的位置，迫使第一个并列项与第二个并列项匹配。在这个例子中，我们希望第一个并列项的中心词变为分词，这样就能跟第二个并列项中的"freed him"一致了。解决之道是把"not only"向左移动两个单词的位置，使得"helped him"和"freed him"之间有种对称之美。（因为第一个 had 统领整个并列结构，所以第二个 had 就没有必要了。）在第二个例句中，第一个并列项中用了直接宾语"the future of Kenya"，与第二个并列项中的斜格宾语"of the tribunal"不和谐，只需要把"not only"向右推，我们就得到了干干净净的两个成对短语（都是斜格宾语）："of Kenya"和"of the tribunal"。最后一个例句的问题也是两个宾语不匹配，这可

以用两种办法来修正。第一种是把"both"向右移,变成"by both patriotism and a desire for revenge",第二种是给第二个并列项增加一个介词"by",以便和第一个并列项相配,变成"by patriotism and by a desire for revenge"。

选择了错误的格

还有一种"树盲症"所带来的灾难,就是格的安排。语法上的格是指给一个名词短语加标记,表明其典型的语法功能,比如主语是主格,限定语是属格[这种功能在传统语法中被误称为"领有者"(possessor)],宾语、介词的宾语等是宾格。在英语中,格主要应用于代词。当饼干怪说"Me want cookie"("我想要饼干"),人猿泰山说"Me Tarzan, you Jane"("我是泰山,你是简")时,他们是将宾格的代词"me"用作了主语,正确的用法是使用主格的代词"I"。其他主格代词有"he"("他")、"she"("她")、"we"("我们")、"they"("他们")、"who"("谁");其他宾格代词有"him"("他")、"her"("她")、"us"("我们")、"them"("他们")、"whom"("谁")。属格既可以标记在代词上,如"my"("我的")、"your"("你的")、"his"("他的")、"her"("她的")、"our"("我们的")、"their"("他们的")、"whose"("谁的")、"its"("它的"),也可以标记在其他名词短语上,只要加上后缀"'s"即可。

除了饼干怪和泰山,我们中大多数人都能毫不费力地选择正确的格,只要代词位于树形结构的常规位置,并且挨着起支配作用的动词或介词就行。但是如果代词被埋藏在一个并列结构短语中,作者通常会漏看起支配作用的词,从而给代词安置一个错误的格。在随意的讲话中，人们常常会说"Me and Julio were down by the schoolyard"（"我和胡里奥在校园那里"），因为"Me"和动词"were"被并列结构中的"and Julio"给隔开了，所以我们中许多人很少能感觉到这个语病。妈妈和英文老师能够听出语病，但是他们训练孩子避免这种错误的方式是换一种说法："Julio and I were down by the schoolyard"。不幸的是，这产生了一个相反的错误。由于并列结构的存在，人们很难用以树形结构去思考，因此不能领会这种纠正的原理，而只是记住了一个教条。"若要说话不出错，就说'So-and-so and I'，而不要说'Me and so-and-so'"，这导致了一种被称为"矫枉过正"的错误，即在宾格的并列结构中使用主格的代词。

> Give Al Gore and I a chance to bring America back.
> 请给阿尔·戈尔和我一个机会，将美国带回正轨。

> My mother was once engaged to Leonard Cohen, which makes my siblings and I occasionally indulge in what-if thinking.
> 我的母亲曾和里奥纳德·科恩订婚，这使我的兄弟姐妹和我时不时沉浸在"如果他们结婚了会怎样"的想象之中。

> For three years, Ellis thought of Jones Point as the ideal spot for he and his companion Sampson, a 9-year-old golden retriever, to fish and play.
> 三年来，埃利斯认为琼斯角是他和自己九岁大的金毛猎犬一块钓鱼和玩耍的理想地点。

> Barb decides to plan a second wedding ceremony for she and her husband on "Mommies" tonight at 8:30 on Channels 7 and 10.

鲍尔布决定在7频道和10频道上今晚8:30的《妈妈们》节目中为她和她丈夫策划第二次结婚典礼。

克林顿在参加1992年总统大选时说过以上第一个句子，但是可以设想，他永远不会说"Give I a chance"（"给我一个机会"），因为及物动词后面的名词短语显而易见应该是宾格。

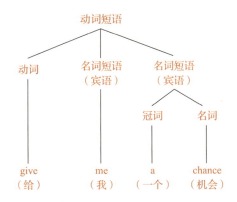

但是，由于"give"与"me"中间插入了"Al Gore and"，这段距离的存在让克林顿在选择格的时候脑子短路了。

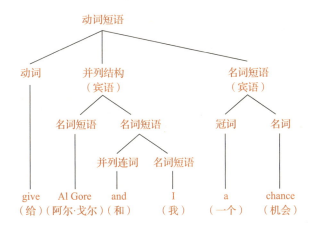

说句公道话，据说美国第 42 任总统克林顿是一位经验老到的演讲者（在那场著名的听证会上，他说出了一句名言："这要看'是'这个词怎么定义。"），所以很难说他是否真的犯下了一个语法错误。当足够多的作家和演说家使用的句法不同于语法家做了书面分析之后首肯的句法时，也有可能是语法家错了，而作家和演说家对了。在本书第 6 章，当分析被鄙视的"between you and I"（"在我和你之间"）时，我们将再次讨论这个话题，那是一个比"give Al Gore and I"更常见的错误。但是，我们暂且设定书面语法分析是对的。因为它得到了每位编辑和作文老师的强制推行，所以你应当懂得怎么才能取悦这些人。

与此类似，你有必要保持怀疑心态，才能掌握另一种棘手的格，那就是"who"与"whom"之间的区分。也许你倾向于同意作家卡尔文·特里林（Calvin Trillin）的看法："据我所知，'whom'这个词发明出来，是为了让每个人说话都带着管家的调调"。但是到了第 6 章，我们会发现，这只是一种夸大其词。有时即使不做管家，你也得分清楚"who"和"whom"，这需要重新温习前面说的树形图。

一眼看上去，两者的区别泾渭分明："who"是主格，用作主语，如"I""she""he""we""they"；"whom"是宾格，用作宾语，如"me""her""him""us""them"。因此从理论上讲，任何听到饼干怪说"Me want cookie"而大笑的人，已经知道了何时用"who"，何时用"whom"（假如他们并不强烈主张废除 whom 的话）。我们说"He kissed the bride"（"他吻了新娘"），所以我们问"Who kissed the bride"（"谁吻了新娘"）。我们说"Henry kissed her"（"亨利吻了她"),所以我们问"Whom did Henry kiss"("亨利吻了谁")。在"wh-"开头的疑问词被挪到句子前方而留下了一个空隙之前,看看这些疑问词在句子深层结构中的位置,你就可以看出其中的差别。[13]

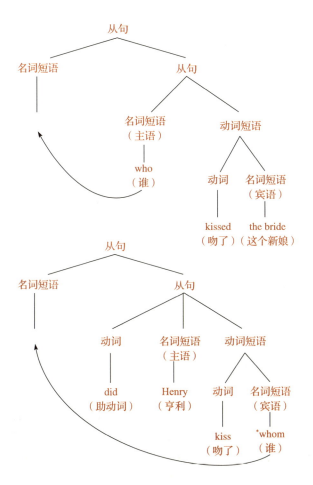

但是在实际应用中,我们的大脑不能一下就掌握整个树形图,所以当句子变得更为复杂时,我们的注意力只要稍有失误,就会忽

略"who/whom"与空隙之间的联系,从而选错词。¹⁴

Under the deal, the Senate put aside two nominees for the National Labor Relations Board <u>who</u> the president appointed ＿ during a Senate recess.
根据协议,参议员暂不考虑国家劳动关系委员会的两个提名人,他们是总统在参议院休会期间任命的。

The French actor plays a man <u>whom</u> she suspects ＿ is her husband, missing since World War II.
这位法国演员扮演的男人,她怀疑就是她在二战以来失踪的丈夫。

这些错误可以用以下办法避免:在头脑中将"who"或"whom"填回空隙,然后把句子念出来(或者,如果你对 who 和 whom 的直觉模糊不清,那么就在空隙处填上 he 或 him)。

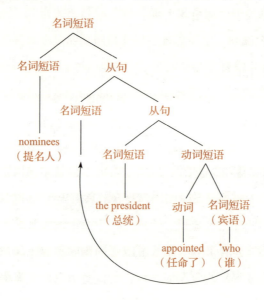

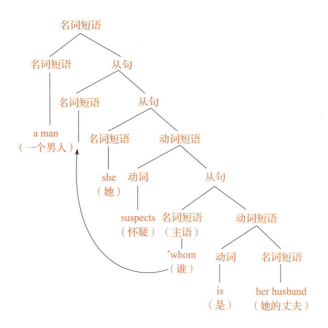

第一个句子经过替换得出"the president appointed who",对应"the president appointed he",这显然是错误的,所以应当使用"whom"(与 him 相对应)。(我在树形图的 whom 前面加了一个星号,提醒你这儿不应该用 who。)第二个句子替换后得出"whom is her husband"(或者 him is her husband),这也是不可能的说法,此处应当用"who"。再次说明,我解释官方语法规则,是为了让你知道如何令一位编辑满意或当一名好管家。在第 6 章中,我将再次讨论这些官方规则是否真的是金科玉律,以及这些说法是否真的应被当作错误。

尽管树形结构的意识能够帮助作者避免错误(或者正如我们将要见到的,帮助作者使他的读者活得轻松一点儿),但我们不建议你真的去图解句子成分。没有哪位作者这么做。我甚至都不建议你写作时在头脑中生成树形图的心理图像。这些图只是一种方法：把你的注意力引向构思句子时在头脑中运行的认知机制。

"树形思维"的意识体验，并不是真的像看一棵树，而是一种更精微的体察：领会词语如何组合成短语，并且聚焦于这些短语的中心词，忽略其他冗余。例如，要避免"The impact of the cuts have not been felt"（"这些削减的影响尚未被感受到"）这个错误，需要在心里将"the impact of the cuts"简化到只剩中心词"the impact"，再想象它与助动词"have"搭配，"the impact have not been felt"的语病就会赫然显现（正确的应当是 the impact has not been felt）。

树形思维还包括在头脑中追踪那些看不见的细线，它们连接句子中的填充词及其填充的空隙，使你能够验证这个填充词插在这里是不是合适。例如，你将"the research the scientists have made____"还原为"the scientists have made the research"，将"whom she suspects ____ is her husband"还原为"she suspects whom is her husband"。

正如任何心智上的自我改善一样，你必须学会将目光转向内心，集中在那些通常自动运行的心理过程上，努力夺取它们的掌控权，从而可以更加有意识地运用它们。

如何创造容易理解的树

一旦作者已经确保句子的各个部件可以嵌入树形结构，接下来就会担心读者能否还原这棵树，因为只有这样做，读者才能搞清句子的意思。句子的枝干结构与电脑程序语言不同：在电脑程序语言中，用来限定语句的方括号和圆括号实实在在被输入到字符串里，每个人都能看到，而句子的枝干结构必须通过词语本身的排序和形式来推断。这对长期忍受折磨的读者提出了两个要求。第一是找到正确的分支，这个过程叫作句法解析。第二是让它们在记忆里保持足够长的时间，以便探寻其意义。届时，具体的措辞也许会被忘记，发现的意义则融入读者保存在长时记忆中的知识网络里。[15]

就在读者一个一个词地阅读句子时，他不仅是在头脑里将其串珠成链，也是在培养一棵树的枝干向上生长。例如，当读到单词"the"时，他知道必定马上会听到一个名词短语。接着，他会期待看到完成这个短语的一类词语，对这个例子来说，很可能是名词。当那个词真的出现了，比如说"cat"（"猫"），那么他就可以将这个名词短语挂在悬空的树枝末端。

所以，作者每次把单词放进一个句子，他给读者强加了不是一个而是两个认知方面的要求：一是理解这个单词，二是将其严丝合缝地放到树上。这种双重负担是那条最高指令"删掉不必要的词"的主要支持理由。我经常发现，当一个无情的编辑为了符合专栏文章的字数限制而强迫我删减一篇文章时，文章的质量会得到魔术般的提升。简洁是妙语及许多其他写作优点的灵魂。

删掉不必要的词

这种魔术的诀窍是：找到哪些词语是"不必要的"。通常这很容易。一旦给自己布置下寻找多余词语的任务，你会惊讶地发现居然可以找到那么多。你的手指轻易写下多得令人吃惊的语句，它们以臃肿之姿阻碍了读者的阅读，却并没有传达任何内容。我的职业生涯中大多数时间都在读类似下面这样的句子。

> Our study participants show a pronounced tendency to be more variable than the norming samples, although this trend may be due partly to the fact that individuals with higher measured values of cognitive ability are more variable in their responses to personality questionnaires.
> 我们研究的参与者在更具易变性方面表现出比规范化样本更显著的趋势，虽然这种趋势可以部分地归因为这样一个事实，在回答人格问卷的时候，那些在认知能力方面具有较高测量值的个体表现出更明显的易变性。

"having a pronounced tendency to be more variable"是一棵有7个单词分布在6层和20个枝干上的树，但它明明可以削减为"being more variable"，这只是一棵有3个单词分布在3层和7个枝干上的树。更糟糕的是，"this trend may be due partly to the fact that"让一位专心的读者承受10个单词、7层和20多个枝干。内容呢？几乎为零。这个含有43个单词的句子可以轻松被删减为19个单词，而修剪掉的树枝甚至更多。请看修剪后的句子。

> Our participants are more variable than the norming samples, perhaps because smarter people respond more variably to personality questionnaires.
> 我们的参与者比规范化样本更易变，也许是因为更聪明的人对于人格问卷的回答更加易变。

来看看其他臃肿到病态的短语，以及那些更简洁但意思一样的表达。[16]

臃肿到病态的短语	简洁的表达	中文释义
make an appearance with	appear with	与……一同出现
is capable of being	can be	能够
is dedicated to providing	provides	提供
in the event that	if	如果
it is imperative that we	we must	我们必须
brought about the organization of	organized	组织
significantly expedite the process of	speed up	加快
on a daily basis	daily	每天
for the purpose of	to	为了
in the matter of	about	关于
in view of the fact that	since	由于
owing to the fact that	because	因为
relating to the subject of	regarding	涉及
have a facilitative impact	help	帮助
were in great need of	needed	需要的
at such time as	when	在……时候
It is widely observed that X	X	X

有好几种冗余词，是删除键一直对准的目标。一些轻动词，如"make""do""have""bring""put""take"，除了为僵尸名词创造位置之外毫无用处，如"make an appearance"（"出席"）"put on a performance"（"演出"）。为什么不直接用这些僵尸名词的原始动词呢，比如"appear"和"perform"？以"It is"或"There is"开头的句子，常常是"吸脂手术"的候选对象。"There is competition between groups for resources"（"各小组之间存在针对资源的竞争"），如果改成这种说法也一样："Groups compete for resources"（"各小组在争夺资源"）。其他的废话"肥油"还包括我在第2章里提到的元概念："事物""观点""主题""过程""基础""因素""水平""模式"。

然而，删掉不必要的词，并不意味着把文中所有多余的词都删除。如我们将看到的那样，很多可以删掉的词最终保留了下来，使读者在阅读句子时不会理解错误。还有一些词是为了完善节奏，便于读者分析句子。删掉这些词，就等于对那条最高指令矫枉过正了。有这么一个笑话，讲的是一个马贩子决定训练马匹不吃草。"首先，我每两天喂它一次，它很好。然后我每三天喂它一次。接着，四天喂一次。但是当我每周喂它一次时，它竟然死给我看了！"

避免向左分支的结构

删掉不必要的词这一建议，不应混同于这个清教徒式的教条：作者应把每个句子减到最短、最精干、最朴素。即便是最崇尚文笔明晰的作家，也不会这么做。这是因为决定一个句子难度的不是其用词的数量，而是其几何结构。优秀的作者经常使用很长的句子，用一些严格来讲毫无用处的词来装饰句子。但那些句子并不显得臃肿，因为作者通过合理安排，使读者可以每次只吸收一个短语，而每个短语都传达一整块意思。

以这个含有几百个单词的独白为例，它选自丽贝卡·戈尔茨坦的小说。[17] 独白者是一位最近事业爱情双丰收的教授，他在一个寒冷星月夜站在桥头，清楚地表达关于活着的奇妙感觉。

> Here it is then: the sense that existence is just such a tremendous thing, one comes into it, astonishingly, here one is, formed by biology and history, genes and culture, in the midst of the contingency of the world, here one is, one doesn't know how, one doesn't know why, and suddenly one doesn't know where one is either or who or what one is either, and all that one knows is that one is a part of it, a considered and conscious part of it, generated and sustained in existence in ways one can hardly comprehend, all the time conscious of it, though, of existence, the fullness of it, the reaching expanse and pulsing intricacy of it, and one wants to live in a way that at least begins to do justice to it, one wants to expand one's reach of it as far as expansion is possible and even beyond that, to live one's life in a way commensurate with the privilege of being a part of and conscious of the whole reeling glorious infinite sweep, a sweep that includes, so improbably, a psychologist of religion named Cass Seltzer, who, moved by powers beyond himself, did something more improbable than all the improbabilities constituting his improbable existence could have entailed, did something that won him someone else's life, a better life, a more brilliant life, a life beyond all the ones he had

wished for in the pounding obscurity of all his yearnings.

就是这样的：这种感觉是，存在就是一件非同寻常的事情，你令人惊讶地存在了，在这里，形成于生物学和历史、基因和文化之中，在世间的偶然性之中，在这里，不知道怎么样，不知道为什么，突然不知道自己在哪里，或不知道自己是谁或什么，只知道自己是一切的一部分，经过深思熟虑的、有意识的一部分，虽然几乎无法理解自己怎样产生并且持续存在，却能一直感受到自己的存在以及它的完满、边界的广袤和脉动的精巧，你想要这样生活——至少开始充分发挥存在的价值，你想要扩展你的边界，尽可能地向远扩展，甚至超越可能的界限，来以一种与这个特权相称的方式过自己的生活——作为这世界的一部分并且能觉察到这处处令人眩晕的光辉灿烂的无限的区域，这个区域如此奇异地包含一位名叫卡斯·塞尔泽尔的宗教心理学家，他被超越自身的力量所触动，所做之事的奇异程度更甚于构成他那奇异存在的所有不可能之事，这让他赢得另一个人的生命，一个更好的生命，一个更灿烂的生命，这个生命超越了他在渴望的混沌之中本来希望的各种生命。

即使很长且词汇量大，这个句子还是很容易理解，因为读者并不需要在新词涌入时让语句在记忆中停留很长时间。通过两种修剪技巧，这棵树被修剪成了可随时间推移分散认知负担的形状。一是扁平树枝结构：用连词"and/or"或逗号，将一串大多并不复杂的语句并列连接在一起。例如，冒号后这个有 62 个词的句子，主要由一个极长的从句组成，该从句又包含 7 个独立的从句（见图中三角形），每个从句包含 3 ~ 20 个不等的单词。

在这些嵌入的从句中，第三句和最后一句最长，但也都是扁平的树形结构，每个都由更简单的短语组成，用逗号或"or"相连。

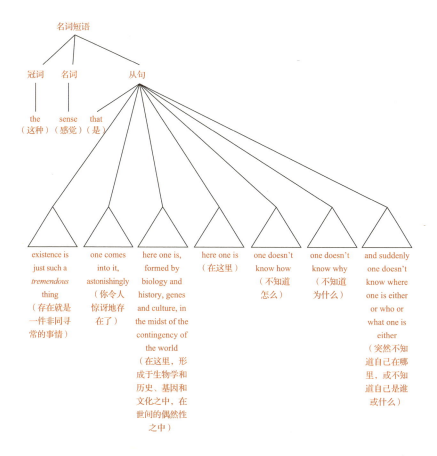

即便是句子结构变得更为复杂,读者依然能够轻松处理树形结构,因为它的结构主要是向右分支的。在一棵向右分支的树上,较大短语中包含的最复杂短语出现在其末端,也就是挂在树枝的最右端。这意味着,当读者要去对付这个复杂短语的时候,她分析其他句子的工作都已完成,可以把所有精力都用在这个复杂句上。下面这个含有25个单词的长句沿一条对角线的轴展开,这表明它几乎全是向右分支。

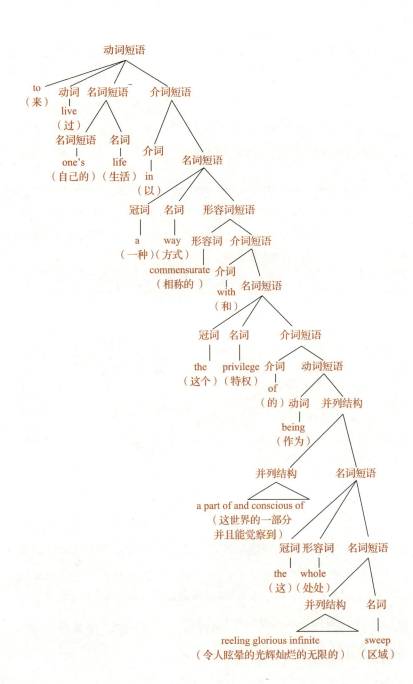

读者必须先分析下层短语才能完成对上层短语的分析，就是图中用三角形标注的两处文学性辞藻，这是仅有的例外。

英语主要是一种向右分支的语言（不同于日语和土耳其语），所以向右分支对作者来说很自然，尽管在英语里也有几个向左分支的选项。修饰语可以挪到开头，就像在"In Sophocles' play, Oedipus married his mother"这个句子中（第 99 页的图显示了这种复杂的向左分支）。这种前置的修饰语很有用，可以让一个句子有效地与之前提到过的信息联系起来，或者避免总是向右分支的单调。只要修饰语比较短，对读者来说不会有困难。但如果它变得很长，就将迫使读者欣赏一堆复杂修饰语，最后才知道被修饰的词是什么。在接下来的句子中，读者不得不先解析几十个字，才能获知句子的主题是关于政策制定者的。[18]

> 由于现有的大多数研究仅仅研究了供应链的某一单个阶段，例如农场中的生产率或者农产品市场的效率，而且是孤立于供应链的其他部分来研究的，因此政策制定者无法评估在供应链的单个阶段上被识别出来的问题怎样与其他阶段上的问题对比和交互作用。

另一种常见的向左分支结构是：一个名词前面用一个复杂短语修饰。

> 灵灵兄弟与巴纳姆和贝利马戏团
>
> 错误密码安全问题回答次数限制

美国财政部外国资产控制办公室

安妮 E. 巴斯和罗伯特 M. 巴斯政治学教授迈克尔·桑德尔

特福（T-fal）顶级硬质阳极化处理不粘锅专业内置自动调温热指示器防变形锅底洗碗机可用 12 件厨房用具套装

学究和官僚们很轻易就能制造出这种话。我曾经遇到过一个可怕的词语："相对被动表面结构接受度指数"。如果左边的树枝比较简洁，句子还是比较容易理解的，只是头重脚轻，需要先对许多词进行句法分析之后，才会看到关键词（即中心词）。但是如果树枝浓密，或者一个树枝包着另一个，那么向左分支的结构就会让读者头疼。一个最明显的例子是叠加的所有格，例如"我的母亲的兄弟的妻子的父亲的表兄弟"。对于写标题来说，向左分支是一种危害。这里有一篇报道，说的是在 1994 年，一个男人为了让托尼娅·哈丁（Tonya Harding）进入美国奥运会滑冰队，策划攻击哈丁主要竞争对手的膝盖，结果这个男人在一生中出了 15 分钟的名之后死掉了。

ADMITTED OLYMPIC SKATER NANCY KERRIGAN AT-TACKER BRIAN SEAN GRIFFITH DIES
认罪的奥运会滑冰运动员南茜·克里根袭击者布莱恩·格里菲斯死了

有一位博客写手贴出了一篇评论，标题是《认罪的奥运会滑冰运动员南茜·克里根袭击者布莱恩·格里菲斯网站讣闻头条作者可以写得更清晰》（*Admitted Olympic Skater Nancy Kerrigan Attacker*

Brian Sean Griffith Web Site Obituary Headline Writer Could Have Been Clearer）。原新闻标题之所以不清晰，就是由于其向左分支的结构。它有一个向左的分支（"死"这个词之前的所有内容），该分支又包含另一个向左的分支（"布莱恩·格里菲斯"这个词之前的所有内容），而这个分支本身又包含一个向左的分支（"袭击者"这个词之前的所有内容）。[19]

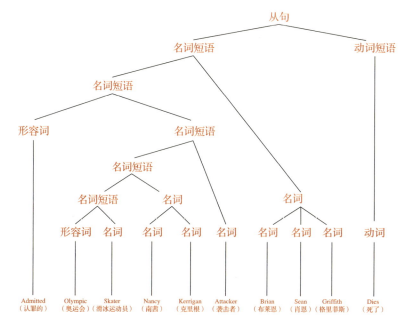

语言学家把这种结构叫作"名词堆积"。这是网上论坛"语言日志"（Language Log）的参与者发现的另一些例子：

裸照事件牧师辞职

发短信死亡车祸贵族入狱

本·道格拉斯英国电影学院奖种族歧视发型师詹姆斯·布朗道歉

小鱼脚部温泉疗养病毒惊爆

法拉利性爱狂欢死亡车祸

扁平的向右分支的树，与向左分支的树解析难度不同。对此我最喜欢的解释来自苏斯博士（Dr. Seuss）的《穿袜子的狐狸》（*Fox in Socks*）一书，里面有一个包含三个分支的扁平从句，每个分支都包含一个向右分支的短从句，然后将其重组为一个向左分支的名词从句：当甲虫们在瓶子里用木桨大战，瓶子在一只卷毛狗身上而这只卷毛狗正在吃面条时，他们把这叫作浑浊水坑啾啾卷毛狗甲虫面条瓶子木桨大战。

避免中心埋置的结构

即使向左分支的结构犹如一场战斗，但远远不如中心埋置的树那样容易引起混淆。中心埋置指的是一个短语被夹在另一更大短语中间，而非放在它的左侧或者右侧。1950 年，语言学家罗伯特·霍尔（Robert A. Hall）写过一本书，名叫《把你的语言放过》（*Leave Your Language Alone*）。根据语言学界的传闻，这本书得到了一篇不屑一顾的评论，标题是《把把你的语言放过放过》（*Leave Leave Your Language Alone Alone*）。霍尔受邀做出回应，他写了一篇反驳的文章，题目当然是《把把把你的语言放过放过放过》（*Leave Leave Leave Your Language Alone Alone Alone*）。

不幸的是，这只是一个传闻。这种循环的标题是语言学家罗宾·莱考夫（Robin Lakoff）为了讽刺一本语言学杂志而编造出来的。[20] 不过，这提出了一个严肃的观点：一个多层的、中心埋置的句子，尽管在语法上是完美的，但我们凡人的头脑很难解析它。[21] 虽然我确信你可以明白为什么"Leave Leave Leave Your Language Alone Alone Alone"拥有形态良好的树形结构，但你却永远不能将这个结构从一串词语中还原出来。头脑中的句法分析程序在你刚看到开头连续的"leave"时就已经开始痛苦地抽搐，再看到结尾一堆的"alone"，就完全崩溃了。

中心埋置的结构不仅是语言学圈内的笑话，那些带给我们"晦涩难懂"且"冗长费解"感觉的句子，也经常被诊断为"中心埋置"。下面这个例子来自一篇关于 1999 年科索沃危机的社论，标题是《瞄准目标：起诉米洛舍维奇》（*Aim Straight at the Target：Indict Milosevic*），作者是美国参议员和前总统候选人鲍勃·多尔（Bob Dole）。[22]

> The view that beating a third-rate Serbian military that for the third time in a decade is brutally targeting civilians is hardly worth the effort is not based on a lack of understanding of what is occurring on the ground.
> 这种观点称击败一支在十年内第三次残忍地以平民为目标的三流的塞尔维亚军队几乎不值得费力并不是基于对当前局势缺乏理解。

如同"把把把你的语言放过放过放过"，这个句子用了三个相似的短语——"is brutally targeting civilians"（"残忍地以平民为目标"）、"is hardly worth the effort"（"几乎不值得费力"）、"is not based on a lack of understanding"（"并不是基于对当前局势缺乏理解"），然后令人困惑地结束了。只有用树形图才能让你明白这个句子是什么意思。

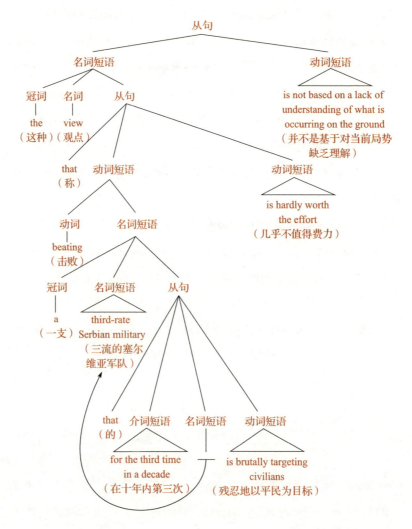

三个"is"短语中的第一个"is brutally targeting civilians"（"残

忍地以平民为目标"），是嵌入最深的。它是修饰"third-rate Serbian military"（"三流的塞尔维亚军队"）这个关系从句的一部分。整个短语"the military that is targeting the civilians"（"以平民为目标的军队"）是动词"beating"（"击败"）的宾语。更大的那个短语"beating the military"（"击败这支军队"）是一个句子的主语，该句子的谓语则是第二个"is"短语"is hardly worth the effort"（"几乎不值得费力"）。这个句子又属于一个阐述名词"view"（"观点"）内容的从句。包含"view"的名词短语则是第三个"is"短语"is not based on a lack of understanding"（"并不是基于对当前局限缺乏理解"）的主语。

事实上，在一头栽进末尾的"is"短语堆之前，读者就已经痛苦不堪了。在阅读句子中途，要分析嵌入最深的从句时，他不得不找出"the third-rate Serbian military"（"三流的塞尔维亚军队"）在做什么，而他只有读过 9 个单词才能找到答案：原来是"is brutally targeting civilians"（"残忍地以平民为目标"）。这其中的联系，如图中的弯曲箭头所示。回想一下填补空隙是件多令人讨厌的事：一个关系从句引出一个填充名词，读者无法确定该名词到底扮演什么角色，直到发现可用其填补的空隙为止。在读者等待找到空隙的过程中，"for the third time in a decade"（"十年之内第三次"）等新材料持续不断地涌入，让他很难把握它们是如何组合在一起的。

这个句子还有救吗？如果你非要用一个单独的句子表达，一个好的开始是：把每一个嵌套的从句拔出来，变成与包含它的从句并列，这就把一棵中心埋置很深的树变得相对扁平。于是我们将得到如下句子：

For the third time in a decade, a third-rate Serbian military is brutally targeting civilians, but beating it is hardly worth the effort; this view is not based on a lack of understanding of what is occurring on the ground

在十年之内已经第三次了,一支三流的塞尔维亚军队残忍地以平民为目标,但是击败这支军队几乎不值得费力;这种观点并不是基于对当前局势缺乏理解。

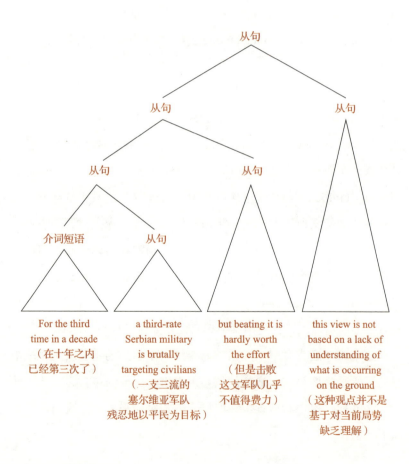

它仍算不上什么好句子，但是至少树现在变得扁平了，你可以看出那些分支怎么样被整个剪下来变成独立句子。驯服一个肆意生长的句子，最好的办法是把它分拆成两个（或者三四个）小句子。下面的章节不再讨论单个句子，而是讨论一系列句子，届时我们将了解如何分拆。

大声读出句子

作者怎会写出如此晦涩啰唆的句法？就因为他像铲煤那样，一铲接一铲地按照语句在头脑中出现的顺序将其堆在页面上。问题在于，作者头脑中产生的顺序不同于读者容易还原的顺序。这是"知识的诅咒"在句法解析方面的影响。作者在其头脑内的知识之网中可以看到概念之间的联系，但是忘记了读者得把他写下的字词串变为井井有条的树形图，才能看到这些联系。

在第 3 章中，我提到过两种改进文章的方法：请别人看自己的草稿和过一段时间再回头修改。这两种方法都可以帮你找出并修改那些令人困惑的句法，避免拿出去折磨读者。还有第三种久享盛名的办法：大声读出句子。尽管语言的节奏并不等同于树的分支，但它们有系统性联系。所以，如果你朗读一个句子时觉得非常拗口，也许意味着你正受累于自己写下的危险句法。阅读草稿，即便是喃喃自语，也能强迫你去预想读者在理解你写的文章时的情形。

有些人对这个建议非常诧异，因为他们相信那些速读公司宣扬的：技巧高超的读者可以直接从铅字跳到思想。也许他们脑海中会浮现流行文化中的刻板印象：笨拙的读者才会在阅读时嘴唇翕动。但实验室研究已经证明，即便是阅读技巧熟练的人，在整个阅读时间里,头脑中也会有一点声音掠过。[23] 别人很难读懂你写的某个句子,但你也许很快就能读懂。可是反过来就不行了:你难以顺利朗读的文章,别人几乎肯定会难以理解。

如何消除歧义

正如前文所提到的,把树的分支保持在记忆中,是解析一个句子的两种认知挑战之一。另一种认知挑战是生成正确的分支,即推断词语怎样结合为短语。词语不会自带标签而来,不会提示"我是名词""我是动词",页面上也不会标明"某个短语结束了""另一个短语开始了"。读者必须去猜,这就要靠作者去确保读者的猜测是正确的。但事实并非一直如此。几年前,耶鲁一个学生团体联盟的成员发布了下面这篇新闻稿。

> 我为耶鲁大学组织了一场大型活动,名为"校园性趣周"。
>
> 这一周的安排包括教师系列演讲,演讲主题包括跨性别等议题:一个性别结束和另一个性别开始的地方,浪漫爱情的历史,振动器的历史,等等。学生们谈论了以下事情的秘密:优质的性爱、搭上关系、如何做一个更好的情人以及一个关于"禁欲"(abstainance)⊖的学生讨论小组……

⊖ 此处是这位耶鲁校友的拼写错误,"禁欲"的英文拼错了,正确拼写方式是abstinence。——译者注

一个有四位教授的教员校园性爱小组。一个电影节（性电影节2002）、一个有本地乐队和耶鲁乐队参加的音乐会……

这个活动规模如此之大，整个校园都参与了。

作家罗恩·罗森鲍姆（Ron Rosenbaum）收到了这篇新闻稿，他评价道："读到这篇文章的时候，我的第一反应是，我可爱的母校耶鲁在举办性趣周之前，应该举办一次盛大的语法和拼写周。除了'abstainance'之外［除非是故意拼错，暗示耶鲁在禁欲方面有污点（stain）］，还有耐人寻味的'一个有四位教授的教员校园性爱小组'（a faculty panel on sex in college with four professors），它的句法听起来比它本来可能想表达的意思更加不正当。"[24]

这位学生组织者就是因句法歧义问题而犯错。比较简单的词汇歧义是一词双义，像下面这两个新闻标题。

Safety Experts Say School Bus Passengers Should Be Belted
安全专家说校车的乘客应该系上安全带
或　安全专家说应当用皮带抽打校车的乘客
（belt既可表示"系上安全带"，也可表示"用皮带抽打"）

New Vaccine May Contain Rabies
新疫苗可控制狂犬病
或　新疫苗可能含有狂犬病病毒
（contain既可以表示"控制"，也可表示"含有"）

但是，在句法歧义中没有哪个词有歧义，然而词语相互连接可能生成不止一个分支。耶鲁性趣周的组织者说到"a faculty panel on sex in college with four professors"时，意为"a panel with four professors"（"一个有四位教授的小组"）；罗森鲍姆在解析这个句子时，意为"sex with four professors"（"与四位教授搞搞性趣"）。

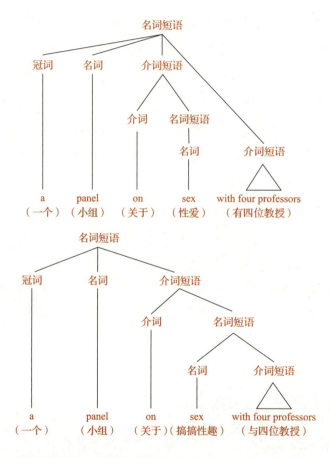

人们经常通过电子邮件传阅的乌龙笑话，根源就是句法歧义，它存在于：①新闻标题（"Law to Protect Squirrels Hit by Mayor"，可以理解为"市长签署法律保护松鼠免受击打"或"法律保护松

鼠免受市长击打"）；②医疗报告（"The young man had involuntary seminal fluid emission when he engaged in foreplay for several weeks"，可以理解为"青年男子在持续数周的前戏时有早泄现象"或"青年男子在前戏时有早泄现象，已持续数周"）；③分类广告（"Wanted: Man to take care of cow that does not smoke or drink"，可以理解为"招聘一位不烟不酒的工人照顾奶牛"或"招聘一位工人照顾不烟不酒的奶牛"）；④教会公告牌（"This week's youth discussion will be on teen suicide in the church basement"，可以理解为"本周在教堂地下室举行的青年讨论的议题是青少年自杀问题"或"本周青年讨论的议题是青少年在教堂地下室自杀问题"）；⑤推荐信（"I enthusiastically recommend this candidate with no qualifications whatsoever"，可以理解为"我无条件热切推荐这名候选人"或"我热切推荐这位没有任何资历的候选人"）。[25] 这些网上流行的笑话可能因为太有趣而不像是真的，下面这些是我自己偶然发现的，也有一些是同事发给我的。

> Prosecutors yesterday confirmed they will appeal the "unduly lenient" sentence of a motorist who escaped prison after being convicted of killing a cyclist for the second time.
> 检察官昨天确认将对一个"过度宽松"的判决再次提出上诉，该判决是关于一个摩托车手的，他因杀死一名骑自行车的人被判有罪后越狱。
> 或 检察官昨天确认将对一个"过度宽松"的判决提出上诉，该判决是关于一个摩托车手的，他因再次杀死一名骑自行车的人被判有罪后越狱。

THE PUBLIC VALUES FAILURES OF CLIMATE SCIENCE IN THE US
美国公众将气象科学的研究评价为失败
或 美国公众重视气象科学的失败

A teen hunter has been convicted of second-degree manslaughter for fatally shooting a hiker on a popular Washington state trail he had mistaken for a bear.
这个少年猎手被控二级谋杀罪成立，因为他在华盛顿州一条很受欢迎的小路上，错把一名登山者当成了熊而给了致命一枪。
或 这个少年猎手被控二级谋杀罪成立，因为他将华盛顿州一条很受欢迎的足迹错当成了熊掌印，而给了登山者致命一枪。

MANUFACTURING DATA HELPS INVIGORATE WALL STREET[26]
制造业数据有助于鼓舞华尔街
或 编造数据有助于鼓舞华尔街

虽然以上每个歧义都无心插柳地让我们感到有趣和讽刺，但必定还有成千上万个歧义仅仅是令人感到迷惑。读者必须细看句子好几遍，才能找出这两种意思到底哪一种是作者的本意，或者更糟糕的是，他也许跟着错误的意思走偏而没有意识到这一点。我在几天的阅读中就发现了两个例子。

The senator plans to introduce legislation next week that fixes a critical flaw in the military's handling of assault cases. The measure would replace the current system of adjudicating sexual assault by taking the cases outside a victim's chain of command.
参议员计划下周提出一个新法案，以弥补军队中处理性侵案的重大漏洞。这种方法将取代现行的裁决性侵案件的方式，即让受害者的上下级回避。[让受害者的上下级回避,究竟是"新提出的方法",还是"现行的制度"?]

Last month, Iran abandoned preconditions for resuming international negotiations over its nuclear programs that the West had considered unacceptable.
上个月,伊朗放弃了重启核项目国际间谈判的先决条件,这对于西方国家来说是不可接受的。[究竟是"先决条件"不可接受,还是"谈判"或者"核项目"不可接受?]

每有一个解释得通(但并非原意)的歧义句子,必定有上千的句子让读者即刻被绊住,不得不回头重新解析一些词语。语言心理学家把这种局部的歧义称为"花园小径",这个词来自"将某人引入花园小径",意为误导他。他们将符合语法但难以解析的句子认作一种艺术形式。[27]

The horse raced past the barn fell.
那匹参加竞赛跑过谷仓的马摔倒了。

The man who hunts ducks out on weekends.
那个猎人在周末逃走了。

Cotton clothing is made from is grown in Egypt.
制衣的棉花是在埃及种植的。

Fat people eat accumulates.
人们吃下的脂肪会堆积。

The prime number few.
最佳的东西(或人)数量很少。

When Fred eats food gets thrown.
当弗雷德吃东西时，食物掉了。

I convinced her children are noisy.
我说服了她小孩是吵闹的。

She told me a little white lie will come back to haunt me.
她告诉我，一个小小的善意谎言将会回过头来困扰我。

The old man the boat.
那位长者操纵着小船。

Have the students who failed the exam take the supplementary.
让没有通过考试的学生参加补考。

日常写作中，多数花园小径并不像教科书中的例句那样让读者彻底停下不知所云；他们只是愣了几分之一秒而已。这里是我最近搜集的一些句子，我还解释了这些句子是如何误导我的。

During the primary season, Mr. Romney opposed the Dream Act, proposed legislation that would have allowed many young illegal immigrants to remain in the country.
在党内初选时，罗姆尼先生反对梦想法案，被提议的法案允许许多年轻的非法移民留在美国。[罗姆尼反对法案同时提出新的立法？不，梦想法案就是这个被提议的法案。]

Those who believe in the necessity of nuclear weapons as a deterrent tool fundamentally rely on the fear of retaliation, whereas those who don't focus more on the fear of an accidental nuclear launch that might lead to nuclear war.

那些相信核武器是必要的威慑工具的人，主要依靠对于报复的恐惧，可是那些不相信的人，更多地关注核武器意外发射所造成核战争的恐惧。[那些不关注的人？不，是那些不相信核武器是必要威慑的人。]

The data point to increasing benefits with lower and lower LDL levels, said Dr. Daniel J. Rader.
丹尼尔 J. 雷德尔说，数据指出 LDL（低密度脂蛋白）水平越低，益处就越多。[这个句子是关于"数据点"（data point）的？不，它说的是数据指出（point to）什么。]

But the Supreme Court's ruling on the health care law last year, while upholding it, allowed states to choose whether to expand Medicaid. Those that opted not to leave about eight million uninsured people who live in poverty without any assistance at all.
但是最高法院去年对医疗保健法律的裁决，虽然维持原判，却允许各州选择是否扩充医疗补助计划。那些选择不扩充的州，使得大约 800 万没有保险的贫困人口得不到任何帮助。[选择不离开？不，是选择不扩充。]

花园小径能让阅读一个句子的体验从毫不费力变成筋疲力尽地两步一回头。知识的诅咒向作者藏起了花园小径，因此作者必须花些力气去发现和根除它们。幸运的是，花园小径也是心理语言学的一个主要研究课题，所以我们知道如何找出它。实验者记录了读者阅读句子时的眼动和脑电波，这样既能识别哪些是让读者误入歧途的主要诱饵，又能识别哪些是把他们引向正确方向的有用路标。[28]

听从韵律的指引

大多数花园小径只存在于印刷文本之中。在口语中,句子的韵律(音调、节奏和停顿)消除了听者转错弯的可能性,如"The man who HUNTS...ducks out on weekends"中,"hunts"不但要重读,后面还要稍微停顿。这就是为什么作者应该嘟囔、咕哝、朗诵自己写的草稿,最好是经过充分的时间流逝,在那些文字听起来不再熟悉之后。他可能发现自己被困在自己创造的花园小径里。

适当为句子加标点

第二种避免困于花园小径的明确办法是适当为句子加标点。标点和其他随印刷语言历史而发展出来的图形标志(斜体、大写、空格等)有两个作用。一是向读者提示句子的韵律,使得书面语更加接近口语。二是向读者提示把句子分成短语的主要分界线,从而消除建"树"过程中的歧义。受过良好教育的读者会依赖标点带领他们理解句子,对于任何作者来说,掌握标点的基本知识是一项不容商榷的要求。

很多网络笑话中最愚蠢的歧义来自报纸标题和杂志广告语,其原因恰好是去除了一切标点。我最喜欢的两个例子是:"Man Eating Piranha Mistakenly Sold as Pet Fish"("食人水虎鱼被错当成宠鱼出售/吃水虎鱼的人被错当成宠物出售");"Rachael Ray Finds Inspiration in Cooking Her Family and Her Dog"("蕾切尔·蕾在烹饪、她的家庭成员和她的狗中找到灵感/蕾切尔·蕾在烹饪她的家庭成员和她的狗中找到灵感")。第一个例子省略了将复合词紧连在一起的连字符，正是它提醒读者水虎鱼有什么问题：食人（man-eating）。第二个例子省略了逗号，正是逗号将组成灵感列表的短语限定为："cooking, her family, and her dog"。

毫不吝啬地使用标点符号，也会夺走心理语言学家发现某些花园小径句子的乐趣，如果那位学生作者能够多花一些时间在标点运用上，少花一些时间在振动器的历史研究上，那么耶鲁大学性趣周的新闻稿将更容易读懂。（为什么浪漫爱情的历史会是一个跨性别的议题？如何成为一个学生讨论小组有什么秘密？）

不幸的是，即便是最一丝不苟的标点，也无法提供足够的信息以消除所有的花园小径。现代标点符号拥有自身的语法，未必符合口语中的停顿和句法中的分界。[29] 例如，如果我们能够写出下面这样的句子来澄清歧义，那当然很好："Fat people eat, accumulates"（"人们吃下的脂肪，会堆积"），或"I convinced her, children are noisy"（"我说服了她，小孩是吵闹的"）。但我们将在第 6 章看到，用逗号把主语和谓语分离，或者将动词及其某个补语分离，都属于特别罪孽深重的标点误用。当消除歧义的需求特别急切时，你可以用逗号来完成任务，例如乔治·萧伯纳（George Shaw）的名言：有本事的人，做事；没本事的人，教书。还有伍迪·艾伦（Woody Allen）的补充：教不了知识的，教体育。但一般而言，无论句法有多么复杂，分隔句子的主要部分（例如分隔主语和谓语）是不用逗号的。

保留表明句法结构的词语

另一种避免花园小径的方法是尊重一些看似多余的小词,虽然这些词对句子的意思没有多少贡献,而且也面临被删除的危险,但它们可以凭借表明短语开端的作用来保全自己。它们中最重要的就是从属连词"that",以及"which"和"who"之类的关系代词,它们可以表明一个关系从句的开始。在一些短语中,这些词是"不必要的",可以删除,比如"the man (whom) I love"("我爱的那个人"),以及"things (that) my father said"("我父亲说的那些事"),有时可以连它们带"is"或"are"一并删去,比如"A house (which is) divided against itself cannot stand"("一座自我分裂的房子无法矗立")。对于作者来说,这些删除颇具诱惑力,不但可以让句子的节奏更为紧凑,还可避免发出"which"时那难听的嘶嘶声。但是如果对"which"的迫害太过分,就可能产生花园小径。把这些小词加回去,很多花园小径的范例就变得容易理解了,例如"The horse which was raced past the barn fell"("那匹参加竞赛跑过谷仓的马跌倒了"),"Fat which people eat accumulates"("人们吃下的脂肪会累积")。

说来也挺奇怪,在英语里有一个最容易被忽视的消除歧义的词,就是最常用的定冠词"the"。"the"的意义不容易阐明(我们将在下一章谈到),但再没有比它更清晰的句法标示词了。读者看到它,就知道无疑是遇到了一个名词短语。很多名词前的定冠词可以省略,但其结果可能有种幽闭恐惧症之感,好像名词短语一直毫无预警地向你袭来。

If selection pressure on a trait is strong, then alleles of large effect are likely to be common, but if selection pressure is weak, then existing genetic variation is unlikely to include alleles of large effect.	If the selection pressure on a trait is strong, then alleles of large effect are likely to be common, but if the selection pressure is weak, then the existing genetic variation is unlikely to include alleles of large effect.

如果对某种特性的选择压力较强，那么，效应强大的等位基因很可能是常见的，但如果选择压力较弱，那么既有的基因变异不可能包含效应强大的等位基因。

Mr. Zimmerman talked to police repeatedly and willingly.	Mr. Zimmerman talked to the police repeatedly and willingly.

齐默尔曼先生多次自发与警察谈话。

　　一个指明特定对象的名词短语要是没有"the"，就像没有恰当地宣告自己的身份，许多作者和编辑正是以这种感觉为基础提出以下建议：避免下列例子中把"the"省掉的新闻写法（有时称为"假标题"），留下一个堂堂正正的"the"来带领名词短语，哪怕从意义上讲是不必要的。

People who have been interviewed on the show include novelist Zadie Smith and cellist Yo-Yo Ma.	People who have been interviewed on the show include the novelist Zadie Smith and the cellist Yo-Yo Ma.

在节目中接受过采访的人包括小说家查蒂·史密斯和大提琴家马友友。

> As linguist Geoffrey Pullum has noted, sometimes the passive voice is necessary.
>
> As the linguist Geoffrey Pullum has noted, sometimes the passive voice is necessary.
>
> 如语言学家杰弗里·普勒姆指出的那样，有时候被动语气是必需的。

尽管学术文章经常塞满无用的词语，但仍有一种令人窒息的科技写作风格，像"the""are""that"这样的小词也会被挤掉。放回这些小词给了读者一些呼吸空间，因为这些词可以给他们正确的引导，这样他们就可以集中精力理解那些表达内容的词语是什么意思，而不需要同时费力弄清看到的是哪类短语。

> Evidence is accumulating that most previous publications claiming genetic associations with behavioral traits are false positives, or at best vast overestimates of true effect sizes.
>
> Evidence is accumulating that most of the previous publications that claimed genetic associations with behavioral traits are false positives, or at best are vast overestimates of the true effect sizes.
>
> 越来越多的证据表明，以前多数声称行为特性有遗传相关性的论文，都是假阳性的结果，或者最多只是对真正效应值的过度高估。

另一种简洁与清晰之间的权衡可见于修饰语的位置。名词可以在右边加一个介词短语来修饰，也可在左边加一个名词来修饰："data on manufacturing"与"manufacturing data"（"制造业数据"），"strikes by teachers"与"teacher strikes"（"教师罢工"），"stockholders in a company"与"company stockholders"（"公司股

东")。小介词能带来大不同。在标题"Manufacturing Data Helps Invigorate Wall Street"中应该加一个介词,改为"Data on Manufacturing",意思是"制造业数据有助于鼓舞华尔街",不然会产生"伪造数据有助于鼓舞华尔街"的歧义。介词在以下两句中也派得上用场:"Teacher Strikes Idle Kids"改为"Strikes by Teachers",意思是"教师罢工,孩子无所事事",不然会产生"教师殴打懒惰孩子"的歧义;"Textron Makes Offer to Screw Company Stockholders"改为"Stockholders in a Company",意思是"德事隆集团对螺丝公司股东出价",不然会产生"德事隆集团出价压榨公司股东"的歧义。

小心惯用搭配模式

另一种引人进入花园小径的诱惑是英语的惯用搭配模式:一个词语很可能出现在其他词前后。[30] 成为熟练的阅读者后,我们在记忆中存下了成千上万的常用词对,如"horse race"("赛马")、"hunt ducks"("猎鸭")、"cotton clothing"("棉衣")、"fat people"("胖人")、"prime number"("质数")、"old man"("老人")、"data point"("数据点")。当这些词对出现在我们面前的文章中,如果它们属于同一短语,解读句子的过程会变得顺畅,词与词会迅速结合在一起。但是如果它们本来属于不同的短语,却碰巧肩并肩在一起,读者就会被误导。正是这种"偶遇",让那些花园小径的范例和我举出的真实例子"The data point"如此诱人。

那些范例暗中误导我们,还利用了读者顺应英语惯用搭配模式的另一个规律:面对模棱两可的词语时,读者喜欢那个更常见的词义。花园小径的范例迷惑住了读者，是因为其中歧义词的正确意思是不常用的词义：把"race"用作及物动词（"赛马"，如 race the horse）而非不及物动词（"使……参加比赛"，如 the horse raced），把"fat"当名词（"脂肪"）而不是形容词（"肥胖的"），把"number"当成动词（"数量达……"）而不是名词（"数字"），等等。在真实生活中，这也会陷入花园小径。想想这个句子："So there I stood, still as a glazed dog"。我第一次读到这句话时就跌了跟头，误以为"作者仍然像一条呆滞的狗"（"仍然"是 still 作为副词的常用词义），但正确意思是"我像一条呆滞的狗一样静止不动"（"静止不动的"是 still 作为形容词的不常用词义）。

善用结构平行

除去分支末端的词语后，一棵光秃秃的句法树仍会在记忆中逗留数秒钟，在这段时间内，它可以成为读者解读下个短语的模板。[31] 如果和之前短语结构相同，那么新短语中的词语就可以被插进静候填充的树上，读者吸收起来毫不费力。这种模式叫作结构平行，这也是优雅的（也常常是动人的）写作最古老的小伎俩之一。

> 他让我躺在青草地上，他引我到可安歇的水边。

> 我们将在海滩作战，我们将在着陆场作战，我们将在田野和街巷作战，我们将在高山作战，我们将永不投降。

> 我有一个梦想，有一天在乔治亚州的红色山脉上，前奴隶的儿子与前奴隶主的儿子能够像兄弟一样围坐一

桌……我有一个梦想，我的四个小孩子将来有一天能够生活在这样一个国家，他们不因皮肤的颜色而只因性格的本色而被人论断。

结构平行不仅用在诗体和劝世良言中，在寻常的说明文中也不鲜见。这里就有一个伯兰特·罗素（Bertrand Russell）解释浪漫主义运动的例子：

从整体而言，浪漫主义可以归结为一句话：以美学标准替代实用标准。蚯蚓有用，但不美；老虎很美，但没用。达尔文（并非浪漫主义者）赞美蚯蚓；布莱克赞美老虎。

回头看一下第 1 章那四段优秀写作范例，你会发现许多结构平行的例子，所以我只提醒你注意前面几个，后面就没有再指出了。

尽管写作新手喜欢把一个简单的句子结构重复使用到愚蠢的地步，但也有许多作者走向另一个极端，反复无常地变换着句法。这让读者晕头转向，容易对句子结构产生错误猜测。看看《纽约时报风格与用法手册》（The New York Times Manual of Style and Usage）关于"名词复数"的词条。

从外来语中产生的名词以不同方式形成复数。有些使用外来语的原形及复数："alumnae"（"女校友"）；"alumni"（"男校友"）；" data"（"数据"）；" media"（"媒体"）；"phenomen"（"现象"）。但是，形成其他词的复数只要加上"s"："curriculums"（"课程"）；"formulas"（"公式"）；"memorandums"（"备忘录"）；"stadiums"（"体育馆"）。

你有没有像我一样，在读到"形成其他词的复数"时愣了一下？这段话以两个陈述句开头，它们的主语都涉及外来的名词，谓语是评论这些名词怎样"形成"或"使用"复数。接着，没有任何事先警告，第三句就变成了祈使句，主语是读者而不再是名词。

这里还有一个来自学术文章的典型例子，作者觉得他写每个从句都必须改变句法，到最后我们看到的是一个庞大臃肿的花园小径。

作者们提出，不同的选择压力影响了认知能力和人格特质，而且智力上的差异是突变 – 选择平衡的结果，而平衡选择可说明人格差异。

公平点说，科技术语"平衡选择"看上去像一个动词短语（平衡一种选择），但它实际上是个名词短语（自然选择的诸种方式之一，意为平衡的选择）。这并不是作者的错，但为了鼓励读者将其解读为名词短语，他必须为读者营造一种语境，让读者预期看到一个名词短语。然而，他却像打乒乓球一样让我们左摇右摆：第一个从句是原因 – 结果顺序（"影响了"），第二个句子是结果 – 原因顺序（"是……的结果"），接着第三个句子又回到原因 – 结果顺序（"可以解释"）。不但如此，他还无缘无故地逐句变换词汇。第一句中的"认知能力"与第二句中的"智力"指的是同一回事。我们利用平行的句法和一致的术语来重新组织这个句子，那么哪怕是对科技术语不熟悉的读者也能轻松弄明白。

作者们提出，不同的选择压力影响了认知能力和人格特质：突变－选择平衡可以解释认知能力的差异，而平衡选择可以解释人格特质的差异。

关于平行的句法怎样让读者领会最难懂的花园小径句，我们再看一个例子：Though the horse guided past the barn walked with ease, the horse raced past the barn fell.（"尽管那匹被引领着越过谷仓的马轻松踏步，但那匹参加竞赛越过谷仓的马却跌倒了。"）

把无关（但相互吸引）的短语分开

最后，我们说说"the panel on sex with four professors"，在这里我们涉及的偏差主要是几何上的。回到146页的树形图。为什么读者会将句子解析为下面那个并非作者本意的树形图？区别在于"with four professors"依附在何处。只要可以选择，读者都倾向于把这个短语附着在树的更低处，而不是更高处。读者的另一种倾向是尽可能将其吸附到自己正在解读的短语上，而不是舍近求远，去别处找可以放置的地方。

因为读者容易把一个短语及其前面的那个短语联系在一起，所以如果作者的本意是一种更远的联系，读者就容易误会。除了"与教授们搞搞性趣"（the sex with professors）之外，这种偏见还解释了为什么会出现"持续几个星期的前戏"（the foreplay of several weeks' duration）、"不烟不酒的奶牛"（the cow that does not smoke or drink）、"没有资历的工作候选者"（the job candidate with no qualifications）、"被杀死两次的骑自行车的人"（the cyclist who was killed twice）、"被错认为熊掌印的足迹"(the trail that was mistaken for a bear)。

很多写作风格指南的作者，比如斯特伦克和怀特，都试图让作者别闹这种意外的笑话，他们的建议是："把相关的词放在一起。"不幸的是，这个建议没有多少帮助，因为它针对的是一串文字，而不是树形结构的层次。在"a panel on sex with four professors"之中，试图把词语放在一起并不管用：因为它们已经在一起了。淘气鬼"on sex"不但挨着左侧与其相关的"a panel"（这是它应该在的位置），也恰好挨着右侧与其无关的"four professors"（这不是它该在的位置）。作者应该担心的是这些短语在树形结构中的联系（是 a panel on sex，还是 sex with four professors），而不是在一串文字里是否相邻。事实上，弄清这个问题有个显而易见的做法，就是调换两个短语的顺序，改成"a panel with four professors on sex"，从而

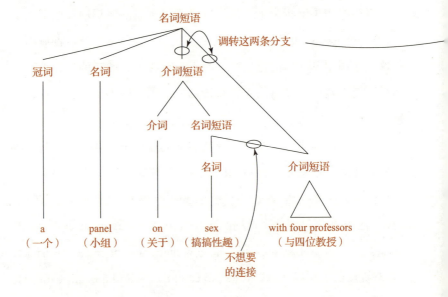

有歧义的版本

把相关的短语（a panel 和 on sex）分开，而不是让它们在一起，至少在这串文字中不要在一起。如同 163 页的图所示，相关的词在树上依然相连，只是顺序不同。

之前那条建议这样说更好："把无关（但互相吸引）的短语分开。"如果这个小组是关于违禁药品而不是男欢女爱的话，相反的次序将更加安全："A panel with four professors on drugs"会被误解为"一个由四位吸毒的教授组成的小组"，虽然它与"the panel on sex with four professors"一样，都许诺给你一个充满乐趣的夜晚，但作者如果这样行文会更好——"a panel on drugs with four professors"。这是因为经常出现的词语序列发生了效应：与"sex"配对会吸引右边的短语；与"drugs"配对会吸引左边的短语。作者应该左右都看看，调换短语的次序，以防它们与不合适的邻居产生危险的

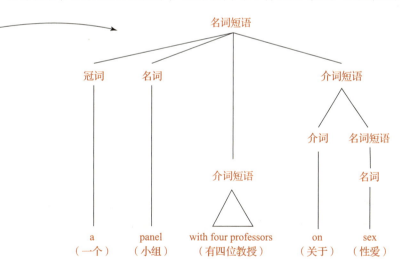

无歧义的版本

瓜葛。这是 146 页和 147 页的例句被重新排序之后的样子,有歧义的因素已被消除了。

For several weeks the young man had involuntary seminal fluid emission when he engaged in foreplay.
该青年男子在前戏时有早泄现象,已持续数周。

Wanted: Man that does not smoke or drink, to take care of cow
招聘一位不烟不酒的工人照顾奶牛。

This week's youth discussion in the church basement will be on teen suicide.
本周在教堂地下室举行的青年讨论议题是青少年自杀问题。

I enthusiastically recommend, with no qualifications whatsoever, this candidate.
我无条件热切推荐这位候选人。

Prosecutors yesterday confirmed they will appeal the "undulylenient" sentence of a motorist who escaped prison after being convicted for the second time of killing a cyclist.
检察官昨天确认将对一个"过度宽松"的判决再次提出上诉,该判决是关于一个摩托车手,他因杀死一名骑自行车的人被判有罪后越狱。

A teen hunter has been convicted of second-degree manslaughter for fatally shooting a hiker he had mistaken for a bear on a popular Washington state trail.
这个少年猎手被控二级谋杀罪成立,因为他在华盛顿州一条很受欢迎的小路上,错把一名登山者当成了熊而给了致命一枪。

把一个短语移近它属于的词语，移开它不属于的词语，有一个指导原则是：只有英语句法规则允许短语移动时才能这样做。英语将我们置于不利地位。很多其他语种，例如拉丁语和俄语，作者可以自由地把词语打乱次序，以满足修辞需要，因为名词的格标记与动词的一致性标记能让词语之间的关系在读者头脑中清晰明了。但是英语的格与一致性系统没有发展完全，所以对词语顺序的要求必须更为严格。

这将作者置于窘境。英语的句法规则迫使他必须把主语放在动词之前、动词放在宾语之前。但作者也许并不希望读者在思考动词和宾语的内容之前，先思考主语的内容。

为什么作者要控制读者思考的顺序？避免不想要的联系，是我们刚刚讲到的一个原因。还有另外两种原因，每一种都是极其重要的写作原则。

把最重的留到最后

苏格兰人祈祷时向上帝祈求，把我们从"食尸鬼、鬼魂、长腿怪兽和夜里撞见的东西"手中拯救出来，而不是从"夜里撞见的东西、食尸鬼、鬼魂、长腿怪兽"手中拯救出来。这种顺序符合我们的认知过程：处理一个又大又重的短语（"夜里撞见的东西"）是一项费力的工作，你还要在记忆中同时维持一个包含它的、未完成的、更大的短语（在这个例子中是包括夜里撞见的东西、怪兽、鬼魂、食尸鬼这四个部分的并列结构）。又大又重的短语出现在最后会相对容易处理一些，那时组合这个包罗万象的短语的工作已经完成了，头脑中再也没剩下什么需要处理。（同样的道理，建议多用向右分支的树形结构，少用左分支和中心埋置的树形结构。）先轻后重是语言学最古老的法则之一，早在公元前 4 世纪，梵语语法学家帕妮妮（Panini）就发现了这一法则。³² 当作者必须为一组词语选定顺序时，这个原则经常引领作者的直觉，例如"生命、自由和对幸福的追寻"⊖；《野蛮、无知和东大街的混乱》⊜；"快过呼啸的子弹！强过火车头！一跳就能跃过高高的大楼！"⊜

先主题，再评论；先已知，再未知

这比斯特伦克的建议"把着重词放到句尾"更为精确。保罗·麦卡特尼（Paul McCartney）唱歌的时候一定很在意这条建议。他唱道："那就让我向你们介绍，你已知其这些年来的作为，佩铂军士孤独之心俱乐部乐队！"⊗先引起听众注意，提醒听众正在介绍什么人，在句子最后，他才提供了最有宣扬价值的信息。他没有这样唱："佩铂军士孤独之心俱乐部乐队，你已知其这些年来的作为，让我介绍给你们好吗？"³³ 这再一次展示了什么是好的认知心理学：人们学习的方式是把新信息整合进既有的知识网络。他们并不喜欢这样：一个事实突然之间被丢过来，他们必须将其悬浮在短时记忆里，直到过些时候他们找到一个相关的背景将其镶嵌进去。先主题再评论、先已知再未知，这样的排序是构建连贯性的主要元素，也带来一句接一句行云流水的感觉，而不是把读者耍弄得团团转。

⊖ 此句来自美国《独立宣言》。——编者注
⊜ 这是美国著名乐队"东大街乐队"于 1973 年发行的专辑名称。——编者注
⊜ 此句是美国 20 世纪 50 年代电视剧集《超人冒险故事》中的台词。——编者注
⊗ 这是披头士 1967 年一张大受欢迎的专辑中主打歌的歌词。——编者注

如何安排词语顺序

英语句法要求先主语后宾语。人类记忆要求先轻后重。人类的理解力要求先主题再评论、先已知再未知。一个作者如何才能调和这些矛盾的要求，决定词语应如何在句中放置呢？

需要乃发明之母。经过数个世纪的发展，英语为其僵硬的句法发展出一些变通的办法。这就是使用其他结构来替代，这些结构与原结构表达意义大体相同，但是在从左到右顺序的文字串中，行动参与者被放入不同于原结构的位置，这意味着在读者"先来后到"的思维处理过程中，这些行动参与者出现的时间点也不同于原结构。熟练的作者将这些结构灵活运用于指尖，可以同时控制句子的内容和词语的顺序。

被动语态

这其中受到毁谤最多的是被动语态："拉伊俄斯被俄狄浦斯杀死"（Laius was killed by Oedipus），相比于"俄狄浦斯杀死拉伊俄斯"（Oedipus killed Laius）。在第 2 章中我们看到，被动语态的一种好处就是可以不用提及事件的施事者，也就是" by-"短语表达的部分。对于犯错误的人来说，被动句十分好用，因为可以将其名字从聚光灯下隐去。还有些人认为你应该知道直升机扑灭了火灾，但不需要知道驾驶直升机的小伙子叫鲍勃，对于这些人来说，被动句也很有益。现在我们看到了被动语态带来的另一个主要好处：它允许行动者晚于被动者被提到。如此作者就可以灵活实现写作的两个原则，而不会因英语僵硬的词序规则而陷入困境。被动语态允许作者晚些提到那些笨重的或已是旧闻的行动者。让我们看看这是怎样操作的。

想想下面这个从维基百科"俄狄浦斯王"词条摘引的段落，它揭露了关于俄狄浦斯王出身的可怕真相（注意，有剧透）。

> A man arrives from Corinth with the message that Oedipus's father has died...It emerges that this messenger was formerly a shepherd on Mount Cithaeron, and that he was given a baby...The baby, he says, was given to him by another shepherd from the Laius household, who had been told to get rid of the child.
> 一个报信者从柯林斯而来，说俄狄浦斯的父亲死了……原来这个报信者曾是西塞隆山上的牧羊人，他被交托一个婴儿……他说，这个婴儿是被另一个牧羊人交托给他的，那个来自拉伊俄斯家的牧羊人被指示除掉这个孩子。

这段包含 3 个连续的被动句（"被交托一个婴儿""被交托给他""被指示"），这样做有充分理由。首先，我们被介绍给了一位报信者，所有的目光都落在他身上。如果他出现在接下来任何信息中，那他就应被首先提到。他确实出现了，感谢被动语态，尽管这则信息里并没有包括他做的任何事：他（已知信息）被交托一个婴儿（新信息）。

现在我们被介绍认识了一个婴儿，他在我们的脑海里。如果有任何关于这个婴儿的新信息，那么这个信息应该先提到这个婴儿。被动语态再次使之成为可能，即使这个婴儿没做任何事："他说，这个婴儿是被另一个牧羊人交托给他的。"另一个牧羊人不仅带着新信息，而且非常笨重。他被一个巨大且难理解的短语凸显出来了："那个来自拉伊俄斯家的牧羊人被指示要除掉这个孩子。"读者在解析句法的同时还要处理很多冗词赘语，但是被动语态允许这个短语最后才出现，这时读者的其他任务都已完成了。

现在想象一位不动脑子的编辑，遵循"避免被动语态"这个常见建议而将上面的段落修改为这样：

A man arrives from Corinth with the message that Oedipus's father has died...It emerges that this messenger was formerly a shepherd on Mount Cithaeron, and that someone gave him a baby... Another shepherd from the Laius household, he says, whom someone had told to get rid of the child, gave the baby to him.
一个从柯林斯来的人带来消息，说俄狄浦斯的父亲已死……原来这个报信者以前是西塞隆山上的牧羊人，有人交给他一个婴儿……另一个牧羊人把这个婴儿交给了他，他说，有人指示这个从拉伊俄斯家来的牧羊人除掉这个孩子。

主动，过于主动了！一个包含新信息的笨重短语被迫放在句子开头，只是因为这个短语是行动的施事者，在主动句中它只能出现在这个位置，就会带来这种后果。

原段落中有第三个被动式句子，即"who had been told to get rid of the child"（"那人被指示除掉这个孩子"），在我的噩梦中，校对编辑把它也变成了主动句："whom someone had told to get rid of the child"（"有人指示那人除掉这个孩子"）。这也强调了被动语态带来的另一个好处：它可以通过缩短填充词和空隙之间的距离来减轻记忆的负担。当一个元素被某个关系从句所修饰，那么它在短语中的角色就是动词的宾语，读者面临填充词和空隙之间很长的间隔。[34] 看看下面的树形结构，它包含一个主动语态的关系从句。

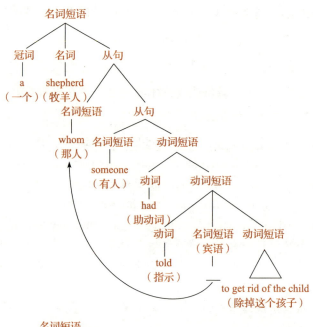

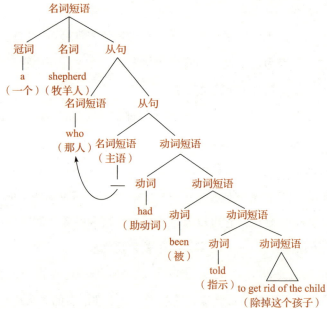

在第一个树形图中，你可以看到在填充词"whom"和空隙（"told"之后）之间，有一条长长的箭头，横跨了3个单词和3个新引入的短语。读者遇到"whom"时就要开始在头脑中保持这些材料，直到他能指出"whom"在做什么为止。现在再看看第二个树形图，里面的关系从句已被改成被动语态。一个很短的箭头连接起填充词"who"和就在旁边的空隙，读者立即得到满足：他只要一看到"who"，就马上知道"who"在做什么。是的，这里的被动语态本身比主动语态沉重，它有4层枝干结构，而主动语态只有3层，但是这已经到了句子末尾，没有别的再需要留心了。这就是为什么表达宾语性质的关系从句时，很多优秀文章用被动语态，而难以理解的文章却喜欢用主动语态。例如这个：

Among those called to the meeting was Mohamed ElBaradei, <u>the former United Nations diplomat</u> protesters demanding Mr. Morsi's ouster have tapped __ as one of their negotiators over a new interim government, Reuters reported, citing unnamed official sources.
在那些被召集参与集会的人中有一个人叫作穆罕默德·埃尔巴拉迪，要求罢免莫尔西的抗议者曾委任这位前联合国外交官作为与临时政府谈判的代表。路透社援引不愿意透露姓名的官方信息源报道。

这个句子臃肿不堪，是因为一段长达7个单词的词串堵塞在关系从句的填充词（the former United Nations diplomat）和空隙（"tapped"之后）之间。虽然这个句子已经没有挽救的希望，但是把关系从句变成被动语态会是一个良好的开始："the former United Nations diplomat who has been tapped by protesters demanding Mr. Morsi's ouster"("这位前联合国外交官曾被要求莫尔西下台的抗议者委任")。

换一种结构

被动语态只是英语在保留原来语义的前提下重新组织语言的众多小工具之一。这里还有其他几种便利的工具，当你需要时，可以用这些工具隔开那些不该在一起的邻居，把已知信息置于新信息之前，将填充词靠近它们要填的空隙，或者把最笨重的部分留到句子末尾。[35]

基本次序（Basic order）：	前置（Preposing）：
Oedipus met Laius on the road to Thebes.	On the road to Thebes, Oedipus met Laius.
俄狄浦斯在前往底比斯的路上遇到了拉伊俄斯。	在前往底比斯的路上，俄狄浦斯遇到了拉伊俄斯。
基本次序：	后置（Postposing）：
The servant left the baby whom Laius had condemned to die on the mountaintop.	The servant left on the mountaintop the baby whom Laius had condemned to die.
仆人将被拉伊俄斯下令处死的婴儿留在了山顶。	仆人将婴儿留在了山顶，该婴儿已被拉伊俄斯下令处死。
双宾语与格（Double-object dative）：	介词与格（Prepositional dative）：
Jocasta handed her servant the infant.	Jocasta handed the infant to her servant.
约卡斯特递给她的仆人那个婴孩。	约卡斯特把婴孩递给她的仆人。

基本结构（Basic construction）：	存在式（Existential）：
A curse was on the kingdom.	There was a curse on the kingdom.
一个诅咒降临在这个王国。	有一个诅咒降临在这个王国。

以从句为主语（Clause as subject）：	外置从句（Extraposed clause）：
That Oedipus would learn the truth was inevitable.	It was inevitable that Oedipus would learn the truth.
俄狄浦斯知道真相是不可避免的。	不可避免的是，俄狄浦斯将会知道真相。

基本结构：	分裂句（Cleft）：
Oedipus killed Laius.	It was Oedipus who killed Laius.
俄狄浦斯杀死了拉伊俄斯。	杀死了拉伊俄斯的人，是俄狄浦斯。
	It was Laius whom Oedipus killed.
	俄狄浦斯杀死的人，是拉伊俄斯。

基本结构：	拟似分裂句（Pseudo-cleft）：
Oedipus killed Laius.	What Oedipus did was kill Laius.
俄狄浦斯杀死了拉伊俄斯。	俄狄浦斯做的事情，是杀死拉伊俄斯。

与左侧相比，右侧的版本更长、用词更多、更为正式。右侧最后四个句子由于带有不必要的词（there、it、what），往往适合被替换为更简洁的版本，因为意思几乎一样。但现在你可以看出为什么它们有时候很有用：它们让作者更自由地排列树形结构中的短语顺序。

前置允许作者把一个修饰短语向左移动，这可以将其与麻烦的小短语分开，以免两者联系在一起，正如那个有早泄现象的青年男子被认为做了数周的前戏。接下来的四种结构（后置、介词与格、存在式、外置从句）允许作者把短语向右移动，尤其是当这个短语过于沉重或者带来有价值的新信息而不应该放在句子中间时。最后两种结构（分裂句、拟似分裂句）允许作者更有力地控制读者将什么信息视为已知信息、什么信息视为未知信息。分裂句颠倒了惯常的次序：新信息先被放在聚光灯下，而作为背景的已知信息出现在最后。拟似分裂句则保持惯常的次序（从已知信息到新信息），但是两种分裂句都增加了一个重要的转折：已知信息不是旧信息，即不是之前提过的信息，而是预设的前提，读者先被要求接受这是事实，然后再被告知这个事实是关于什么的。例如"杀死了拉伊俄斯的人，是俄狄浦斯"，这句话认定有人杀了拉伊俄斯，唯一的问题是谁杀的，该句子的主句就是告诉我们这个谁是什么人。

换一个动词

英语中作者可以支配的另一个主要资源是选用不同的动词。有些成对的动词表达的是同一场景，但插入两者语法位置（主语、宾语、斜格宾语）的是不同的角色（主动者、被动者、给予者、接受者）。

Jocasta gave the infant to her servant. 约卡斯特把那个婴孩递给她的仆人。	The servant received the infant from Jocasta. 仆人从约卡斯特手中接过那个婴孩。
She robbed her uncle of a cigar. 她抢了她叔叔一根雪茄。	She stole a cigar from her uncle. 她偷了一根雪茄，从她叔叔那里。

Morris sold a watch to Zak. 莫里斯卖一块手表给扎克。	Zak bought a watch from Morris 扎克从莫里斯手里买了一块手表。
I substituted margarine for the lard. 我用人造黄油替代了猪油。	I replaced the lard with margarine. 我将猪油换为人造黄油。
The vandals fled the police. 蓄意破坏者逃离警察。	The police chased the vandals. 警察追逐蓄意破坏者。
The goalie sustained an injury from the onrushing forward. 守门员由于猛冲的前锋而受了伤。	The onrushing forward inflicted an injury on the goalie. 猛冲的前锋使守门员受了伤。

就像可以从多种结构中选择，作者也可以从多种动词中选择，以便为一个已知的或未知的、轻盈的或沉重的短语找到合适位置。同样是犯罪，动词"rob"（"抢"）把非法所得（雪茄）放在末尾——"She robbed her uncle of an expensive hand-rolled Cuban cigar"（"她抢了她叔叔一根昂贵的、手工卷制的古巴雪茄"），动词"steal"（"偷"）则把受害人放在末尾——"She stole a cigar from her greedy lascivious uncle"（"她偷走了一根雪茄，从她贪婪猥琐的叔叔那里"）。

优秀的作者也许并没有清晰地意识到这些结构和动词如何运作，也肯定不知道它们的名称。这些词语和结构就在记忆里等待

着，带着一个个小标签，如"这是用来延迟提到修饰语的方法"或者"我的直接宾语是那个被转移的东西"。熟练的文字工匠可以在写作时辨认出组织语言方面有什么需求，或在修改时发现句子有什么问题，要是一切顺利，合适的词语和结构就在脑海中跳出来了。

我相信，在这些模糊不清的直觉之下，存在着一种心照不宣的认识：作者的目标是用短语树将思维网编码为词语串。有抱负的文字工匠会不断培养这种认识。这将帮助他们消除写作中的错误、难以解读的句子和引起歧义的段落。它也能除去你对语法的恐惧和厌倦，因为当你知道一个语法系统被设计出来是为了什么，你就会更有动力去掌握它。

连贯之弧

> 如何确保读者抓住主题,领会论点,紧跟出场的事物,明白一个观点如何引出另一观点。

第 5 章

一篇文章的段落中可能会出现多处问题。行文可能臃肿、刻意、学究气十足，这些习惯都是古典风格意图打破的。文章可能晦涩难懂、玄奥莫测、神秘艰深，这些症状都是知识的诅咒引发的。句法也许有缺陷、错综缠绕、模糊不清，这些瑕疵都是可以通过觉察到句子的树形本质而避免的。

　　本章讲的是写作中可能出现的另一问题。即使每一个句子都简洁、晓畅、达意，把它们连在一起却让人感觉支离、松散、焦点模糊。一言以蔽之：不连贯。看看下面这个段落。

　　　　美国北方和加拿大是苍鹭生活繁育之地。在此地过冬有其优势。大蓝鹭主要生活在美国北部。对苍鹭而言，能够规避迁徙的风险是此地的优势之一。当寒冷天气来临时，苍鹭会飞向南方。越早抵达繁育地点的苍鹭越占优势。科德角的冬季相对温和得多。

每一个单句都足够清晰，它们也在谈同一话题，整段文字却令人费解。第二句我们就纳闷"此地"是哪儿。第三句也让人困惑"大蓝鹭"是否不同于"苍鹭"，如果两者不同，那么这种鹭是否只生活在美国北部，而不像其他鹭也生活在加拿大。第四句的出现出乎意料，而第五句又与之矛盾。整个段落结尾两句则与上下文毫无联系。

刚才这个令人费解的段落是我刻意生造的，使其不连贯到令人困惑的程度，为的是戏剧般地表现本章主题。但是写作中最常见的纰漏之一就是不连贯，虽然没有以上例子那么极端。想想在本书前面章节中我匡正过的笨拙句子，下面是它们的改进版。

研究者发现那些罕见酗酒的群体，例如犹太人，实际上还是适度饮酒的，只不过少有人饮酒过量而变成酒徒。

三流的塞尔维亚军队十年来第三次粗暴对付平民百姓，但是教训它一顿又几乎不值得费力。这种观点并非基于对这片土地上正在发生的事情缺乏了解。

即便是修正了句法，这些句子还是令人费解，而且上下文也没有使其变得更清晰。问题出在连贯性上：我们不知道为什么这句接那句。再怎么修补句法也无济于事。我们需要上下文，引领读者理解为什么作者觉得需要做出此刻的论断。

有人可能会认为，在那些酗酒比例很高的民族中，饮酒一定很普遍。根据这一假设，即便是主张适量饮酒，也会让人们有饮酒过量及酗酒的危险。如果真是这样，我们应当证明：那些酗酒率最低的群体就是那些禁止饮用一切酒精饮料的群体，比如摩门教徒或者穆斯林。不过，这与研究者的最新发现相左……

许多政策分析人士撰文指出，对侵犯人权的军队，显而易见的应对办法是使用更强大的武力。他们争辩说，任何反对武力侵略的人，肯定对正在发生的战争残暴行为一无所知。可是，这并不是我和其他政治家主张用不同的策略来化解这场危机的原因。莫要搞错……

当一个句子与另一个相连，读者需要发现其中的关联。他急切地想找出它们的连贯性，以至于当这种连贯性不存在时，也要臆造一个。以下这组经常出现在电子邮件中的句子，它们出洋相并不是因为句法存在什么问题，而是因为连贯性出了状况。[1]

查琳·玛森小姐唱道："我不会再唱第二次了。"这显然让会众很快乐。

今早讲道的题目是《耶稣在水上行走》。今夜讲道的题目是《寻找耶稣》。

狗狗出售：从不挑食，喜欢儿童。

我们不用机器撕坏你的衣服，我们只仔细地用手做。

自从 2008 年找我看病以来，患者就持续抑郁中。

事实上，对于连贯性的渴求贯穿在理解语言的过程之中。假设读者已成功解析了句子，理解了"谁对谁做了什么"或者"什么是什么的真实情况"。现在他必须把句子的内容融进自己的知识储备之中，因为大脑中孤立的信息片段是没用的，就像图书馆中未经索引的一本书随意摆放，或像一个网站没有通向它的链接。这种联系必须在每个句子中加以重复。这就是将文章中的内容整合入读者知识网的方式。

本章讨论的是写作风格的感觉如何体现在比句子更长的文字段落中：一个段落、一个博客帖子、一篇评论、一篇报道、一篇随笔，乃至一本书。适用于句子的风格准则，如建立有序的树形结构、将已知信息置于新信息之前，同样适用于更大的段落。但我们也会看到，连贯性的表达需要用到不同于树形结构的新工具，我们的隐喻也必须相应扩展。

如何组织写作材料

乍看上去，文章的组织的确像一棵树，一段段文字嵌入更大的段落里。许多从句组成一句，许多句组成一段，许多段组成一节，许多节组成一章，许多章组成一本书。这种层级制的文本结构使读者理解起来更容易，因为在从一个从句到一章之间的任何一个层级上，文字都会在读者头脑中呈现为一个个单独的组块，而在弄清它们是如何联系起来的过程中，读者每次只需要处理少数几块。

要想写出一段结构井然有序的文字，作者必须把他希望表达的内容整理成干净利落的层级关系。有时他走运，一开始就能牢固掌握手中材料的层级关系，但更多时候，一大堆难以驾驭的想法在他的头脑中嗡嗡作响，亟待理出一个有序的结构。有个久享盛名的解决办法是列大纲，这就是一种横放着的树形结构，其分支用缩进、破折号、项目编号、罗马数字和阿拉伯数字来标记，而不是用分叉的线。草拟大纲的一种方法是将你脑海中的观点匆匆记在纸上或索引卡片上，显得有些随意也没关系，然后再去找出哪些观点看似相关。如果你将一小簇相关观点排在临近的位置上，然后将那些看似相关的小簇整合为一大簇，将大簇再组合为更大一簇，依此类推、循环往复，那么到最后，你将拟出一个树形的提纲。

但是，现在你要面对一个句子的句法树与一篇文章的提纲树之间的巨大差异。当把一个个单位按照从左到右的顺序写出来时，英语句法规则留给作者的可能性很少，例如宾语必须跟在动词之后。然而，如果要写一篇关于哺乳动物的文章，你必须决定是先写啮齿动物，再写灵长类动物，接着写蝙蝠等，还是先写灵长类动物，再写猫科动物，接着写鲸鱼和海豚等，或者从 26 个亚群的 403 291 461 126 605 635 584 000 000 种逻辑组合中任选其一。作者面临的挑战是确定一个方案，将这些文本中的各个单位排序，把变幻莫测的材料变成稳稳当当的树。

通常，作者会有些随意地选择一个编排顺序，使用语言标记或是带编号的标题来引导读者阅读整篇文章（比如第二部分 C 节第 4 小节的 b 段，或 2.3.4.2 节）。然而在很多体裁中，带编号的标题是不适用的，而且如我们在第 2 章中所见，过多的标记会使读者感到无聊和困惑。何况不管你用了多少标题或是标记，最好的办法仍是在整个文本中铺就一条直观的路径：一个将各单元串成自然顺序的结构，让读者能预期他们接下来会读到什么。要做到这一点，并没有什么固定套路，但我会给你举几个例子。

我曾经面临过一个挑战：综述关于语言的神经生物学和遗传学的庞杂文献，它涵盖了广泛的话题，诸如神经疾病患者的案例研究、神经网络的计算机模拟、语言加工期间大脑活跃区域的神经成像。起初，我尝试遵照教科书的方法，按历史进程来排列这些研究，然而这可能是一种对专业自恋的沉迷：我的读者是对大脑感兴趣，而不是对医生和教授研究大脑的历史感兴趣。

我意识到，如果想从这片沼泽中走出一条清晰的道路来，需要从鸟瞰的角度逐步聚焦到微观成分。从最高的观察位置来看，你能区分的只是大脑的两个半球，因而我从这里开始：裂脑患者的研究以及其他将语言定位在左半球的发现。放大左脑，我们会看到一个将颞叶同其他部位分开的巨大裂缝，对中风患者的临床研究和对健康被试的大脑扫描一再表明，裂缝边缘的区域对语言起着关键作用。继续放大，这个边缘区域可以继续细分为不同区域——布罗卡区、韦尼克区等，这个讨论还可以转向与这些区域相关的更具体的语言技能，比如识别词语以及将其解析为树形结构。现在我们可以从裸眼切换到显微镜的层面，窥探神经网络模型，接着我们还可以调整显微镜，转向基因水平，借这个机会探讨失读症和其他遗传性语言障碍的研究。所有这些研究按照从整体到局部的连续形式依次出现，这就是我采用的顺序。

给材料排序的方式与讲故事的方式一样多。还有一次，我需要综述有关各种语言的研究，包括英语、法语、希伯来语、德语、中文、荷兰语、匈牙利语，以及阿拉佩什语（一种新几内亚的语言）。以英语为起点是很自然的，但我该用什么顺序让其他语言出场呢？我想过，可以依照我或美国读者对这些语言的熟悉程度，或者依照研究的先后，甚至以首字母为序。不过，我最后选择按时间顺序一步步回溯更古老（也更兼收并蓄）的语系：首先是生活在2000年前日耳曼部落产生的语言，包含荷兰语和德语；随后是印欧语系部落，如3500年前从日耳曼部落分离出来的意大利人，由此产生了法语；然后是乌拉尔语系的部落，他们可能在7000年前就已与印欧语系部落共存，并给后世留下了匈牙利语；依此类推，向前追溯历史，也以语系为中心向外扩展。

也有许多其他排序方式：可以引领读者沿地理区域徒步远行；可以叙述一个英雄为达目标必须一路克服障碍的艰辛历程；可以模仿一场辩论，使双方陈述各自观点、互相反驳、总结陈词、等待评判的结果；有时也可以追溯那些发现的历史，正是它们让我们当下的认识得以形成。

领会一篇文章的树形本质，也能帮助你理解非技术性文章的几个视觉化结构标记工具之一：段落分界。许多写作指南提供了如何写段落的详细指引，然而这些指南却存在误导，因为并没有所谓"段落"。也就是说，并不存在与大纲中的条目、树的分支或是语篇单位所对应的"段落"，也就是那些被空行或缩进所区分的一块块文字。真实存在的只是段落的分界：一个视觉化的标记，使得读者可以暂停、喘口气、吸收他所读的内容，然后重新在页面上找到他要读的位置。

段落分界大体相当于树形结构分支之间的界线，也就是将文章分为一个个紧密结合的文字块。不过，分支不论大小，无论是次要的题外话，还是重要的总结陈词，或是介于两者之间的任何内容，都会使用相同的界线标记来结尾。有时，一位作者应该劈开文字的丛林将其分段，只是为了给读者的眼睛一处休息的地方。学术性文章的作者常常忽视这样的做法，铺陈大段视觉上显得单调的文字。新闻记者充分考虑到读者的注意范围，则常常走向另一个极端——将文章切割成一个个极短的段落，有时一段只有一两句。缺乏经验的作者更像学术作者而非记者，常常分段太少而非太多。作为一名作者，你应当体谅你的读者们，时不时让他们的眼睛休息一下，但你也要确保他们奔跑中的思维火车不会脱轨。要是一个句子不再与上句有阐释或承接的关系，那就在它前面划上段落的分界吧。

虽然这样的分层组织给认知带来很多好处，但并非所有文章都得组织成一棵树。一个有技巧的作家有多种选择：使多条故事线交织出现；故意设置悬念与惊喜；使读者陷入一连串联想，让读者在多个话题中不断切换。不过，没有哪位作家会对文章的宏观结构放手不管。

尽早点明主题和论点

无论一篇文章是否可被组织起来嵌入一个分层的大纲，关于树的比喻仅止于此。没有哪个句子是一座孤岛，段、节或章也都不是。它们都包含连着其他文字块的链接。一个句子可以阐释、描述或总结前一句。一个主题或话题可以贯穿大段文字。人物、地点或观点可以重复出现，读者必须在其来来去去时紧跟它们。这些关系从一棵树的枝干搭到另一棵树的枝干，与之前那种整齐嵌套的、大分支包含小分支的树枝构造并不相同。[2] 我将其称为"连贯之弧"。

如同办公桌背后交织的电线，一个句子与另一句子在概念上的关系也有缠成一团乱麻的倾向。这是因为，在我们的知识网络当中，这些链接有可能向上、向下或向一侧接到别的观点上，并且经常跨越很长一段距离。在作者的大脑中，观点之间的链接由神经编码维系，正是神经编码使记忆和推理成为可能。然而落到纸面上时，这些关系必须用英语的词汇和句法资源表现出来。对作者的挑战是如何调动这些资源，使读者将一串句子中的信息融入其知识网络，而不是被缠在其中。

连贯性的起点是作者和读者都对主题有清晰认识。主题相当于广阔知识网络中的一个小区域，所有句子都聚焦于此。显而易见，作者应当开门见山地将其主题传递给读者，但并非所有作者都这样做。有人可能觉得，用太多词语来表述自己的主题，显得不够精妙，比如"本篇论文是关于仓鼠的"。或者，他将想法诉诸笔端之后才发现主题，却忘记回头修订开场白来向读者分享他的发现。

心理学家约翰·布兰斯福德（John Bransford）和玛西亚·约翰逊（Marcia Johnson）做过一个经典实验，表明为什么让读者尽早知道主题非常关键。[3] 他们要求实验参与者朗读并记住以下段落。

此项过程实际上非常简单。首先要将它们根据不同成分进行分组。当然，这也取决于数量有多少，有可能一组就够了。如果你由于缺乏设备而不得不去别的地方，那是下一步了，否则就已经准备就绪了。不要过度努力，这是很重要的，也就是说，每次宁少勿多。短期看来这似乎并不重要，但一次处理太多，后遗症可能会很快显现。一次错误的代价也可能很大。操作方法不言自明，此处不再赘述。起初，整个过程可能看起来复杂，不过很快它就会变成生活的一部分。目前还无法预测在不远的未来，这样一项任务的必要性会否消失，但谁也说不好。

不必说，这段文字对实验对象来说毫无意义，我想对你来说也是一样。他们基本记不住什么词句。另一组人拿到了同样的段落，但在他们读这个段落之前，得到了一个小小的主题指引："你将要听到的这段话，是关于洗衣服的。"于是，他们的记忆水平翻了一倍。第三组则是读完之后才知道主题，这基本于事无补。对作者来说这是一个明确的原则：为了理解文章，读者必须要知晓主题。如同报纸编辑们说的：不要掩埋导语。

你可能会反对上述实验者暗中做手脚，用模糊和抽象的语言描述一项具体的活动。但他们还做了另外一个实验，这次几乎每句话指的都是一项具体的物品或活动。

报纸要比杂志好。
海滩是比街道更好的地方。

一开始最好跑而不是走。

你可能要试很多次。

这需要一些技巧但很容易学。

即使小孩也能乐在其中。

一旦成功，困难不值一提。

鸟几乎从未靠得太近。

不过如果下雨就会很快湿透。

太多人做同样的事也可能会出问题。

一个人需要很大空间。

如果没发生什么纠纷，一切将十分平静。

一块石头可作为锚来使用。

一旦它挣脱了，你就不会有第二次机会。

  有意义吗？试试加上这条线索怎么样："这些句子是关于扎风筝和放风筝的。"可见，阐明主题是必需的，因为即使是最清晰的语言，可能也只触及了一个故事的几个高潮而已。读者必须自行填补背景——在字里行间寻找，将散落的点连起来，如果找不到适用的场景时，他会感到困惑不解。

  除了主题，读者常常还需要知道文章的论点。在作者不断叙述时，读者有必要知道作者的叙述正走向何方，因为只有当你知道一个人的目标时，才能理解他的所作所为。当有人挥舞手臂时，你想搞清楚他是在招手致意、驱赶苍蝇还是锻炼三角肌，这对写作来说也是一样。当作者围绕某个话题喋喋不休时，读者有必要知道作者是想要解释它、传递关于它的有趣事实、提出一个关于它的论点，还是将它作为一个重要规律的例子。换句话说，作者必须既要围绕某事来谈论（主题），又要说出一些什么（论点）。

作者常常不愿在一开始时就写出自己的论点。有时候他们认为这样会毁掉悬念。有时候他们是专业自恋的受害者，觉得读者感兴趣于他们在搜寻主题时遇到的每一个死胡同、做的那些白费功夫的差事和荒谬无益的追求。更常发生的是，他们在完成初稿之前压根儿不知道文章的论点为何，也从来不曾回过头去修改论文，把论点在文章开头就说清楚。以前有一幅名叫"博士论文"的漫画，画了一个男孩向天空射出一支箭，等箭落地了之后走过去，在其周围一圈画上靶子。这并非科学操作的方式，但写作有时必须这样做。

有些体裁，比如学术期刊文章，强迫作者通过一段总结、概要或摘要来勾勒出论点。其他体裁，比如杂志或报纸文章，会通过一行标语（装腔作势的大标题下面的解释）或一段醒目的引文（展示在框里的解说性句子）来提示读者论点是什么。一些写作风格指南，比如约瑟夫·威廉姆斯（Joseph Williams）的优秀作品《风格：向着明晰与优雅》（*Style: Toward Clarity and Grace*），为大家提供了一个公式。威廉姆斯建议作者这样构建每一节：先提出"议题"（即主题），随后是"讨论"，在议题的最后陈述论点。

在文章开头不久处揭示论点是很有必要的，相比之下，具体将其呈现在何处则没那么重要。当然，有些人可能会挑起好奇心和悬念，然后以一个突然的真相来解决所有疑惑，比如独角喜剧演员、幽默故事大王、高明的散文家或是推理小说作家，但其他作者应尽力提供信息而非使人惊讶，即作者应当让读者清楚知晓他想要传达什么。

用相同主语形成主题链

当读者继续将一篇文章读下去时,下一个挑战是:记住贯穿该文章的观点,领悟前后观点之间的逻辑关系。让我们来读一篇简单的文章,看一位作者如何将此事变得简单。

这个连贯性写作的范例,就是我在本章之初篡改的那篇文章的最初版本。它出自本地小报《科德角人》(The Cope Codder)中的每周专栏"问问鸟类专家们"。"鸟类专家们"实际上指的只是一个人,他叫麦克·奥康纳(Mike O'Connor),在马萨诸塞州奥尔良市拥有一家野鸟观察者杂货店。就在开了这家店不久之后,他发现自己在应对好奇顾客的众多提问时游刃有余,于是尝试在报纸上开设专栏。有位读者在她家房子附近的沼泽中发现了一只苍鹭,由于沼泽已经结冰,苍鹭无法捕食,麦克回复了这位读者。[4] 在向她保证苍鹭即使几天不吃东西也可以存活之后,他为此凄惨境况提供了以下背景信息。

> 大蓝鹭生活在美国北部和加拿大的绝大部分区域。寒冷天气来临时,那些苍鹭会向南迁徙。冬天不太冷的时候,一些苍鹭会来到科德角。这些苍鹭中多数是缺乏经验的幼鸟或是掉队之后寻找南飞方向的雄鸟。在这里过冬有其优势——我并不是在谈论普罗温斯敦淡季的免费停车位。苍鹭可以避免迁徙中的危险,还可以最早到达产卵地。
>
> 不过,在这么遥远的北方待着有一个风险。是的,我们的冬天一般来说是温和惬意的,然而也有今年这样的冬天,仿佛永远也不会结束。雪、冰和寒冷对于鸟类来说不是什么

好事,我敢打赌许多苍鹭明年不会再预订来科德角的航班了。

苍鹭有一个优势:它们是优秀的猎手,也是彻头彻尾的机会主义者。当鱼被冻住的时候,它们会吃些别的,包括甲壳纲动物、老鼠、野鼠和小鸟。有一只饥饿的苍鹭被目击吞下一只野生小猫。我知道,我知道,对于那些苍鹭吃小鸟这件事,我也感到很难过。

苍鹭还有一个奇怪的行为,对它们不大有利:在冬天,它们似乎会选择并守着一个捕鱼的洞,当这些地方被冻起来时,一些苍鹭似乎无意离去,仍然会守着这些洞,等着鱼回来。哎呀,你说固执不固执。

主题是连接即将出现的句子与读者知识之网的基本生命线。在语言学中,"主题"一词实际上有两个含义。[5]本章我们针对的是一个语篇或是文章的主题,也就是一串相互关联的句子的主要内容。在第4章中我们针对的是句子的主题,也就是句子讨论的是什么。在绝大多数英语句子中,在语法上主题都是主语,尽管它们也能以单独的短语形式引入,比如"说到水果,我更喜欢蓝莓",或"说到鸭子,你听过'一个男人头上顶着一只鸭子'走进酒吧那个笑话没?"在第4章中我们看到,在一段连贯的文章中,语篇的主题与句子的主题是匹配的。现在,我们来看看奥康纳如何在一个较长的语篇中运用这条准则。

这个专栏的主题显然是"冬天的苍鹭",这也是读者的问题所在。专栏的论点在于解释苍鹭如何应对冻住的沼泽。首句的主题,即主语,也是整个专栏的主题:"大蓝鹭生活在……"试一试用我篡改过的版本来开头:"加拿大是多数苍鹭生活的地方。"这将使读者失去平衡，因为在这个时候，没有任何理由去思考关于加拿大的事情。

随着行文的继续，奥康纳一直将苍鹭放在主语位置。这里按次序列出了一系列主语，关于苍鹭的主语列在左边，关于其他事物的主语列在右边，横线则区分了段落。

大蓝鹭生活

那些苍鹭会前往

一些苍鹭会来到

这些苍鹭中多数是

     在这里过冬有

苍鹭可以避免

     有一个风险

     我们的冬天是

     有今年这样的冬天

     雪、冰和寒冷不是什么好事

苍鹭有一个特长

它们是优秀的猎手

它们会吃

一只饥饿的苍鹭被目击

     我也感到很难过

苍鹭还有

它们似乎会选择

一些苍鹭似乎无意离去

     你说

除去最后两段结尾处作者为了幽默效果而直接对读者说出的感叹语（"我知道，我知道，我也感到很难过"和"你说固执不固执"），各句的主语（因此各句的主题也）是非常连贯的。第一段、第三段和第四段的每个主语都包含苍鹭，只有一个例外。这些句子主题连贯地串接起来，且都同文章的主题相关，跨越整篇文章，形成一道令人满意的连贯之弧。

何况，苍鹭并非只是一个普通的主语。它们是正在做事的行动者。它们迁徙、避开危险、狩猎、吃东西、站立。这是古典风格乃至任何一种良好风格的标志。对于读者而言，比起关注一串被动的事物和呆板的动作，紧盯一个推动情节发展的主人公，会更容易跟上叙事的节奏。

值得关注的是，奥康纳目不转睛持续盯住主人公是用了一些技巧的。他策略性地用了一个被动语态的句子"一只饥饿的苍鹭曾被目击"，而不是"观鸟者曾看到一只饥饿的苍鹭"。尽管这只苍鹭此时此刻确实正在被一个身份不明的观鸟者观察，但被动语态使它持续留在读者注意力的聚光灯下。而且奥康纳经常将时间修饰语放在句首："当寒冷天气来临时""当鱼被冻住的时候""在冬天""当这些地方被冻起来时"。这种前置避免了一串相似句子带来的单调感觉，尽管苍鹭仍是每个句子语法上的主语。

这些时间修饰语都与寒冷天气有关，也是深思熟虑后的选择。每个句子中的新信息都是关于苍鹭如何应对寒冷天气的。因而在每个句子中，寒冷天气的某些情况（在句首修饰语中提到）为说明苍鹭的应对方式（在接下来的主句中提到）设置好了舞台。已知事实总是出现在新信息之前。

在第二段，寒冷天气登上舞台，成为主角。过渡有条不紊。主题的转换表现在第一段倒数第二句话（"在这里过冬有其优势"），并且在第二段得到持续的强调，其中有两句话以寒冷事物为主语，还有两句话以寒冷事物为"有"（there is）的补语，看起来也像主语。我们有了第二个跨越文章的连贯之弧，将寒冷天气的所有表现都联系在一起。

把有关苍鹭的句子连接起来的弧和有关寒冷天气的句子连接起来的弧，是威廉姆斯所说的"主题链"的两个例子：它们使得读者从一个句子读到下一个句子时将注意力集中在同一主题。

有序地称呼反复出现的事物

现在，让我们来看另一种连贯之弧，当同一事物以不同形式在一篇文章中多次出现时，这种弧在读者心理舞台上把它们联系起来。

英语的名词系统给作者提供了多种方法，使他们可以区分读者首次见到的事物和读者已知的事物。这是不定冠词"a"（"一个"）和定冠词"the"（"这个"）的主要区别。[6] 当一个人物首次出现的时候，他被冠以不定冠词"a"。当他再次出现的时候，我们已经知道了他是谁，就会用定冠词"the"。

<u>一个英国人</u>（an Englishman）、<u>一个法国人</u>（a Frenchman）和<u>一个犹太人</u>（a Jew）坐在一间候诊室，他们都被告知只有24个小时可以活。关于如何度过生命中的最后一天，<u>这个英国人</u>（the Englishman）说："我要到俱乐

部里抽烟斗，喝点雪利酒，跟小伙子们聊聊天。"这个法国人（the Frenchman）说："我要打电话给我的女仆，让她帮我做顿好的，来瓶最好的酒，并跟她来一夜充满激情的性爱。"这个犹太人（the Jew）说："我要再看一个医生。"

"a"（或"an"）和"the"并不是英语里区分不定名词和有定名词的唯一方式。不定的复数名词和不可数名词可以用冠词"some"（"一些"）来引出（一些泥巴在地上；一些弹珠在地上），或者完全不带冠词（泥巴在地上；弹珠在地上）。定指的事物则可以使用其他"th-"开头的单词来标记，比如"this"（"这个"）、"that"（"那个"）、"these"（"这些"）、"those"（"那些"），或是用一个属格名词来标记，比如"Claire's knee"（"克莱尔的膝盖"）或是"Jerry's kids"（"杰瑞的孩子们"）。

也可以这样区分首次出现和再次出现的事物：前者用名字或不定名词，后者用代词。像"he"（"他"）、"she"（"她"）、"they"（"他们"）或"it"（"它"）这些代词，可不仅仅是节省了几下敲键。它们是在告诉读者："你已经见过这家伙了，没必要停下来想城里来了什么新小伙儿。"

斯坦利·高德法布（Stanley Goldfarb）死了，他的（his）亲戚和教堂会众聚集一起，为他祷告和哀悼一个晚上。到了哀悼者颂扬他（him）的时候，却没人站出来。几分钟过后，拉比焦虑起来，"必须有人为他（him）说两句好话",他恳求道。还是鸦雀无声。终于,有个声音从屋子远处传来:"他的(His)弟弟更糟糕。"

用词应该如何变化

帮助读者持续关注一段文章中重复出现的事物,这并不简单。一方面,重复一个名字或是不定名词,会使得人们以为新人物登上了舞台。[7](想想"斯坦利·高德法布死后,斯坦利·高德法布的亲戚们聚在一起,为他哀悼一个晚上")另一方面,如果一个新人物进入了场景,或者原有人物的首次登场随时间流逝成为遥远的记忆,使用代词或定冠词指称他们可能会使读者疑惑"他"或"那个人"是谁。下面这些搞笑的例子让其中的危险清晰可见:[8]

> 愧疚、复仇和苦痛会从感情上毁掉你和你的孩子。你必须摆脱他们(them)。(是摆脱你的孩子,还是摆脱愧疚、复仇和苦痛?)

> 在鲍德温长官看完狮子的表演之后,他(he)被带到了缅因街并在克罗斯凯斯剧院前面被喂了25磅生肉。(鲍德温长官还是狮子被喂了生肉?)

> 那个司机差点没命,一块碎木板刺进他的车舱,差点刺中他的头。这(this)必须先被取下,才能将他解救出来。(取下他的头还是碎木板?)

> 我妈妈想为这条狗的尾巴再做一次手术,如果这次还

无法医治的话,她(she)将不得不被实行安乐死。(我妈妈还是这条狗被实行安乐死?)

现在让我们回到苍鹭的话题,看看奥康纳怎么来谈论它们。他介绍它们时用了不定名词短语:Great Blue Herons live("大蓝鹭生活在")。它们登台之后,他切换为有定名词短语:the herons head("那些苍鹭会前往")。接下来他要谈论一部分苍鹭,于是他提起它们时用了不定冠词:A few come to Cape Cod("一些苍鹭会来到科德角")。第二次谈到这些苍鹭的时候,又切换回了定冠词:Most of these herons("这些苍鹭中多数")。接着,他的行文出现一处罕有的纰漏:他告诉我们,herons(不定名词)可以避免迁徙中的危险。因为这些是他在几个句子之前提到的停在科德角的那些苍鹭,而不是一般飞往南方的那些,我认为正确说法应该是"The herons"或"These herons"。

以冬天为主题的一个段落穿插其间,介绍了另一组假定不再预订来科德角航班的苍鹭,接下来一切要重新设定,因此这里又出现了不定名词的"herons"("苍鹭");下次提到的时候就可以安全地使用代词"they"("它们")来指代了。那个吃小猫的苍鹭与其余的不同,因而使用不定冠词"One hungry heron"("一只饥饿的苍鹭"),随后再次提及吃小鸟的苍鹭;我们之前已经见过它们了,因此它们是"the herons"("那些苍鹭"),一个缩略的关系从句进一步指明了它们的身份:"[that were]eating small birds"("吃小鸟的那些苍鹭")。

同样也注意看奥康纳在反复提到苍鹭时没有做的事。除了从"大蓝鹭"切换到"苍鹭",他并没有竭力寻找新方法称呼这些鸟。苍鹭就是苍鹭;它们不会变成"ardea herodias"(大蓝鹭的学名)、"长腿涉禽""蓝色飞鸟"或"天上的天蓝色哨兵"。许多写作风格专家反对那种当多次提到同一事物必须要用不同名字的强迫症。《现代英语用法词典》(*A Dictionary of Modern English Usage*,仅次于斯特伦克和怀特的作品,是 20 世纪最有影响力的写作风格指南)的作者亨利·福勒(Henry Fowler)曾颇带讽刺意味地将这种做法称为"优雅的变奏曲"。西奥多·伯恩斯坦则将它称为"单一恐惧症",即害怕把相同的词用上两次,以及"同义词脑残粉",如强迫性地把一个铲子先后叫成"花园工具"和"翻土工具"。报纸的编辑有时候会警告作者,如果他们遵守这条相反的指导方针,即"不要在一个页面上把一个词用两遍",很可能会陷入新闻腔之中,用一些只有新闻工作者会用但老百姓永不会用的词,比如"blaze"("火焰")、"eatery"("食肆")、"moniker"("绰号")、"vehicle"("车辆")、"slaying"("杀戮")、"white stuff"("白色物体",也就是雪)等名词,以及"pen"("写")、"quaff"("痛饮")、"slate"("选定")、"laud"("赞美")、"boast"("包含")、"sport"("穿戴")这些动词。

为记者和"同义词脑残粉"说句公道话,有时作者真的需要避免接二连三地重复用词。以上一段第二句为例,我把"苍鹭"转换成了"鸟"。我本来可以这么说:"除了从大蓝鹭切换到苍鹭,他并没有竭力寻找新方法称呼这些苍鹭。"但是第三个"苍鹭"的用法很笨,甚至令人糊涂,出于同样的原因,在葬礼的笑话中重复念到"斯坦利·高德法布"这个名字,亦会让人困惑。或者想想俄狄浦斯在维基百科上的条目:"他说,这个婴儿是被另一个牧羊人交托给他的,那个来自拉伊俄斯家的牧羊人被指示要除掉这个孩子"。这个条目使用了"孩子",因为第二次提到"婴儿"是不行的。当一个名词接二连三地出现，读者可能认为，第二次提到时指的是不同的人，并且在大脑里徒劳无功地搜索这个人的存在。之所以会这样，因为我们第二次提到某个人的自然方式是使用代词，这个代词发出这样的信号："你知道这个人是谁。"但有时候，代词也起不了作用，比如在俄狄浦斯的句子中，"除掉他"会让人们弄不清楚"他"指的是谁，而且在这种情况下，代表一个类属的有定名词短语如"孩子"或者"鸟类"等）可以作为名义上的代词。

那么，作者应当遵循哪一条指导原则，是"避免优雅的变奏曲"，还是"不要在一个页面上把一个词用两遍"？传统的写作风格指南并没有解决这一冲突，但语言心理学可以帮上忙。[9]用词不应随意变化，因为人们一般假定，如果某人使用两个不同的词，就是指代两个不同事物。如我们很快将会看到的那样，当作者在比较或对比两件事情时，绝不应当改变用词。但是当一个物体接二连三出现，重复它的名字听起来千篇一律，或者让人误以为描写的场景中出现了新对象，那么用词就应当改变。

当用词变化的时候，只有那些特定的变化才能让读者轻松理解。在以下的句子中，第二个标出的词的作用相当于准代词，因此它应当在两个方面发挥代词一样的作用。

首先，比起原来那个名词，它应该代表一个更大的类属；这正是以下这两种顺序（这份材料用在一个理解故事的实验中）中第一种比第二种更容易理解的原因。

<u>一辆公交车</u>鸣着喇叭拐过一个拐角。<u>这辆车</u>差点刮到一个行人。

<u>一辆车</u>鸣着喇叭拐过一个拐角。<u>这辆公交车</u>差点刮到一个行人。

其次，第二个标出的词应当能让读者轻松想到第一个词，读者便不必绞尽脑汁地思考作者在谈论谁或者什么事情。公交车是汽车的一个典型例子，因此从"车"反向联想到"公交车"毫不费力。但如果第一个句子是"一辆坦克鸣着喇叭拐过一个拐角"，"坦克"并不是车的典型例子，读者会难以做出联想。奥康纳避免以"鸟"指代"苍鹭"，一个原因就是苍鹭并不是鸟的典型例子，因此在看到"鸟"这个单词的时候，读者可能并不容易想起"苍鹭"。如果这篇专栏是关于麻雀的，那就是另一回事了。

在第 2 章，我承诺会解释"anticipation"和"cancellation"（其动词形式是"anticipate"和"cancel"）这样的僵尸名词在英语中用来做什么。最主要的答案是，它们发挥着与我们刚刚研究过的代词、定冠词和类属性同义词相同的作用：使作者不至于单调乏味或令人困惑地重复指称某件事情（在这种情况下，指的是一种情形或者一个事件，而不是一个人或者一件物品）。假设我们在一段话的开头写"州长取消了（canceled）今天的大会"，如果下句是"这次取消（cancellation）出乎人们的意料"，比下句是"出乎意料的是，州长取消了这次大会"或"州长取消这次大会的事情出人意料"显得更连贯。因此，僵尸名词在语言中占有一席之地。问题是，那些中了知识的诅咒的作者在首次提到时就使用它们，这当然不对。作者一直在思考这个事，因此不觉得新鲜，可以随便用个名词来概括。他们忘了，读者是第一次遇到这个事件，需要亲眼看到事情的发生经过。

有逻辑地联系前后陈述

除了连贯地串起句子主题和有序地称呼反复出现的事物,还有第三种跨越连串句子的连贯之弧,那就是一个陈述与另一个陈述之间的逻辑关系。让我们回到本章开篇的那些例子。以下这种顺序为何令人困惑?

对苍鹭而言,能够规避掉迁徙的风险是此地优势之一。当寒冷天气来临时,苍鹭会飞向南方。

以下这些话又为何如此有趣?

自从2008年找我看病以来,患者就持续抑郁中。

查琳·玛森小姐唱道:"我不会再唱第二次了。"这显然让会众很快乐。

在篡改过的描述苍鹭的段落中,第二句是缺乏逻辑的论断:我们无法理解,为什么作者要在刚刚说完苍鹭应当避免迁徙的危险之后,便马上告诉我们这种鸟向南方迁徙。在原文中,这两个陈述出现的顺序恰好相反,而作者用一个句子将它们连了起来,这个句子指出,一些苍鹭来到科德角,而这里冬天并不太冷。这句话铺开了两道逻辑连贯之弧:科德角是南迁的一个**例子**,而这里冬天并不太冷的事实,是有些苍鹭为什么停留在此的**解释**。读者可能依然预期苍鹭会选择比科德角更暖和的地方(科德角可能不像某些地方一样冷,但比其他地方冷得多），因此在下一句中奥康纳承认了这个**落空的预期**，并且为这一反常情况提供了两种解释。一种解释是，某些苍鹭（年幼的和没有经验的那些）可能只是偶然抵达科德角。另一种解释是，鸟儿在相对较北的纬度过冬具有一些优势，可以弥补这种地点在寒冷方面的劣势。随后，奥康纳**详细阐述**了这种解释（即有补偿性优势），提出两种具体的优势：飞得不远会更安全，而当春天来临时，当地的苍鹭在繁殖地有优先权。

现在，让我们看看那些搞笑的句子。据推测，写出第一个错误句子的精神病医生，原意是用第二个从句表达两个事件之间的**时间顺序**："患者看了医生，自那以后她一直处于抑郁之中。"我们却将其解释为**因果关系**：她看了医生，而那让她抑郁。在第二个搞笑句子中，问题并不在于从句之间的关系（两种解释中都是因果关系），而在于什么引起了什么。按照原意来解读，快乐是由于唱歌而引起的；不按原意解读，快乐是由于"不会再唱第二次"引起的。

例子、解释、落空的预期、详细阐述、顺序、原因和结果，这些都是连贯之弧，表明一个陈述如何由另一陈述引出。它们与其说是语言的成分，不如说是论证的成分，指出我们思想中一个观点通向另一观点的路径。你可能认为，一个观点引出另一观点，可以有数百种甚至数千种方式，但实际的数字少得多。1748 年，大卫·休谟（David Hume）在《人类理智研究》(*An Enquiry Concerning Human Understanding*) 一书中写道："观念之间的联系原则似乎只有三种，即相似性、时空接近性以及因果关系。"[10] 语言学家安德鲁·凯勒（Andrew Kehler）认为休谟的观点基本正确，尽管他和其他语言学家将休谟三大基本原则细分为十多种更加具体的联系。[11] 对语言连贯性来说更为重要的是，这些语言学家展现了观点之间的联系如何被表达为句子之间的连接。关键的语言连接器包括"因为""那么"以及"但是"之类的连接词。让我们看一下连贯性关系的逻辑,以及它们通常怎样被表达出来。

相似性关系

在相似性关系中,一个句子提出的观点在内容上与之前句子重复。最明显的两种关系是**相似**和**对比**。

连贯性关系	例子	典型连接词
相似	Herons live in the northern United States. Herons live in most of Canada. 苍鹭生活在美国北部。 苍鹭生活在加拿大的大部分地区。	and(并且)、similarly(相同地)、likewise(同样地)、too(也)
对比	Herons have one thing in their favor: they are opportunistic hunters. Herons have one thing not in their favor: they defend a fishing hole even when it is frozen. 苍鹭有一个优势:它们是机会主义的捕猎者。 苍鹭有一个劣势:它们会死守一个鱼洞,即使这个鱼洞冻住了也不离开。	but(但是)、in contrast(相反)、on the other hand(另一方面)、alternatively(或者)

相似与对比将两个大多数方面相似但至少一方面有差异的陈述联系起来。它们将读者的注意力要么吸引到相似性上，要么吸引到差异性上。传达这些关系甚至不需要使用连接词：作者只需运用平行的句法来写，仅仅在那些表明差异的词上有所变化。遗憾的是，许多作者毁掉了这些机会，在对比两项事物时随意改变用词。正是"同义词脑残粉"的有害做法使读者陷入困惑，因为他们弄不清作者是希望他们注意那些被对比事物间的差异，还是希望他们注意同义词之间的差异。想象一下，假如奥康纳写："苍鹭是机会主义的捕猎者，但是大蓝鹭会死守一个鱼洞，即使冻住了也不离开。"读者可能会怀疑，到底是只有大蓝鹭会守护冻住的鱼洞，还是所有苍鹭都这样。

看到科学家经常不假思索地在对比中使用同义词，总让我感到惊讶，因为实验设计的主要原则就是"单一变量规则"。如果你假定某个变量会产生因果效应，想看看是否真的如此，就要使其他一切因素都保持不变，而单独操纵那一个变量。（假如你想看看某种药物降低血压的效果，不要同时让实验参与者从事体育活动，因为如果他们的血压确实降低了，你也永远不知道究竟是这种药物还是体育锻炼的作用。）平行的句法只是将单一变量规则运用到写作之中：如果你希望读者领会某个变量，那么需要单独改变那个变量的表达，并使语言的其他部分保持不变。下面的内容中，左边两个例子（第一个表达相似关系，第二个表达对比关系）是科学家写的，他们做实验时是绝不会这样乱操纵变量的。右边则是在更严格的控制下写出的版本。

In the ten nations with the largest online populations, non-domestic news sites represent less than 8% of the 50 most visited news sites, while in France, 98% of all visits to news sources are directed to domestic sites.

在网民人数最多的10个国家之中，非国内新闻网站占50个最常访问的新闻网站的不到8%，与此同时，在法国浏览新闻资源的网民有98%会直接访问国内的新闻网站。

In the ten nations with the largest online populations, non-domestic news sites represent less than 8% of the 50 most visited news sites; in France, the figure is just 2%.

在网民人数最多的10个国家之中，非国内新闻网站占50个最常访问的新闻网站的不到8%；在法国，这一数字仅为2%。

Children's knowledge of how to use tools could be a result of experience, but also object affordances defined by shape and manipulability may provide cues such that humans do not require much time experimenting with an object in order to discover how it functions.

孩子们使用工具的知识，可能是因为经验，但是由形状以及可操作性定义的物品可供性同样可以提供线索，如此人们就不需要花太多时间做实验，便能发现它如何操作。

Children's knowledge of how to use a tool could be a result of their experience with the tool; alternatively, it could be a result of their perceiving the tool's affordances from shape and manipulability cues.

孩子们使用工具的知识，可能是因为他们有使用这一工具的经验；或者，也可能是因为他们从形状以及可操作性等线索觉察到了这一工具的可供性。

第一个句子说，大多数互联网用户访问本国的新闻网站。该句以三种方式破坏了它表达相似关系的意图。它颠倒了句法（从"新闻网站占……"，变为"浏览新闻资源"），改变了测量标准（从访问非国内网站的百分比，变为访问国内网站的百分比），并且使用了一个易产生歧义的连接词：如果"while"这个词是时间的意义（"与此同时"），那么它暗指相似关系；如果它是逻辑的意义（"尽管"），那么它表示对比关系。将那段话再读几次，你会发现作者指的是相似关系。

第二个例子同样没有表达清楚。它从一个陈述讲到下一个陈述时颠倒了句法［从孩子们从经验中知道如何使用工具，变为物体的可供性（为孩子们）提供了（关于工具的）线索］，它还以一种令人困惑的方式使用连接词"also"（"同样"）。"also"这个词表明相似或者详细阐述（详细阐述是另一种相似性关系，我们很快就会介绍），而作者在这里用它来表示，对孩子们怎么知道如何使用工具至少有两种假设（而非只有一种假设，即孩子有经验）。但他实际上是试图对比这两种假设，因此"also"这个词将读者带向了错误的方向（作者选择这个词，可能是因为有另一种假设"同样"可供科学家考虑）。作者在继续写下去时似乎意识到了这个问题，因此他加上了"such that"（"如此"）这个词组，以表明他确实是在对比这两种假设。但如果重写这个句子，在开头就表达对比关系，表达会更清晰，可以使用诸如"alternatively"（"或者"）之类明确的连接词。（顺便提一下，"可供性"是一个心理学术语，表示一个物体的外观可以提示你能用它做什么，比如可举起或可挤压。）

相似和对比并不是仅有的两种相似性关系。**详细阐述**是指某一事件先以概括的方式，再以具体的方式被描述。另外还有四种关系，根据作者希望首先提到哪个事件，可被整齐地划分为两对。第一对是**举例**（先进行概括，随后举一两个例子）和**概括**（先举一两个例子，随后进行概括）。第二对是**概括在前**和**例外在前**，二者与第一对相反，均为**例外**。

连贯性关系	例子	典型连接词
详细阐述	Herons have one thing in their favor: they are total opportunists. 苍鹭有一个优势：它们是彻头彻尾的机会主义者。	:（冒号）、that is（那便是）、in other words（换句话讲）、which is to say（也就是说）、also（同样地）、furthermore（此外）、in addition（除此之外）、notice that（请注意）、which（即）
举例	Herons are total opportunists. When the fish are frozen out, they'll eat other things, including crustaceans, mice, voles, and small birds. 苍鹭是彻头彻尾的机会主义者。当鱼被冻住的时候，它们会吃些别的，包括甲壳纲动物、老鼠、野鼠和小鸟。	for example（例如）、for instance（比如）、such as（诸如）、including（包括）

(续)

连贯性关系	例子	典型连接词
概括	When the fish are frozen out, herons will eat other things, including crustaceans, mice, voles, and small birds. They are total opportunists. 当鱼被冻住的时候，苍鹭吃别的东西，包括甲壳纲动物、老鼠、田鼠和小鸟。它们是彻头彻尾的机会主义者。	in general（一般而言）、more generally（更一般地讲）
例外：概括在前	Cape Cod winters are often mild and pleasant. Then there is this winter, the winter that never ends. 科德角的冬天通常是温和惬意的。 然而也有今年这样的冬天，仿佛永远也不会结束。	however（不过）、on the other hand（另一方面）、then there is（接着有了）
例外：例外在前	This winter seems like it will never end. Nonetheless, Cape Cod winters are often mild and pleasant. 这个寒冬仿佛永远也不会结束。 不过，科德角的冬天通常是温和惬意的。	nonetheless（尽管如此）、nevertheless（不过）、still（仍然）

接近性关系

休谟的关系家族中第二种关系是**接近性关系**:这是一种先后顺序,通常用于两个事件之间的某种联系。英语也为我们提供了两种方式,使我们能在保持意思不变的同时,以任意一种顺序叙述事件。

连贯性关系	例子	典型连接词
顺序:先发生的在前	1and then the herons head south. 寒冷天气来临时,接着苍鹭会向南迁徙。	and(然后)、before(在……之前)、then(接着)
顺序:后发生的在前	The herons head south when the cold weather arrives. 苍鹭会向南迁徙,在寒冷天气来临时。	after(在……之后)、once(一旦)、while(与此同时)、when(当……时)

这门语言给了作者另一种控制两个事件被提及顺序的方式。他们不仅可以选择是用"before"还是"after",而且可以选择是将时间修饰语前置,还是让它留在自己的位置,请对比"After the cold weather arrives, the herons head south"和"The herons head south after the cold weather arrives"。

但是对于其使用者来说,语言可能有些过于聪明了。尽管英语明确区分了两件事情在这个世界上发生的顺序与它们在文字中被提到的顺序,但说英语的人往往更加偏向于现实,自然而然地假设事件被提及的顺序便是其发生的顺序（正如一句古老俏皮话所说的那样："他们结婚了，生了个小孩，但并不是以上述顺序"）。如果所有事件的重要性相同，对作者来讲，最好是按照读者脑海中正播放的"新闻影片"的顺序，依时间先后顺序叙述事件："她先洗了个澡，然后再吃了点东西"比"她在吃东西之前先洗了个澡"更容易理解一些。同样的理由，"她在洗澡之后吃东西"比"她在吃东西之前洗澡"也更容易理解一些。[12] 当然，所有事件的重要性并不相同。如果注意力的焦点一直在较晚发生的事件上，而现在作者必须介绍一个较早发生的事件，那么先叙述已知事实、后叙述新信息，比按时间先后叙述更有必要。例如，如果你盯着通向早餐桌的那些湿脚印，试图寻找解释，那么你听到"丽塔在吃饭之前先洗了个澡"，比起听到"丽塔洗了个澡之后再去吃饭"更有帮助一些。

因果关系及其他

这将我们带到了休谟的第三种关系，即**因果关系**。在这里，英语再次体现了数学般的优雅，给作者提供了一组整齐对称的关系。作者可以先陈述原因，也可以先陈述结果，而原因的力量可以促使某件事情发生，也可以阻碍其发生。

连贯性关系	例子	典型连接词
结果（原因 – 结果）	Young herons are inexperienced, so some of them migrate to Cape Cod. 年幼的苍鹭没有经验，因此它们中的一些会迁徙到科德角。	and（然后）、as a result（结果）、therefore（所以）、so（因此）

（续）

连贯性关系	例子	典型连接词
解释（结果 – 原因）	Some herons migrate to Cape Cod, because they are young and inexperienced. 一些苍鹭迁徙到科德角，因为它们年幼且没有经验。	because（因为）、since（由于）、owing to（源于）
落空的预期（阻碍因素 – 结果）	Herons have a tough time when the ponds freeze over. However, they will hunt and eat many other things. 当池塘被冻住时，苍鹭得经历一段难挨的时光。不过，它们会捕猎和吃掉许多其他东西。	but（但是）、while（然而）、however（不过）、nonetheless（尽管如此）、yet（却）
失败的阻碍（结果 – 阻碍因素）	Herons will hunt and eat many things in winter, even though the ponds are frozen over. 冬天里，苍鹭会捕猎和吃掉许多东西，尽管那时的池塘被冻住了。	despite（尽管）、even though（即使）

另一种主要的连贯性关系无法很好地融入休谟的三分法之中，那便是**归因**：某人相信某人或某事。归因通常用一些连接词表示，比如"according to"（"根据"）和"stated that"（"这样来说"）。把它们用对很重要。在许多书面文字中，读者弄不清楚究竟作者是自己主张某个立场，还是在解释别人主张的立场。本章开头关于塞尔维亚军队的句子，就是这类问题中的一个。

还有几种其他的连贯性关系，比如对读者反应的预期（"我知道，我知道"）。还有一些灰色地带，以及将这些关系混合和分开的许多方式，给了语言学家太多东西可以辩论。[13] 但这十多种关系涵盖了大部分的连贯性关系。一段连贯的文字会让读者对上下句之间是哪种连贯性关系一直了然在胸。事实上，连贯性不局限于单个句子，也适用于语篇树的整个分支（换句话讲，适用于文章大纲中的各个条目）。一些陈述可能通过一套连贯性关系相联系，由此产生的组块再与其他组块相联系。例如，吃野生小猫的苍鹭，类似于吃甲壳纲动物、老鼠以及小鸟的苍鹭。一组食物可以结合成一个单独的文本块，用来举例解释苍鹭还吃鱼以外的其他东西。而能够吃鱼以外的其他食物，又是对它们身为机会主义者的详细阐述。

一组句子之间的连贯性关系不必是完美的树形结构。它们也可以在一篇长长的文章中延展开来。守着冰冻鱼洞的奇怪行为，与专栏开头的读者提问相联系。它是一种解释，即读者问及的那个结果的原因。

恰当使用连接词

当作者匆匆写下句子时，他需要使读者重现自己脑海中的连贯性关系。做到这点有一个显而易见的办法，就是使用合适的连接词。不过，图表中介绍的"典型"的连接词仅仅只是典型的，当其中的联系对读者来说显而易见时，作者并不需要使用连接词。这是很重要的选择。太多连接词，看起来就好像作者在那些显而易见的意思上啰唆个没完，或者对读者摆出一副以恩人自居的态度，又或者给文章带来一种卖弄学问的感觉。想想这样说有什么效果："苍鹭生活在美国北部；同样，苍鹭生活在加拿大的大部分地区。"或者：

"苍鹭有一个优势……相反,苍鹭还有一个劣势。"另一方面,连接词太少,则可能让读者困惑上下句之间有什么联系。

更具挑战性的是,连接词的最佳数量取决于读者的专业水平。[14]熟悉相关主题的读者已经拥有了大量知识,知道什么东西和其他东西相似、什么事情导致其他事情、什么事情会相伴其他事情发生。这类读者不需要作者用太多连接词来阐明这些联系。如果作者详细阐述了那些显而易见的联系,这类读者甚至会感到糊涂:他们猜想,作者一定有很好的理由使用这么多连接词,因此他一定还提出了另一个主张,一个不那么明显的主张,接着读者就会浪费时间试图找出这个主张。在苍鹭生活地点的案例中,大多数读者知道美国的北部与加拿大毗邻,并且两个地区有相似的生态系统,因此他们并不需要"相似地"这个连接词。如果作者叙述的是人们不大熟悉的鸟类和地理位置,比如凤头蜂鹰生活在雅库茨克(俄罗斯城市)和沈阳,你告诉读者这两个地域是否相似,他们会很感激:这两个地域相似,意味着这个物种只适应一个特定的生态系统;这两个地域不相似,意味着这个物种分布广泛、适应性强。

为了弄清连贯性关系恰当的明确程度,作者需要努力思考读者的知识水平,给部分读者看草稿,看看他们是否能够正确理解。这是写作艺术的一个方面,取决于直觉、经验和推测,但除此之外还有一条首要指导原则。人们往往中了诅咒,认为自身拥有的知识大多数别人也有(见第3章),这意味着文章中连接词过少而令人困惑,比起连接词过多而显得卖弄,前者的危险要大得多。因此,在迟疑之后,还是使用连接词吧。

不过,如果你一定要指明一种联系,只要指出一次就够了。如果某位没有安全感的作者不确定一次是否足够，而将过多的连接词往读者头上砸，文章就会变得臃肿不堪。

也许，太多人生活在黑暗之中的<u>原因是因为</u>他们想那样生活。（解释）	也许，太多人生活在黑暗之中的原因是他们想那样生活。
心理特质有许多生物学上的影响，例如认知能力、责任心、冲动性、风险厌恶，<u>诸如此类</u>。（举例）	心理特质有许多生物学上的影响，例如认知能力、责任心、冲动性、风险厌恶。

第一个冗余词"原因是因为"（the reason is because）广受诟病，因为"原因"这个词，已经暗示了我们正在做出解释，不再需要"因为"这个词来提醒我们。有些语言纯正主义者还对"为何如此的原因"（the reason why）这样的写法不满，但几个世纪以来的优秀作家一直在这么写，它应当不会比"在哪里的地点"（the place where）或者"什么时候的时间"（the time when）之类的表述更让人反感。无端的冗余使文章难懂，不仅因为读者必须付出双倍努力去猜测，还因为他们会自然而然地假设，作者用两种说法去说，自然指的也是两件事情，然后就会徒劳地寻找那个本不存在的第二点。

带来连贯性的连接用语是清晰文章身后的无名英雄。它们并不经常出现，大多每10万单词才出现那么几次，但它们是论证的黏合剂，也是最难以掌握却最重要的写作工具之一。最近科学家对成绩不佳的高中生进行了分析，发现他们中许多人，即使是阅读能力较强的学生，也在撰写一篇连贯文章的这个挑战面前陷入困境。[15]

其中一位学生接到的任务是写一篇关于亚历山大大帝的文章,她绞尽脑汁写出了第一句,"我认为,亚历山大大帝是史上最优秀的军事领导者之一。"然后扭头对她母亲说:"嗯,我写完第一句了。现在再写什么?"在学习困难和学习优秀的学生之间,最显著的区分因素就是熟练运用连贯性连接用语的技能。当这些学生被要求阅读《人鼠之间》(*Of Mice and Men*),并用"尽管乔治"开头来完成一个句子,大部分学生都被难住了。有几个人写道:"尽管乔治和雷尼是好朋友。"老师开启了一个项目,目的是训练学生构建连贯的论证,抓住前后观点的联系。在当今高中的主流写作教学中,学生被要求写自传和自我反思,但这个项目完全不同。结果,这些学生好几门功课的考试分数有了大幅度提高,而且许多人都顺利从高中毕业,进入了大学。

我们使用"连贯"这个词同时指代具体的文章和抽象的论证思路,这并不是巧合,因为支配它们的逻辑关系是相同的,如蕴涵、概括、反证、否定、因果。有人主张,好文章往往带来好思维,尽管这种主张并不见得始终正确(卓越的思想家可能是笨拙的作者,老练的作者可能是肤浅的思想家),但在谈到对连贯性的掌握时,可能真是那么回事。如果你尝试修改一篇不连贯的文章,发现不论将"因此""此外"和"然而"等词放在哪里,都没办法将其整合起来,这可能就标志着背后的论证并不连贯。

连贯性并不只是取决于一些技巧上的判断,比如将主题一直放

在主语的位置上以及选择恰当的连接词，它还取决于读者在阅读许多段落过程中留下的印象，以及作者对文章的整体把握。

通过分享我对另一篇文章的反应，我来解释一下自己的意思。这段文章的基调和立意远高于《问问鸟类专家们》。这就是约翰·基根（John Keegan）1993年出版的巨著《战争史》（*A History of Warfare*）的开篇语。

战争并不是把政策延续下去的另一种手段。如果克劳塞维茨（Clausewitz）这句宣言是真的，那么这个世界将更容易理解。克劳塞维茨是一位经历过拿破仑战争的普鲁士老兵，退休之后，他用数年时间写出了有史以来最著名的战争论著——《战争论》，而且他写道，战争是"政治交往"的延续，"其中掺杂了其他手段"。与常被引用的英文版相比，该书德文原版表达了一个更微妙更复杂的观点。然而，不论是英文版还是德文版，克劳塞维茨的思想都不完整。它暗示，国家、国家利益及其如何实现的理性计算都是存在的。然而，战争比国家、外交以及政策早出现了好几千年。战争的历史几乎和人类的历史一样悠久，并且直抵人类心灵中一些最神秘的地方，在那里，自我终结理性，傲慢支配一切，情绪至高无上，本能就是国王。亚里士多德曾经说："人是政治动物。"继承了亚里士多德衣钵的克劳塞维茨，不敢更进一步说政治动物即制造战争的动物。他也不敢面对这样一种想法：人是思考的动物，人们身上捕猎的冲动和杀戮的能力，都受思维指导。[16]

基根是史上最受人尊敬的军事历史学家，而且《战争史》是一部广受好评的畅销书。一些评论家对其写作水平赞许有加。毋庸置疑，这里的技巧是可靠的，乍看上去也是连贯的。书的主题是战争和克劳塞维茨，其中使用了大量的连接词，如"不过"和"然而"。尽管如此，我发现这段话很难称得上连贯。

问题首先出在第一句。为什么一本关于战争的书，一开始就告诉我们战争"不是"什么呢？我知道克劳塞维茨那个格言，但当我开始读一本关于战争的书时，这一格言在我的脑海中肯定不是最重要的，因为我觉得它很难懂，第三句、第四句中基根那模棱两可的解释也确认了我这一印象。假如说克劳塞维茨的格言如此微妙、复杂和容易令人误解的话，那么得知它是错误的，读者又能受到什么启迪呢？即使熟悉这句格言的人也不知道它是什么意思，如果这句格言是真的，这个世界怎么会"更容易理解"呢？然而，这句格言真的错了吗？现在基根又告诉我们，它只是"不完整"。那么他是不是一开始便应当说"战争并不只是政策延续的另一种手段"？

好了，我告诉自己，我要等待接下来的解释。很快我们便得知，战争直抵人们的心灵深处，在那里，我们的情绪至高无上，我们的本能就是国王。但从后面两个句子中，我们得知捕猎和杀戮的直觉是由思维指导的。这两者不可能同时正确：国王不会接受命令，因此本能不可能是国王的同时又受思维指导。我们姑且听从后一种说法，假定思维占支配地位。那么，这种想法中的哪一部分是克劳塞维茨和亚里士多德无法面对的（亚里士多德出现在这一对话中也很突然）：人是思考的动物，抑或人思考的是如何捕猎和杀戮？

《战争史》令人困惑的开篇语，让我们有机会观察影响连贯性的其他三个因素（这里显然都没有）：明确且看似可信的否定、比例均衡的感觉，以及主旨的连贯性。

谨慎地运用否定

基根的第一个问题是拙劣地运用否定。从逻辑上讲，一个带有众多否定词的句子正好是肯定句的反面。比如整数 4 不是一个奇数，那么从逻辑上同样也可以说，整数 4 是个偶数。如果什么东西不是活着的，那么它就是死的，反之亦然。但从心理学上讲，否定陈述与肯定陈述有根本的不同。[17]

三个多世纪以前，巴鲁赫·斯宾诺莎（Baruch Spinoza）指出，人类的心智不可能对某一陈述的真假不加怀疑，让它悬在逻辑上的不确定状态，等待被挂上"真"或"假"的标签。[18] 听到或读到一则陈述，至少会在片刻之间会相信它。对我们来说，要下结论说某件事情不是真的，必须采取额外的认知步骤，才能将"假的"这一心理标签钉在某一陈述上。任何没有被贴上这一标签的陈述，都将被视为真实。结果，当我们脑海中存放了许多事情时，我们会疑惑那些"假的"标签到底属于哪里，或者可能完全将其忘记。在这种情况下，任何话语都可能被视为真实。当理查德·尼克松说"我不是一个恶棍"时，并没有减轻人们对他品行的怀疑；或者，当比尔·克林顿说"我没有和那个女人发生过性关系"的时候，也并没有使各种传言平息下来。实验已表明，当法庭告诉陪审员不要考虑目击者的证词时，陪审员通常做不到，就好比我让你"接下来一分钟里,试着别去想一头白熊",你也做不到一样。[19]

相信一个陈述是真的(除了理解这个陈述之外,再不需要其他的工作),与相信它是假的(需要你增加和记住一个心理标签),这两者在认知上的差别对作者来说有重要意义。最明显的是,对读者来说,否定陈述("国王没有死")比肯定陈述("国王还活着")更难理解。[20] 每一次否定,都需要付出心理上的努力,当某个句子包含太多否定词时,可能让读者感到手足无措。甚至更糟糕的是,有的句子包含否定含义之多,超出你的想象。并非所有的否定词都以字母"n"开头。英语中的许多词汇,本身就含有否定的意义,比如"few"("少有")、"little"("几乎没有")、"least"("最不")、"seldom"("几乎不")、"though"("尽管")、"rarely"("罕有")、"instead"("反而")、"doubt"("怀疑")、"deny"("否认")、"refute"("反驳")、"avoid"("避免")和"ignore"("忽略")。[21] 在一个句子中运用多重否定(比如左下的例子),往好了说是令人白费力气,往坏了说是令人倍感困惑。

根据关于暴力行为的最新年度报告,撒哈拉以南的非洲首次<u>没有</u>成为世界上最<u>不</u>和平的地区。

根据关于暴力行为的最新年度报告,撒哈拉以南的非洲首次没有成为世界上暴力最严重的地区。

但是实验者发现,婴儿<u>没有</u>像预期那样对球的外观做出反应,比起这些东西没有被调换时,<u>反而</u>他们的观察时间并<u>没有</u>明显更长。

实验者曾预期,比起球一直在那儿,如果用另一件物品调换了那个球,婴儿观察它的时间会明显更长一些。实际上,在每种情况下婴儿观察球的时间都是一样长的。

> 三名法官组成的小组颁布了一条法令，撤销了对一位地方法官的一项命令的延缓执行，这项命令是关于不得强制执行对同性婚姻的禁令。
>
> 三名法官组成的小组颁布了一条法令，允许同性结婚。以前对这类婚姻一直是有禁令的，一位地区法官曾发布一条命令，要求不得强制执行该禁令，但这个禁令一直被延缓执行。今天，这个小组撤销了这项延缓执行。

正如《爱丽丝漫游奇境记》（*Alice in Wonderland*）中公爵夫人所说，"这里头的道理是——'别人觉得你是怎么个人，你就是怎么个人'。——要么，你喜欢说得简单一些，就是：'不要想象自己不是别人心目所认为的那种人，个人过去是怎么个人或者可能是怎么个人也不一定不是更早以前人们认为不是的那种人'"。㊀

不只读者被这些否定弄得疑惑不解。作者自己也会迷失方向，把太多否定放到一个单词或一个句子中，使得表达出的意思与原意恰好相反。语言学家马克·利伯曼（Mark Liberman）称之为"伪否定"，指出"它们容易不被误解"。22

> After a couple of days in Surry County, I found myself no less closer to unraveling the riddle.（应去掉 less）
> 在萨里郡待了几天后，我发现自己并没有离解开谜团更近一些。
>
> No head injury is too trivial to ignore.（应把 ignore 换成相反意义的词）
> 没有哪一种头部受伤是太过微不足道而可以忽略不计的。

㊀ 引自《爱丽丝漫游奇境记：汉英对照》（何文安，李尚武译；译林出版社，2011）。

It is difficult to underestimate Paul Fussell's influence.（应把 underestimate 换成相反意思的词）
难以高估保罗·福塞尔的影响。

Patty looked for an extension cord from one of the many still unpacked boxes.（unpacked 应为 packed）
帕蒂从许多拆开的盒子之一中寻找一根延长线。

You'll have to unpeel those shrimp yourself.（unpeel 应为 peel）
你将不得不自己去剥那些虾的皮。

Can you help me unloosen this lid?（unloosen 应为 loosen）
你能帮我拧开这个盖子吗？

被否定的陈述要看起来可信

否定造成的问题经常在写作风格指南中被提到。戴夫·巴里（Dave Barry）所写的《问语言先生的人》（*Ask Mr. Language Person*）一文中讽刺那些典型的建议。

> **要针对专家的写作建议：** 为了让你写的东西更能吸引读者，要避免"否定式写作"，相反，要运用肯定的表达。
> **错误：** "不要在浴缸中使用这一器具。"
> **正确：** "请随意在浴缸中使用这一器具。"

这段讽刺文字提出了一个严肃的观点。大部分关于写作风格的建议，被提出时都是命令而非解释，这种让人避免否定的单一指令几乎毫无用处。正如戴夫暗示的那样，有时候作者确实需要表达否定意义。那么在一天之中，你能做到多长时间不用到"不"和"不是"之类的否定词呢？"你弄不懂'不'的哪一部分呢？"这个讽刺提问在提醒我们，在日常交谈中，否定是容易搞懂的。那为什么在写作中就如此之难呢？

答案是：当被否定的陈述看似可信或者颇具诱惑力时，否定是容易理解的。23 请对比一下这两列之中的否定。

鲸不是一种鱼。	鲱不是一种哺乳动物。
贝拉克·奥巴马不是穆斯林。	希拉里·克林顿不是穆斯林。
弗拉基米尔·纳博科夫从未获得过诺贝尔奖。	弗拉基米尔·纳博科夫从未获得过奥斯卡奖。

左列中的句子全都否认了一个主题，对读者来说，这种否定是合理的。鲸看起来像一条大鱼；奥巴马的宗教和出身确实受到过一些谣言的攻击；纳博科夫拒绝接受诺贝尔文学奖，而许多文学批评家认为他应当获得该奖。左列句子中的表述，否定的是一种看似可信的观点，而右列句子中的表述，否认的是一种本来就不可信的观点，实验已经表明前者更容易理解。如果读者读到右边的句子他的第一反应会是："谁会这么想啊？"否定句在以下情况中会变得容易理解：读者脑海中已有或可以快速创建这个否定句的肯定版本，然后只需在这个肯定句上贴一个"虚假"的标签便可以了。但是捏造一个你原本就很难相信的句子（比如"鲱是一种哺乳动物"），然后再加以否定，这就要做两次而非一次认知上的苦力活。

现在我们可以看到，为什么《战争史》的开头那么让人困惑。基根一开始就否认了对读者来说并没有多少吸引力的观点（随后的解释也没有使其变得更有吸引力）。同样的道理也适用于我在179页使用的两个令人困惑的句子，即关于适度饮酒与塞尔维亚局势干预的两句。对这些例子，读者都倾向于这样想，"谁会那么想啊？"如果作者需要否认一个读者本来不相信的事情，那么他就必须先在心理舞台上将其树为一个看似可信的观念，然后将其推倒。或者用一种更积极的方法，当作者准备否认一个不为人熟知的陈述时，他应该分两步来揭示这一否定意思。

1. 你可能想……
2. 但是，并非如此。

我后来修改关于饮酒和塞尔维亚的那两句话就是用的这个方法。

否定的范围和焦点要明确

基根也没有正确处理否定的另一特征：否定要避免歧义。这需要明确两件事：范围和焦点。[24] "not"（"没有"）、"all"（"全部"）或"some"（"有些"）之类的逻辑词所涵盖的陈述是有精确范围的。当波士顿到纽约的列车抵达沿途一些小站时，列车长在广播里说"All doors will not open"，我立刻恐慌了，心想所有的门都不会打开，那么我们肯定被困住了。当然，他的意思其实是"Not all doors will open"（"不是所有的门都会打开"）。按照说话者的原意来解读时，否定词"not"的作用范围是整个全称陈述——"All doors will open"("所有的门都打开")。列车长的意思是,"不是所有的门都会打开"。在不按原意解读的时候,全称量词"all"的作用范围是"doors will not open"("门不会开")这个否定陈述。患有幽闭恐惧症的乘客听来仿佛是"对于所有车门来说,都不会打开"。

列车长并没有犯语法错误。在英语口语中,像"all"("都")、"not"("不")、"only"("仅仅")这样的逻辑词经常紧贴在动词左侧,即便它的涵盖范围是另一个短语。[25] 在列车广播中,"not"跟相邻的"open"没有逻辑关系,它的涵盖范围是"All doors will open"("所有的门都将打开")。所以,它应在句子之外、"all"之前。但英语比逻辑学家设计的语言更灵活,一般通过上下文就能让说话者的意思变得很明白。(列车上除我之外似乎再没有一个人受惊。)与此类似,一个逻辑学家可能会说,歌曲 *I Only Have Eyes for You*("我的眼里只有你")的标题应该改成"I Have Eyes for Only You",因为歌手身上不只是有眼睛,而且他的眼睛也不只是用来对某人眉目传情;这只是说,他用自己的眼睛对某人暗送秋波时,那个人是你。同样,逻辑学家会争论说"You only live once"("你只活一次")应该改写为"You live only once",让"only"紧挨着它起限定作用的那个词"once"。

这位逻辑学家身上也许有着令人难以忍受的迂腐,但这种学究气也反映出一定的好品位。如果作者把"only"和"not"放置在他要限定的事物旁边,文章会更加清晰和优雅。1962年,美国总统肯尼迪宣告:"We choose to go to the moon not because it is easy but because it is hard"("我们选择登月,不是因为它容易,而是因为它困难")。[26] 这比说"We don't choose to go to the moon because it is easy but because it is hard"更上档次，不仅更高雅，而且更清楚。每当一个句子有一个"not"和一个"because"，并且"not"与助动词紧贴在一起时，读者就会两眼一抹黑，搞不清否定的范围是什么，因此也弄不清句子的意思。假设肯尼迪说的是"We don't choose to go to the moon because it is easy"（"我们不选择登月，因为它太容易"），听众会不知道肯尼迪是选择放弃登月计划（因为它太容易），还是选择推进登月计划（因为除了容易之外的某个原因）。我们要把"not"推到它所否定的短语之前，消除了这种范围的歧义。这里有一条规则：不要写"X not Y because Z"这样的句型。例如"Dave is not evil because he did what he was told"（"戴夫不邪恶，因为他做了被要求做的事"），这个句子要么写成"Dave is not evil, because he did what he was told"，用逗号确保"not"限定的范畴不包括"because"；要么写成"Dave is evil not because he did what he was told"（"戴夫是邪恶的，并不是因为他做了被要求做的事"），此时"because"在"not"的旁边，表明它在"not"的范围之内。

当一个否定元素有宽泛的范围（也就是说，它应用于整个从句），虽然它在字面意思上并不含混，却可能模糊得令人发狂。这种模糊性在于否定的焦点，即否定整个句子时作者聚焦的那个短语。以"我没看见一个身穿灰色法兰绒西装的人"为例，它可能指的是：

我没看见他；艾米看见了。

我没看见他；是你认为我看见了。

我没看见他；我当时扭头看别处去了。

我没看见他；我看到了另外的人。

我没看见一个穿灰西装的男人；那是个女人。

我没看见一个身穿灰色法兰绒西装的人；西装是棕色的。

我没看见一个身穿灰色法兰绒西装的人；西装是涤纶的。

我没看见一个身穿灰色法兰绒西装的人；他穿的是苏格兰裙。

在交谈中，我们可以重读想要否定的内容，在写作中，我们也可以通过把字体加粗来完成同样的事情。更为常见的是，上下文就能清晰呈现出哪个肯定陈述是可信的，因此作者费心否定的是什么也就一清二楚了。但如果主题是读者不熟悉的，并且有很多组成部分，而作者没有帮助读者关注其中一个部分，将这个部分作为值得认真对待的事实，那么读者可能就不知道在什么事情上他不应该再像原来那样想了。这就是基根以上推测的问题所在，他推测克劳塞维茨和亚里士多德不敢面对一种想法，即"人是思考的动物，人们身上捕猎的冲动和杀戮的能力，都受思维指导"。这种想法是由多个部分构成的，而这令人感到困惑：这两个人害怕哪种可能性，人类会思考、人类是动物，还是人类思考捕猎和杀戮？

保持比例均衡的感觉

现在，让我们给基根一个机会去解释他的想法。他在本书的第二段这样做了，我将使用这个段落来演示连贯性的另一个原则，也正是这个段落所欠缺的——比例均衡的感觉。

  一个现代人不会比一位神职人员的孙子、深受18世纪启蒙运动精神熏陶的普鲁士军官更容易接受这个观点。虽然弗洛伊德、荣格以及阿德勒等人对我们观念有诸多影响，但是我们依然保持着那些重要一神论宗教的道德价值观，即谴责所有杀害同伴的行为，只在最迫不得已的情况下除外。人类学告诉我们，考古学也暗示，我们未开化的祖先的牙齿和爪子可能是红色的；精神分析学说试图说服我们，我们所有人的野性就潜藏在皮肤之下不那么深的地方。尽管如此，我们依然倾向于认为，人类的本性就是现代生活中大多数文明人日常行为表现出来的特征，这样的特征无疑并不完美，但必定是具有合作精神的，而且经常是仁慈友善的。文化对我们来说，是人类行为举止的重大决定因素；在关于"先天和后天"不间断的学术争辩中，"后天"学派博得了旁观者更大的支持。我们是一种文化动物，正是文化的丰富性，允许我们接受自己身上无疑存在的暴力潜质，同时依然相信暴力的表现是一种文化偏差。历史的教训提醒我们，我们生活的国度、它们的公共机构甚至法律，都是通过冲突而出现的，通常是最血腥的那种冲突。日常观看的新闻给我们带来流血事件的报道，这些事件往往发生在离我们家乡很近的地区，并且发生在完全否认我们文化常态观念的环境下。即使如此，我们仍然将历史和报道中的教训成功归入一个特殊的、单独的"异类"范畴；至于我们的世界明天以及未来将会怎样，我们的预期一点儿也不会因此而变得无效。我们告诉自己，公共机构与法律已经为人类的暴力潜质设置了一些限制：日常生活中的暴力将在法律下被判为犯罪并受到惩罚，而我们国家的公共机构将采用"文明战争"的特殊形式来行使暴力。[27]

我认为自己理解基根的意思，即人类天生就有一种暴力的冲动，然而今天我们试图否认它。但他这种陈述的势头却是往另一方向推进。在这段文字中，绝大部分内容说的是相反的观点：我们无法控制自己觉察到人性的阴暗面。基根多次提及阴暗面，包括弗洛伊德、荣格、阿德勒、人类学、考古学、精神分析，我们所有人身上的野性，我们无疑存在的暴力倾向，历史上关于冲突的教训，血腥的暴力，我们日常观看的流血事件报道，人类的暴力潜质，以及日常生活中的暴力。读者开始想：那个不能领会这些事情的"我们"是谁？

这里的问题在于缺乏平衡，或者不成比例。写作的一条重要原则是：作者阐述一个观点的用语量，与这个观点在整个论证中的重要性不能相差太远。如果作者认为要用九成证据和论证支持某一主张，那么九成的讨论应当用来阐述相信该主张的理由。如果读者只花了一成的时间来了解为什么某个主张是个好主意，整整九成时间都在了解为什么它是一个坏主意（作者则一直坚持它真的是个好主意），那么读者心头留下的印象将与作者的原意偏离得越来越远。作者接下来必须努力最小化自己刚才所言的影响，但是那样只会引起读者的怀疑。基根反复宣称一个不明身份的"我们"顽固且防御性地相信某些事情，试图以此从自己堆砌的反面论证中将自己掘出来，但这只是促使读者心想："别替我们说话！"读者的感觉是，自己正在受欺压，而非被说服。

当然，负责任的作者必须处理相反的论证和论据，但是如果有足够多的反面材料值得讨论，那么它们理应获得一个单独的章节，专门用来讨论相反立场。而这方面的公平讨论想占多大地方就占多大地方，因为在此用语量大将体现它在这个章节中的重要性。这种"分而治之"的策略胜过不断将反例插入论证主线中，强迫读者目光偏离正题。

连贯地呈现主旨

在花了一页的篇幅扯到反战主义、基督教精神和罗马帝国的话题之后，基根回过头来，继续阐述克劳塞维茨的宣言错在何处，以及这句宣言所捕捉的现代人对战争的理解哪里有问题。下面这段文字有助于我们理解文章整体连贯性的第三条原则。

> ［克劳塞维茨的宣言］当然明确区分了合法的武器持有者与反叛者、海盗以及强盗。它预先假定了高水平的军事纪律，以及下级对其法定上级的高度服从……它假定战争有开始，也有结束。它不容许的是那些没有开端或结尾的战争、非国家行为体之间的地方性战争，甚至国家出现之前的部落战争，这些战争中不存在合法和非法武器持有者的区分，因为所有男性都是战士；在人类悠久历史中十分普遍、依然在侵害文明国家生命的战争形式，实际

上也通过征募"非正规"轻骑兵及步兵的普遍做法而被使用……在18世纪期间，以下这些武装力量的扩张是现代军事发展中最值得关注的一面，包括哥萨克骑兵、猎兵、苏格兰高地兵团士兵、边民团和轻骑兵等。对于这些部队烧杀掳掠、强奸民女、绑架勒索以及破坏他人财物的习惯，他们的文明雇主选择避而不谈。[28]

这全都相当引人入胜，但接下来超过6页的内容，一会儿描述哥萨克骑兵的作战方法，一会儿又对克劳塞维茨的观点提供更多解释，在两者之间来回"切换"。就像第二段中的"我们"，可能看到了许多暴力，却否认它的重要性，根据基根的说法，这里所叙述的倒霉人物"克劳塞维茨"，表现出对哥萨克骑兵的残忍和懦弱的充分觉察，却仍然无法抓住问题的关键。再一次，大量文字指着一个方向，作者的论证内容则走到另一个方向。基根如下总结这一节。

> 对于"什么是战争"这个问题，克劳塞维茨给出的答案在文化层次上是有缺陷的……克劳塞维茨是他所属时代的人，是启蒙运动的孩子，是德国浪漫主义时期的人，是一名知识分子，也是一位务实的改革者……要是他的思想能多一个智力维度……他或许能体会到，战争所包含的东西远超过政治：战争一直是文化的一种表达，经常是文化形式的一项决定要素，在一些社会里，甚至战争就是文化本身。[29]

现在，请等一等！基根在第二段不是告诉我们了吗，克劳塞维茨及其继承者的问题在于太过强调文化的作用？他不是说过，我们的文化允许我们相信暴力是一种偏差，而我们选择忽视的原始战争是天性、生物学和本能的表现？那么，怎么现在克劳塞维茨的问题却在于没有足够注重文化作用？还有，克劳塞维茨怎么可能同时是启蒙运动和德国浪漫主义运动的产物——后者不正是因为反对启蒙运动而兴起的吗？同时，克劳塞维茨是神职人员的孙子，以及我们的道德价值观属于一神论，通过说我们都是启蒙运动的孩子怎么就能将这两者混为一谈呢，启蒙运动不是反对一神论吗？

公平地讲，在读完基根的这本书后，我并不认为他像最初几页表现的那样糊涂。如果你把那些轻率提及的重大思想运动放在一旁，就可以看到他的确有个论点，那就是：现代国家纪律严明的战争不同于传统部落投机取巧的掠夺，而传统战争一直都更为普遍，而且从未消失。基根的问题在于，他蔑视写作中连贯性的另一原则，这也是本章讨论的最后一条原则。

约瑟夫·威廉姆斯把这条原则称为"连贯的主旨线索"，简称"主旨连贯性"。[30] 作者展开主题后，会引入大量概念来解释、丰富或评论这个主题。这些概念以几个主旨为核心，这些主旨会在讨论中反复出现。为了保持文章的连贯性，作者必须用连贯的方式提及每个主旨，或直接解释它们之间的关系，以此让读者跟得上这些主旨。

我们曾看到过这条原则的一个版本，那就是在反复提及某一事物时为了让读者跟得上来，作者不应当采用那些没有必要的同义词，在其间切换来切换去。现在，我们可以把这条原则引申到一组组的相关概念，那就是主旨。作者应该连贯地提及每个主旨，让读者能把主旨一个个辨认出来。

于是，问题就在这里。基根的主题是战争的历史，这部分再清晰不过了。他的主旨则是战争的原始形式和现代形式。但他讨论这两个主旨时却在一组概念之间晃来晃去，这些概念与概念之间乃至与主旨之间仅仅是松散的关系，每个概念都吸引了基根的注意，但是对于那些身处拉锯战中的读者，却是含糊不清的。托后见之明的福，我们可以看到这些概念分为两大松散的集群，每个群对应基根的一个主旨。

克劳塞维茨、现代战争、国家、政治计算、策略、外交、军事纪律、"我们"、思维、亚里士多德、一神论宗教的和平主义方面、刑法制度、对战争的文明约束、启蒙运动的理性化方面、文化制约暴力的方式	原始战争、部落、宗族、非正规军、强盗、土匪、哥萨克骑兵、抢劫与掠夺、本能、天性、弗洛伊德、精神分析对本能的强调、人类学的暴力证据、考古学的暴力证据、历史上的冲突、新闻中的犯罪、文化鼓励暴力的方式

我们也可以再现每个概念如何使基根想到另一概念的过程。然而，最好是把概念之间的共同线索清楚显示出来，因为在作者想象里的那个广袤的内心网络之中，任何事物都可能与其他事物相似。牙买加跟古巴相似，都是加勒比海岛国；古巴与中国相似，都是共产党领导的国家。但是当说到"与牙买加和中国相似的国家"时，作者却不说出两者之间的共性（都与古巴相似），必然会显得不连贯。

作者怎么才能把这些主旨更加连贯地呈现出来呢？在《残留的战争》(*The Remnants of War*) 一书中，政治学者约翰·米勒（John Mueller）论述的领域与基根一样，而且从基根中断的地方接着说下去。他主张，现代战争已经过时了，原始的、无纪律的战争成为当今世界的主要战争类别。但米勒对两个主旨的阐述，是连贯表述的典范。

一般地说，似乎有两种方法发展武装力量，成功地诱骗或强迫群众投入暴戾的、亵渎的、卖命的、不确定的、自讨苦吃的、本质上荒谬的、被称为战争的事业中。这两种方法引发两种战争，它们之间的区别可能很重要。

直观地看，招募战士的最容易（以及最廉价）的方法似乎是……网罗那些纵情于暴力、经常找机会施暴的人，或经常行使暴力以自肥的人，或两者兼有的人。平民将这样的人称为"不法之徒"……主要由这类人引发的暴力冲突可以称为犯罪的战争，在这种战争中，战士被诱使滥用暴力，主要是为了从这种经历中获得乐趣和物质利益。

犯罪的军队似乎是从好几种过程中诞生的。有时，诸如劫匪、土匪、强盗、响马、小流氓、恶棍、盗贼、海盗、黑帮分子、歹徒等各种不法之徒组织起来，组成一个帮派、匪帮或犯罪团伙。当这些组织的规模变得足够大时，看起来和行动起来就跟一支军队一样。

或者，当统治者需要战士展开一场战争，认为雇用或征召罪犯和恶棍是达成这个目标的最合理和最直接的方法时，这时犯罪的军队也会产生。在这种情形下，凶徒和恶棍基本上扮演雇佣兵的角色。

可是，凶徒和恶棍经常并非合心意的战士……首先，他们常常难以控制。他们可能是麻烦制造者：不守规矩、不服命令、难以制服，在执勤（或者不执勤）期间经常犯下未经授权的罪行，可能对军事行动有害甚至造成毁灭性的打击。

最重要的是，危险时刻来临时，凶徒可能不愿意坚守或战斗，而有机会实现自己的幻想时，他们经常就开小差了。毕竟一般的罪案是针对弱者的——针对虚弱的老妪而非强壮的运动员，不法之徒往往自愿并且有能力杀戮那些毫无防备的人。可是当警察出现时，他们便逃之夭夭。毕竟，凶徒的座右铭并不是"永远忠诚""人人为我，我为人人""责任、荣誉和国家""万岁""牢记珍珠港"，而是"抢了钱就跑"……

有史以来，将不法之徒雇用为战士面临的这些问题，使军队管理者开始招募普通人作为战士，与凶徒和恶棍不同的是，这些普通人在生活中的其余时间里不会行使暴力……

结果就是纪律化战争的发展，人们施行暴力不是为了乐趣和利益，而是因为他们的训练和教导灌输给他们一种观念，包括服从命令，遵守一套细心设计且有宣传性的荣誉制度，在战斗中追求光荣和声誉，爱戴、尊敬或畏惧他们的长官，相信理想的价值，害怕投降的羞耻、丢脸或代价，特别是对同袍忠诚以及值得同袍对其忠诚。[31]

我们不会弄错米勒讨论的主旨：他用了太多文字来告诉我们。他将其中一个主旨称为"犯罪的战争"，然后用个五连贯的段落来探讨。他在一开始就提醒我们不法之徒是什么，并解释了犯罪的战争是怎么回事。在接下来的两个段落中，他详细阐述了犯罪的军队可能的组建方法，又用之后的两个段落解释这种军队对其领导人来说存在什么问题，每段阐述一个问题。这些问题使米勒自然而然地过渡到第二个主旨：纪律严明的战争。他在接下来的连续两段中解释了该主旨。

对每个主旨的讨论具有连贯性，不光是因为讨论存在于一串连续的段落中，也是因为米勒使用了一套明显相关的词语。在一串有相同主旨的话语中，我们看到了"罪犯、犯罪的战争、罪行、乐趣、利益、帮派、犯罪团伙、恶棍、雇佣兵、麻烦制造者、掠夺弱者、刽子手、暴力、开小差、逃跑、幻想、机会、逃走"等词语。在另外一串有相同主旨的话语中，我们看到了"普通人、训练、教导、光荣、名誉、声誉、羞耻、忠诚、规则和相信理想的价值"等词语。我们无须苦苦思考每簇词语里的各个词语相互之间是什么关系，连接它们的线索十分明显，不像基根的"克劳塞维茨""文化""国家""政策""启蒙运动""政治动物""刑法""一神论宗教""亚里士多德"等，我们需要费劲去想它们之间的关系。

米勒在阐述中表现出的主旨连贯性，是他使用古典风格的可喜结果，尤其是作者必须呈现事实，而非讲述事实。当我们看到凶徒对弱小的老妪施暴，而一见到警察就溜之大吉时，我们便懂得了由这样的人组成的军队将会如何运行。我们也就明白了，现代国家的领导人将如何寻求更可靠的方法壮大军队，扩张自己的利益，那就是发展训练有素的现代化军队。我们甚至能理解，对现代国家来说，战争如何能以另一种手段成为政策的延续。

....

先前举出的烂写作例子，都是我很轻易就找到的：有截稿时间压力的新闻记者、古板的学者，偶尔是缺乏经验的学生。但是像基根这么老练的作者，一个频繁展现出写作天赋的人，怎么会成为缺乏连贯性的典型，甚至比不上一位在科德角卖鸟食的人呢？部分答案在于，男性读者对《战争史》这样的书容忍程度很高。但大部分问题在于基根拥有的专业知识，正是这些知识使他有资格写出他的那些著作。他沉浸在战争研究之中，变成专业自恋的受害者，很容易将"战争史"与"在我的研究领域里关于战争的观点被大量引用的某人的历史"混淆。经过毕生研究，他头脑中满载学识，种种观点从笔尖倾泻而出的速度之快，让他根本来不及好好组织语言。

一段连贯的文章，全然不同于个人博学的炫耀、个人思绪的流水账，也不是个人笔记的发表版本。连贯的文章是经过精心构思的：一个层层嵌套的、秩序井然的树形结构，多个连贯之弧交织其中，串起主题、论点、行动者和主旨，用联系前后陈述的连接词凝聚在一起。就像其他精心设计的物品一样，它并非出于偶然，而是源于起草蓝图、留意细节、整体保持和谐与均衡的感觉。

明辨对错

怎样理解语法、用词和标点的正确规则。

第 **6** 章

如今，不少人对于语言的好坏意见很大。他们通过写书、写文章予以谴责，给编辑寄去一封又一封的信，或者打电话给电台脱口秀节目批评抱怨一番。我发现，这些反对的声音很少针对写作是否清晰、优雅或连贯。他们所关心的是恰当英语的正确用法，比如以下这些例子。

单词"less"（"较少"）不应用于可数物，比如超市快速结算通道上方悬挂的告示，对顾客购买商品数量的限制是"TEN ITEMS OR LESS"（"10件或10件以下"）；告示应当写成"TEN ITEMS OR FEWER"（"10件或10件以下"）。

修饰语不应包含悬垂分词，比如"Lying in bed, everything seemed so different"（"躺在床上，一切似乎都变得不同"），这里分词"lying"（"躺"）的隐含主语"I"（"我"）与主句的主语"everything"（"一切"）不一致。

动词"aggravate"不表示"惹恼";它表示"使恶化"。

大声嚷嚷着这些错误的语言纯正主义者,将这类现象视为当今文化中交流与论证水平下降的症状。如同一位专栏作家说的那样,"对于一个人们不是十分确定自己说了什么又对此毫不在意的国家,我感到担忧。"

不难看出这些担忧从何而来。就有这么一类作者,让你不可能对用法问题视而不见。这些人对英语语言的逻辑与历史以及堪为典范的作家使用这些语言的具体情境毫无兴趣。他们对于语言的含义和强调的细微差别感觉迟钝。他们连词典都懒得去打开,凭的是直觉和本能,而不是本着严谨治学的原则。对这些作者来说,语言并不是表达清晰与优雅的工具,而是对他们属于某个社会小圈子的标榜。

这些作者是什么人呢?你也许认为我在说推特上的年轻人,或者使用脸书的大一新生。但我心里想的其实是患了语言纯正癖的作者,他们也以这些称呼为人所知:顽固分子、书呆子、讨厌鬼、假内行、势利眼、挑剔者、因循守旧的人、语言警察、用法奶妈、语法纳粹,以及纠错大军。他们沉浸在净化用法和护卫语言的狂热中,很难想清楚表达措辞中的巧妙所在,也就给解读写作艺术的任务增添了困难。

本章的目的是让你自己推理,找出方法避免语法、用词和标点当中的主要错误。才调侃过语言警察后马上就宣布这个目标,我仿佛自相矛盾了。如果这就是你的反应,那么你已被顽固分子散布的混乱所害。语言的用法只有两种途径,要么遵循所有的传统规则,要么就是一片混乱——这种想法是顽固分子的根本错误。掌握用法的第一步,就是要理解为什么这种想法错了。

这类错误想法通常如下所示。

曾经，人们在意语言的正确用法。他们翻阅词典，查找单词含义和语法结构的正确信息。创造这些词典的人是规范主义者：他们规定了正确的用法。规范主义者力挺卓越标准，尊重文明精粹，他们是一座堡垒，目的是抵抗相对主义、庸俗的民粹主义和正在变得肤浅的读写文化。

20世纪60年代，受到语言学学术化和渐进教育理论的启发，一个反对学派出现了。这一学派的头目被称作描述主义者：他们描述语言的实际使用，而不是规定应当怎样使用。描述主义者们相信，所谓正确用法的规则，不过是统治阶级之间的秘密交易，目的是让大众安守本分。描述主义者们说，语言是有机体，源于人类的创造力，人们应当有权随心所欲地书写。

描述主义者们是伪君子：他们坚守自己写作的正确用法标准，但是阻止向他人教授和传播这些标准，从而剥夺了那些弱势群体取得社会进步的可能性。

描述主义者向前推进，于1961年出版了《韦氏大词典》（第3版）（Webster's Third New International Dictionary），该词典接受了类似"ain't"（are not 的缩写）和"irregardless"（"不管怎样"）这样的错误。这引来了一股反冲，出现了规范主义者的词典，如《美国传统英语词典》（The American Heritage Dictionary of the English Language）。从那时起，规范主义者和描述主义者就作者是否应当关心语言的正确性而进行不断争论。

这个童话故事哪里出了差错？几乎哪儿都错了。让我们从语言的客观正确性这一基本概念开始。

当我们说以介词结束一个句子是不对的，或者说用"decimate"来表示"消灭大多数"而非"消灭 1/10"的时候，到底是什么意思呢？毕竟，这些不是像定理一样可以被证明的逻辑事实，也不是可以在实验室里研究出的科学发现。而且它们肯定也不像职业棒球大联盟的规则一样，是一些管理机构的规定。许多人假设确实存在这样的管理机构，也就是词典的编撰者们，但是作为知名规范主义词典《美国传统词典》（American Heritage Dictionary）用法委员会的主席，我在这儿告诉你们，这个假设错了。当我问词典的编辑，他和同事怎样决定什么词条编入词典时，他回答："我们关注人们怎样使用语言。"

没错，谈到英语的正确与否，没有无上的权威；像是一群疯子在管理精神病医院。一部词典的编辑们博览群书，睁大眼睛寻找被许多作家在大量文章中使用的新单词、新含义，然后再相应地增加或修改定义。纯正主义者知道词典是这样被编写出来的，常常会觉得被冒犯。1962 年，文学批评家德怀特·麦克唐纳（Dwight Macdonald）对《韦氏大词典》(第 3 版）进行过著名的抨击，他指出，即使九成说英语的人都错误地使用一个单词（比如用 nauseous 表示"厌恶的"，而不是"令人厌恶的"），剩下一成也还是对的（他没有说依据什么标准或根据哪一方的权威），而词典应当支持这一成的人。[1] 但是，没有哪位词典编纂者能够执行麦克唐纳的号令。一本词典如果教人写出定会被误解的文字，它就和巨蟒组（Monty Python）㊀

㊀ 英国六人喜剧团体，他们的"无厘头"搞笑风格在 20 世纪七八十年代影响甚大。——编者注

的短剧中那本匈牙利语 – 英语短语对照手册一样毫无用处，该手册将"你能告诉我火车站怎么走吗"翻译成了"请爱抚我的屁股"。

同时，用法确实有客观的正误。我们都会同意小布什总统以下说法错了。他曾问道："Is our children learning？"（意思是"我们的孩子在学习吗？"此句应当说成 Are our children learning），还曾用"inebriating"（"陶醉的"）来表示"令人兴奋的"（应为 exhilarating），将希腊公民称作"Grecians"（应为 Greek），并且指责政策"vulcanize"（"硬化"）而不是"Balkanize"（"分化"）社会。即使布什自己，也在一次自嘲的讲话中认同这些是错误。[2]

我们既说某些用法错了，又说没有任何权威决定过对错，这两种说法如何调和呢？关键是认识到用法的规则是一种默许的惯例。惯例是指一个社会群体中的成员遵循某套方法来做事的协议。虽然哪种选择都没有先天的优势，但当每个人都做出同一种选择时，优势就产生了。耳熟能详的例子包括标准化度量衡、电压和电缆、电脑文件格式，以及纸币。

书面文章的惯例代表着一种类似的标准化。无数习语、词义和语法结构由全世界说英语的人创造并传播。语言学家用"描述性规则"来捕捉其中的规律，即描述人们如何表达和理解的规律。举例如下所示。

> 有时态的动词，主语必须是主格形式，如"I"（"我"）、"he"（"他"）、"she"（"她"）和"they"（"他们"）。
>
> be 动词的第一人称单数形式是"am"。
>
> 动词"vulcanize"指的是"为了强化一类材料（如橡胶），将其与硫黄混合，然后加热加压"。

许多此类规则已经在人数众多的说英语群体中根深蒂固，他们不假思索地尊崇这些规则。这就是我们嘲笑甜饼怪㊀、大笑猫㊁和美国前总统小布什的原因。

这些惯例中，有些细分规则传播得不广，也不自然，但是一群有良好读写素养的人组成的虚拟群体接受了它们，在诸如政府、新闻、文学、商业和学术等公共讨论平台上使用。这些惯例是"规范性规则"，也就是规范人们在这些讨论平台上如何发言和写作的规则。和描述性规则不同，很多规范性规则必须有明确规定，因为大多数作者不习惯它们：这些规则可能不适用于口语，或在增加作者记忆负担的复杂句子中难以施行（见第4章）。例如，运用标点的规则、一致性原则的复杂形式和不常见单词间的微妙语义区别，比如"militate"（"起作用"）和"mitigate"（"缓和"），又比如"credible"（"可信的"）和"credulous"（"轻信的"）。

这意味着，规范主义者和描述主义者之间的"语言战争"其实并不存在。所谓的论战，和其他引人上当的二元对立观点（如先天VS后天）一样虚伪。是的，描述性规则和规范性规则的确是不同种类的东西，而且描述性语法学家和规范性语法学家做的事情也不一样。但并不是说一派语法学家是对的，另一派就是错的。

再一次的，我能以权威身份写下这些话。我的众多身份之一是描述性语言学家：作为美国语言学会的正式成员，我写了很多书籍和文章教人们如何使用母语，包括语言纯正主义者不赞成的词语和

㊀ 美国儿童教育电视节目《芝麻街》中的一个动画角色，喜欢吃饼干、口头禅是"me want cookie"。——编者注

㊁ 以搞笑猫咪照片配合趣味文字说明的网络搞笑图片，关于此主题最著名的一个网站名为"I Can Has Cheezburger"。——编者注

结构。但是你现在捧着的这本书明显是规范主义的：在这数百页当中，我都在对你颐指气使。虽然我被大众语言的丰富性深深吸引，但还是会第一个站出来，主张在许多写作领域中规范性规则是可取的，甚至是不可或缺的。它们可以使理解顺畅、误会减少，为风格和优雅的发挥提供稳固的平台，并且表明作者确实用心了。

一旦你明白了规范性规则是语言某种特定的惯例，大多数的主义之争便会消隐无踪。争论之一是围绕语言学家对某些非标准形式的捍卫，如"ain't"（are 的否定词，意为"不是"）、"brang"（bring 的过去时态，意为"带来了"）和"can't get no"（所谓的双重否定，意为"不能获得任何……"），这些形式常常被指责是源于慵懒或缺乏逻辑（这类指责很容易混入种族主义或阶级偏见）。历史告诉我们，标准英语之所以更加青睐"isn't""brought"和"can't get any"，并非是因为这些标准形式在与非标准形式曾经的竞争中胜出了。不是的，这只是历史的偶然固化下来的结果：几个世纪以前书面英语首次标准化时，这些"正确的"形式恰好是伦敦地区所用的方言。如果历史换一种方式展开的话，今天的正确形式就成了谬误，反之亦然。伦敦方言成了教育界、政界和商界的标准，也是英语文化圈里受教育水平较高的富人的惯用语。双重否定、"ain't"和其他非标准形式很快受到这些小团体的蔑视，成了受教育水平较低的穷人使用的俚俗方言。

但是"ain't 本身没错"的观点（这是对的），不应混同于"ain't 是标准书面英语的惯例"（这显然是错的）。纯正主义者正是看不到这点区别。他们担心，如果我们指出，使用"ain't""He be working"（"他正在工作"；be 应为 is）或"ax a question"（"提一个问题"；

ax 应为 ask）的人并不是懒惰或者粗心大意，那我们就没有理由去建议学生和作者在文章中避免它们了。打个比方好了。在英国，人人靠左行驶，这一惯例本身没什么不对，根本不邪恶，也不粗鲁。尽管如此，我们有很好的理由鼓励在美国靠右行驶。有一个笑话这么说：一个司机上班路上接到他妻子的电话，妻子说："小心点，亲爱的。广播里刚说有个疯子在高速公路上逆行。""一个疯子？"他答道，"这有几千个疯子！"

描述主义者的词典应当会少些规范，即使这样，它们也不会让使用者怀疑什么样的语言是标准的。有个常常听到的说法，说《韦氏大词典》(第3版)将"ain't"当成正确用法。这是虚构出来的。[3] 它源于一篇出版社市场部的通讯稿，上面写着"Ain't终于获得了官方认可"。这部词典相当合理地建立了一个词条便于人们学习该词，当然，它也如实收录了很多人对这一用法的反对声音。新闻记者将这篇通讯稿的意思错误地理解为：词典正式收录了"ain't"这一词条，并且不加评论。

如果大家能记得用法的惯例是默许的，另一场风暴也可以被熄灭了。标准英语的规则并非靠词典编纂者组成法庭立法通过，而是作者、读者和编辑组成的虚拟群体的隐形共识。经年累月，那种共识可以像变幻无常的时尚那样，不经计划、不受控制地发生变化。没有哪位官员允许过正派的男士和女士可以在20世纪60年代脱掉他们的帽子和手套，或者在20世纪90年代可以打耳洞和刺文身。类似地，几个世纪以来，值得尊敬的作者逐渐转变了关于对错的集体共识，不屑理睬那些自封的语言卫士发出的已被遗忘的指令。19世纪的规范主义者理查德·怀特（Richard White）想禁止

"standpoint"("立场")和"washtub"("洗衣盆")却失败了，与他同时代的威廉·卡伦·布莱恩特（William Cullen Bryant）也在驱逐"commence"("着手")、"compete"("竞争")、"lengthy"("漫长的")和"leniency"("宽大")等词汇上败北。而且，我们都知道斯特伦克和怀特在禁止使用"to personalize"("个性化")、"to contact"("联系")和"six people"("六个人")方面做得有多成功。词典编纂者总是明白这一点。他们知道自己的角色是如实记录不断变化的用法，也认可托马斯·卡莱尔（Thomas Carlyle）回复玛格丽特·富勒（Margaret Fuller）"我接受全宇宙"一言时的智慧，那个广为人知的回复是："天哪！她最好是这样！"（Gad! She'd better.）

虽然词典编纂者既无意愿也无能力去阻止语言惯例的变化，但这并不意味着他们会像纯正主义者担心的那样，无法将那些在特定时间内有效的惯例陈述出来。这正是《美国传统词典》用法专家组的工作原理：200位作家、记者、编辑、学者和其他公众人物，其文章体现了他们在写作时的措辞谨慎。他们每年都会填写关于发音、语义和用法的问卷，然后，词典将问卷结果呈现在用法注释中。用法注释附加在需要修改的词条内容中。这个用法专家组代表一个虚拟群体，认真的作者为这个群体写作。当要了解最佳用法时，没有比这更高的权威了。

词典无力推行规范主义者阻止语言变迁的梦想，但并不意味着它们对语言堕落注定无可奈何。麦克唐纳1962年给《韦氏大词典》（第3版）写了一篇评论，题目叫作《未调谐的弦》（*The String Untuned*），影射该词典会造成莎士比亚名剧《特洛伊罗斯与克瑞西达》（*Troilus and Cressida*）中尤利西斯所预见的自然秩序被破坏后的灾难:"江河里的水会泛滥得高过堤岸,淹没整个世界;强壮的要欺凌老弱,粗鲁的儿子要打死他的父亲;蛮力将代替公理。"为《韦氏大词典》可能造成的灾难举例,麦克唐纳担心到了1988年,词典将会不加评论地列出以下语法谬误:"mischievious"("顽皮的";应为mischievous)、"inviduous"("引起反感的";应为invidious),以及将"nuclear"("核心的")的发音注成"nucular"。

现在,距预言中灾难应该发生的日期已经过去了超过1/4个世纪,麦克唐纳做出预言的时间也过了半个多世纪,我们可以比对一下发生了什么。麦克唐纳认为不被词典编纂者监管的语言会不可避免地沦落,瞥一眼任何词典里这些单词的词条,我们便能发现他错了。而且虽然不能证明这一点,但我怀疑即使词典认可了"mischievous""invidious"和"nucular",被围堵的水也不会没过堤岸,粗鲁的儿子们也不会打死他们的父亲。

现在我们来到了所有争论中最虚假的那一个。很多规范性规则值得保留的这一事实,并不意味着每个恼人的语法错误、七零八碎的语法传说或者模糊记忆中刺头儿小姐的教导也值得保留。我们会看到,很多源于古怪理由的规范性规则阻碍了条理清晰、优雅自如的表达,几个世纪以来的顶尖作家都不屑这些规则。虚假的规则如同都市传说那样不断扩散、难以根除,造成了大量愚蠢的编辑工作,以及自作聪明、高人一等的作风。然而,当语言学者尝试揭穿这些伪规则的真面目时,那种二分的思维又臆想他们是要废除优秀写作的所有标准。这就好像是任何主张废除一条愚蠢法律(比如禁止跨种族婚姻的法律)的人,都会被认为是身披黑斗篷、手里攥着炸弹的无政府主义者。

语言用法的专家们(不可混同于纯正主义者,后者通常是不学无术之人）把这些伪规则称作迷恋、传说、妖怪、迷信、洪水，或者（我最喜欢的）"外婆的故事"（bubbe meises，意第绪语）。

语言学中"外婆的故事"来源有很多。有的来自17世纪和18世纪出版的首批英语写作指南，自那以后就世代口口相传。[4]那时，人们认为拉丁语是表达想法的理想语言。人们创作英语语法指南是为拉丁语法的教学铺路，而且他们试图将英语语法结构塞进为拉丁语设计的结构类型中。由于在卢克莱修（Lucretius）和西塞罗（Cicero）的语言中找不到对应内容，很多非常棒的英语结构遭到污蔑。

其他奇奇怪怪的表达则是那些自封专家的智慧结晶，他们编造语言应当怎样使用的古怪理论，并且往往带着一种清教徒式的潜意识，将人们的自然倾向视作放浪之举。根据这些古怪理论中的某一条，希腊语和拉丁语形式一定不能结合使用，所以"automobile"（"汽车"）该写成"autokinetikon"或"ipsomobile"，而"bigamy"（"重婚罪"）、"electrocution"（"触电死亡"）、"homosexual"（"同性恋者"）和"sociology"（"社会学"）等单词，也都令人厌恶。根据另外一条理论，单词永远不能通过逆生法㊀得到，即不能从一个复杂单词中提取出一部分单独使用，像最近形成的动词，如"commentate"（"评论"）、"coronate"（"加冕"）、"incent"（"激励"）和"surveil"（"监视"），还有较早一些形成的，如"intuit"（"由直觉知道"）和"enthuse"（"热情"）。不幸的是，这一理论也会有反作用，那便是将"choreograph"（"设计舞蹈动作"）、"diagnose"（"诊断"）、"resurrect"（"复活"）、"edit"（"编辑"）、"sculpt"（"雕

㊀ back-formation，英语构词法的一种类型，通过去掉某词的词缀或被误认为词缀的成分，构成更短的新词。——编者注

刻")、"sleepwalk"("梦游")以及其他数百个完全无可非议的动词宣布为不合规。

很多语言纯正主义者坚持认为,一个单词唯一正确的意义是最原始的意义。那就是为什么他们坚持"transpire"只能表示"被人知道",而不是"发生"(因为它的本义是"释放蒸汽",来自拉丁文 spirare,意为"呼吸"),而"decimate"只能表示"杀死 1/10"(因为它本来描述的是处决叛变罗马军团中 1/10 的士兵)。这一错误想法太过普遍,以至于有了个名字:词源谬误。这种谬误很容易被戳破,只要随意翻看有关单词历史的参考书,比如《牛津英语词典》(*Oxford English Dictionary*),就会发现少有词语能够保持最初的意义。"deprecate"过去表示"借祷告避开","meticulous"曾经的意思是"害羞的","silly"一词含义多次发生变化:从"神圣的"到"虔诚的"到"无辜的"到"可怜的"到"虚弱的"到今天的"愚蠢的"。正如《韦氏大词典》编辑科瑞·斯坦普尔(Kory Stamper)指出的,如果坚持"decimate"只能用原始释义"杀死 1/10",那么你是不是也应该坚持"December"("12 月")只能用原来的意思——"日历上的第 10 个月份"?

顽固分子的最后一个避难所,是声称恰当的用法比其他用法更有逻辑性。但是事实与之相反。很多最常见的用法错误,是作者在本该不假思索地遵循惯例时进行逻辑思考的结果。将"lose"拼成"loose",从而使其遵循"choose"的模式;将"it"的所有格加上标点变成"it's",就像我们把人名"Pat"的所有格加上标点写成"Pat's";或者用"enormity"来表示具有"巨大"(enormous)的特质,就像我们用"hilarity"来表达具有"引人发笑"(hilarious)的特质一样。这些作者并不是不讲逻辑。他们是太讲逻辑了,从而泄露了自己对书面文字的惯例不够熟悉。这可能会招致读者的质疑，也会激励作者自我提升，但并非违反一致性原则或不合逻辑。

这就告诉我们为什么要遵循某些规范性规则（那些被优秀作者接受的规则，而非那些向来被忽视的伪规则）。其中一个原因是让读者相信：作者用心阅读过精心编辑后的文字。另一原因是要加强语法的前后一致：执行那些每个人都尊重，但难以在复杂句子中严格遵行的规则，例如一致性原则（见第 4 章）。语法的一致使读者安心，相信作者在组织文字时经过深思熟虑，进而也使读者更有信心，相信作者背后所做的调研与思考也是认真的。这亦是一种好意，因为一致的树形结构更容易从语法上分析，更不容易引起误解。

关心用法还有一个原因，是确认某种对待语言的态度。细推慢敲的作者和鉴赏力强的读者喜爱英语词库的丰富：没有哪两个词是完全的同义词。很多单词表达了微妙的言下之意，让人有机会一睹语言的历史，符合优雅的语言组合原理，或者通过不同的意象、声音和韵律，使文章更有生气。在数万小时的阅读中聚焦于词语的组成和使用情境，细心的作者无师自通地掌握了单词间的微妙差别。读者的回报是分享这笔丰富的文化遗产——而且如果他们自己也写作的话，则有助于保存这样的遗产。如果一个不那么细心的作者企图用某个高级单词美化文章，却将其误以为是某个常用词的同义词，比如用"simplistic"（"过分简单化的"）来表示"simple"（"简单的"），或者用"fulsome"（"过分恭维的"）来代替"full"（"完整的"），那么读者很有可能做出最糟的推论：作者阅读时根本没花心思，想用廉价装作高雅，污染了一笔共同的财富。

可以确定，这些失误不会毁掉语言，更不会毁掉整个坚固的地球。即使被粗心作者持续重创，很多可取的词义跨过漫长的时间长河仍然存留。格雷欣法则（Gresham's Law，劣币驱逐良币）并不适用于词典编纂，单词的"劣"义不总是会驱逐"良"义。例如，"disinterested"更可取的释义是"公正的"，与它不被人们赞成的释义"感到无聊的"共存了几个世纪。这一点儿也不令人吃惊，因为很多单词都高兴地接纳了多个共存的意义，比如"literate"既表示"有阅读能力的"也表示"熟悉文学的"，"religious"同时有"宗教的"和"一丝不苟的"的意思。这些含义一般可以通过使用情境区分，所以都保留下来了。语言有足够的空间容纳一词多义，包括那些优秀作家想要保留的含义。

而且，如果作者使用那些被有文化读者接受的词义，他们也帮了自己的忙，并且让这个世界更加令人愉悦。这就有一个问题：细心的作者怎样区分合理的用法规则和"外婆的故事"？答案难以置信地简单：查词典。查询一本现代用法指南或者带用法说明的词典，比如《韦氏大词典》(未删节版)(*Merriam-Webster Unabridged*)、《美国传统词典》《微软百科全书世界英语词典》(*Encarta World English Dictionary*)或者《兰登书屋词典》(*Random House Dictionary*)(www.dictionary.com 以此为基础)。很多人（特别是顽固分子）都留下了错误的印象，认为所谓的纯正主义者在世界各处传播的每个"外婆的故事"，都得到了重要词典和写作指南的支持。但事实上这些参考书的编纂者仔细考察了历史、文学和实际用法，是荒谬语法最坚定的揭露者。(报纸和专业团体制定的书写风格说明就不那么靠谱了，批评家和记者等业余人士写的手册也一样，只是在不假思索地复述以前指南里的民间传闻。)[5]

以典型的伪规则"禁止使用分裂不定式"（禁止副词插在 to 和原形动词之间）为例。根据这条规则，柯克船长不应该说" to boldly go where no man has gone before"（"勇敢涉足无人涉足之地"），而应该说" to go boldly"或者" boldly to go"。如果你在主流指南中查找"分裂不定式"，会找到以下信息。

《美国传统词典》："指责这一结构的唯一论据建立在同拉丁语的错误类比上……一般来说，用法专家组接受分裂不定式。"

《韦氏大词典》（在线未删节版）："虽然反对分裂不定式从无理论基础可言，但这一主题已经成为固定的民间语法信仰……现代的评论者……通常都表示，可以为了清晰而分裂不定式。既然经常为了清晰而分裂，那么这条建议不过是说，你可以在任何需要的时候去分裂。"

《微软百科全书世界英语词典》："拒绝分裂不定式没有语法依据。"

《兰登书屋词典》："英语不定式的历史中没有任何一条……支持所谓的规则，并且在很多句子中……修饰副词唯一自然的位置就在'to'和动词之间。"

西奥多·伯恩斯坦（Theodore Bernstein），《细心的作者》(The Careful Writer)："分裂一个不定式没什么不对的……只有 18 世纪和 19 世纪的文法学家因为各种各样的理由不赞成。"

约瑟夫·威廉姆斯，《风格：向着明晰与优雅》："最好的一批作家经常使用分裂不定式，以至于我们努力避免分裂不定式时，反倒引来了关注，不论是否有意。"

罗伊·库珀路德（Roy Copperud），《美式用法与风格：共识》

(*American Usage and Style: The Consensus*)："很多作者相信，如果分裂不定式的话，他们就上不了天堂了……（拉丁）语法体系的荒唐被注意到之后，英语要根据自身情况来分析，反对分裂不定式的规则当今已经被抛弃了……7位批评家的共识是，如果分裂不定式可以让句子读起来更加流畅并且不笨拙的话，便可以分裂。"

所以，有需要就分裂，专家们会支持你的。

以下是对语法、措辞和标点方面100条最常见问题的明智指南。这些问题曾反复出现在写作风格指南、忌讳用法清单、报纸语言专栏、写给编辑的愤怒信件和学生论文常见错误汇总中。我会用以下标准将认真作者的合理考量从民间传说与迷信中区分出来：这个规范性规则是否只是将直觉性语法现象的逻辑延伸到了更加复杂的情形里，比如在一个有密集树形结构的句子中强行保持一致性？认真的作者无意间违反这个规则被指出后，他是否也认可存在问题？过去最优秀的作家是否尊崇这一规则？当代最认真的作家是否尊崇这一规则？在目光敏锐的作家中是否存在这样的共识，认为这一规则表达了值得关注的语义差别？对这一规则的破坏是否明显源于误听、草率阅读或者故意浮夸？

相反，如果以下问题中任何一项的回答为"是"，则应当取消这条规则。这条规则是否建立在某些古怪理论上，比如英语应当竭力模仿拉丁语，又或某个单词的原始意义是其唯一正确的含义？它是否可以立即被英语的实际用法驳倒，比如有种规定说名词不可以被转化为动词？它是不是源于某个自封为内行的人所说的忌讳？它是否常被过去的伟大作家嘲弄？它是否被当今的认真作家拒绝？它是否建立在对某些合理问题的错误论断上，比如宣告一个偶尔导致歧义的结构永远是不符合语法的？尝试让句子符合这个规则，是否只会让句子变得更加累赘和模糊？

最后，这一假定规则是否将语法同正式程度混淆了？每个作者都掌握了一系列可用于不同时间、不同地方的写作风格。适合大屠杀纪念碑铭文的正式风格和适合发给亲密朋友邮件的非正式风格不一样。在文章需要正式风格时，却用非正式风格使文风变得活泼、口语化、随便、轻率，在文章需要非正式风格时，却用正式风格将文风变得古板、浮夸、做作、傲慢，这两种都是错误的搭配。很多规范性指南没注意到这种差异，错把非正式风格当成不正确的语法。

我的建议常常会使纯正主义者感到震惊，有时也会让一直觉得这个单词含义或那个语法用法是错误的读者觉得疑惑。但是，我的建议完全符合惯例。它结合了《美国传统词典》用法委员会收到的投票数据、好几本词典和风格指南的用法说明、饱学之士在《韦氏英语惯用法词典》(*Merriam-Webster's Dictionary of English Usage*)中的历史分析、罗伊·库珀路德的《美式用法与风格：共识》中的元分析、以《剑桥英语语法》及"语言日志"博客为代表的当代语言学观点。[6]当专家意见相左或例子各不相同时，我会给出自己的最佳判断。

我将这100个用法问题分成了以下几方面：语法、数量和质量的表达、用词和标点。

语　　法

形容词和副词

　　时不时会有人抱怨副词和形容词之间的差异正在消失。事实上，差异仍然存在，只是被两个细微差别所制约，不再是人们原来模糊印象中所认为的：副词只是修饰动词，并以"-ly"结尾。[7]

　　第一个细微差别与副词有关：许多副词被称作"单纯型副词"，与其相应的形容词形式长得一样。你可以"drive fast"（"开车开得快"，fast 是副词）或"drive a fast car"（"开一辆快车"，fast 是形容词）；"hit the ball hard"（"用力拍球"，hard 是副词）或"hit a hard ball"（"拍一个硬球"，hard 是形容词）。单纯型副词在不同方言中有差异："real pretty"（"真的美丽"，与 really pretty 对比）和"The house was shaken up bad"（"这座房子摇晃得厉害"，与 badly 对比），这样的说法在不标准的英语方言中很常见，在不正式、无拘束的标准英语表达中也时有出现。这种糅合使用造成了副词濒临灭绝的模糊印象。但是，历史趋势正朝着相反的方向发展：如今副词和形容词的区分比过去更普遍。标准英语过去常包含许多单纯型副词，后来人们将这些副词及其形容词双胞胎兄弟区分开来，例如"monstrous fine"［"极度优雅"，乔纳森·斯威夫特（Jonathan Swift）所写］，"violent hot"［"暴热"，丹尼尔·笛福（Daniel Defoe）所写］，以及"exceeding good memory"［"超好的记忆"，本杰明·富兰克林（Benjamin Franklin）所写］，这些都被区分开了。这类副词中有些被保留下来了，今天的语言纯正主义者可能会误认为它们是语法错误,例如"drive safe"("安全驾驶")、"go slow"("慢走")、"she sure fooled me"("她肯定骗了我")、"He spelled my name wrong"("他拼错了我的名字")以及"the moon is shining bright"("月亮明亮地照着"),因此他们开始提出过度刻板的替代用语,如"She surely fooled me"("她肯定骗了我"),以及下面漫画中的一幕。

*应当是 easy,而非 easily。

第二个细微差别与形容词有关:形容词不仅修饰名词,还可以作为动词的补语,例如"this seems excellent"("这看起来非常好")、"we found it boring"("我们觉得它令人厌倦")和"I feel tired"("我感到累了")。它们还可以作为动词短语或从句的修饰语,如"She died young"("她英年早逝")和"They showed up drunk"("他们醉醺醺地出现了")。回顾第 4 章,形容词这样的语法范畴,不同于修饰语和补语这类的语法功能。对两者感到困惑的人也许会认为,形容词在这些句子中"修饰动词",因而应该被副词取代。结果,出现了像"I feel terribly"("我感觉很糟糕",应该为 I feel terrible)这样的矫枉过正用语。类似"I feel badly"("我觉得糟透了")的表达可能是前几代人对"I feel bad"的矫枉过正形式。现在,"badly"已成了一个形容词,意思是"伤心的"或"懊恼的"。令人欣慰的是,詹姆斯·布朗(James Brown)没有在诱惑之下把他的歌曲 *I Got You*(*I Feel Good*)("得到你——我感觉好极了")名字改为 *I Got You*(*I Feel Well*)。

不能正确认识形容词的多重功能,也引起了一项对苹果公司的错误指责,认为该公司在其标语"Think Different"("非同凡想")中犯了一个语法错误。实际上,苹果公司没有将其修正为"Think Differently"是对的:动词"think"可以后接一个形容词补语,指出所思考的想法本身的特点。这也正是为什么得克萨斯人"think big"("雄心勃勃"),不是"think largely",以及为什么音乐剧《甜姐儿》(*Funny Face*)中的广告语是"Think Pink"("想想粉红"),而不是"Think Pinkly"。[8]

要知道,关于学生论文中典型错误的调查显示,没有经验的作者真的会混淆形容词和副词。像"The kids he careless fathered"("他不小心当了父亲生下的孩子")这样的话就很"不小心",而在"The doctor's wife acts irresponsible and selfish"("那位大夫的妻子表现得不负责任和自私自利")这句话中,作者对"act"用形容词作补语(正如 act calm 中的用法)的扩展,远超出了大多数读者愿意接受的范围。[9]

ain't

无须任何提醒,人人都知道使用"ain't"会遭人白眼。这个禁令已经深入人心，以至于孩子们将它编成了跳绳游戏时的童谣。

> Don't say ain't or your mother will faint.
> Your father will fall in a bucket of paint.
> Your sister will cry; your brother will die.
> Your dog will call the FBI.

> 不要说 ain't，否则你妈妈会晕倒。
> 你爸爸会跌进油漆桶。
> 你姐姐会哭，你哥哥会死。
> 你的狗狗将会打电话向联邦调查局报警。

文学批评家德怀特·麦克唐纳曾威胁说，如果你违反了规范性规则，被围堵的水将漫过海岸线，淹没整个地球。和他这一隐喻相比，我更喜欢以上这种诗意的警告。但是这两个警告都夸张了。尽管"ain't"因为出身于地方性的、较低阶级使用的英语而遭污名化，且被学校教师中伤了一个多世纪，但如今这个词汇应用愈发广泛。所有作者都知道，"ain't"并不是"be""have"和"do"（三个均为助动词）否定形式的标准缩写，但它确实有已确立的广泛使用范围。流行曲歌词就经常使用"ain't"，这个词悦耳和谐且干脆利落，可以替代尖锐且双音节的"isn't""hasn't""doesn't"，正如"It ain't necessarily so"（"它不一定是这样"）、"Ain't she sweet"（"她不是很甜美吗"）和"It don't mean a thing（If it ain't got that swing）"〔"这毫无意义（如果不摇摆起来的话）"〕。"ain't"也经常用于表达朴素事实的句子，像"If it ain't broke don't fix it"（"如果它没坏，就别去修它"）、"That ain't chopped liver"（"那不是剁碎的肝脏"）和"It ain't over till it's over"（"没有结束，便不算完"）。"ain't"甚至能用于在相对正式的情况下，强调事实是如此显而易见，以至于无须再做争辩——像是在说，"任何稍微明理的人都能明白"。希拉里·普特南（Hilary Putnam）或许是20世纪后半叶最有影响的分析哲学家，他在一部权威学术论文集中发表了一篇著名论文，名叫《意义的意义》（*The Meaning of Meaning*）。他用下面这句话总结自己的观点："Cut the pie any way you like, 'meanings' just ain't in the head！"（"照你喜欢的方式去做吧，'意义'不在头脑中！"）据我所知，他的母亲并没有失去意识。

and、because、but、or、so、also

很多孩子都被教导过，句子以连词开头不合语法规则。（我一直称连词为"并列连词"）。因为他们有时写得支离破碎，不知道什么时候使用句号、什么时候用大写。老师需要用一种简单的方法教孩子解析句法，因此就说句子开头用"and"和其他连词不合语法。

不论出于何种教学上的好处，给孩子灌输错误信息，对成年人来说都不合适。句子的开头有个并列连词，并没有什么不对。正如我们在第5章所见，"and""but""so"是最常见的连贯性标志，只要将它们用在句子开头，无论连接的从句有多长、多复杂，都可以很好地融合进一个超级长句中。到目前为止，我已经在本书里写了大约100个以"and"或"but"开头的句子，例如"And we all know how successful Strunk and White were in forbidding to personalize, to contact, and six people"（"而且，我们都知道斯特伦克和怀特在禁止使用to personalize、to contact和six people方面做得有多成功"），此句为表达"语言纯正主义者没能改变语言"的一系列句子收尾。

并列连词"because"放在句子开头也是恰当的。最常见的情况是，它放在句子开头，引出一个主句之前的解释，例如"Because you're mine, I walk the line"（"因为你是我的，我将一往无前"）。当某一从句的作用是回答"为什么"时，它也可以用在该从句开头。问题可以是明确的，例如"Why can't I have a pony? Because I said so"（"为什么我不能有只小马？因为我说过不能"）。问题也可以隐藏在一些相关的观点中，而作者随后就要提供对这些观点的解释，例如亚历山大·索尔仁尼琴（Aleksandr Solzhenitsyn）对20世纪施行种族灭绝的暴君所做的反思。

麦克白的自我辩白苍白无力——他的良知毁了他。没错，即使是埃古，也是一只小羊羔。莎士比亚笔下恶人的想象力和精神力量最多就是杀戮十多个人。因为（because）他们没有意识形态。

between you and I

这个常听到的短语，往往被视为无法忍受的语法错误。在第4章讨论"Give Al Gore and I a chance to bring America back"这个例子时，我阐明了原因。严格的树形思考要求在相同位置的复杂短语与简单短语以同样的形式出现。介词（如between）的宾语必须是宾格：我们说"between us"或"between them"，而非"between we"或"between they"。根据这种思维方式，并列结构中的代词也必须是宾格："between you and me"。短语"between you and I"似乎是一种矫枉过正，因为说"Me and Amanda are going to the mall"("我和阿曼达打算去商场")时被纠正,说话者便形成了一种简单的思维定式,认为应该说"X(某人) and I(主格)",不要说"me(宾格) and X",或者"X and me(宾格)"。

但是,确信"between you and I"错误,或是将这个短语解释为矫枉过正,都需要重新思考一下。当足够多认真写作或说话的人都未能遵守句法理论的规则时,这或许意味着理论错了,而不是作者错了。

并列结构短语是个奇怪的东西,树形结构的逻辑可应用在英语语法的其他地方,却不能应用在它上面。多数短语有一个中心词:短语中决定整个短语属性的某个单词。"the bridge to the islands"("通向那些岛屿的桥")的中心词是"bridge",是个单数名词,所以我们称这个短语为名词短语,将其解释为指代某种桥,并把这个短语视为单数形式——这就是为什么所有人都同意应该说"The bridge to the island is crowded"("通向那个岛屿的桥上挤满了人"),而不是"are crowded"。并列结构则不是这样,它没有中心词,因此不能等同于其任何组成部分。在并列结构"the bridge and the causeway"("桥和长堤")之中,第一个名词短语"the bridge"是单数形式,第二个名词短语"the causeway"仍然是单数,但并列结构作为一个整体却是复数形式,因此要说"The bridge and the causeway are crowded",而不是"is crowded"。

或许对于格来说也是这样:适合整个并列结构短语的格,不一定等同于适合该短语某部分的格。当我们写作时,努力运用树形结构思考,可能会费力地促使部分与整体保持一致。但因为并列短语没有中心词,我们的直觉性语法没有要求这种一致,所以很少有人能够贯彻始终。因此，即使是一个勤奋刻苦的说话者，也可能会说"Give Al Gore and I a chance"或"between you and I"。《剑桥英语语法》指出，在当代英语中，许多说话者允许主格代词（如 I 或 he）出现在连词"and"之后。甚至有的人说"Me and Amanda are going to the mall"，也就是允许宾格代词出现在连词"and"之前。这是一个自然的选择，因为在英语中宾格是默认格，在多种多样的语境中出现［例如直接的惊呼 Me!?（我吗！？）］，除了那些严格被主格或属格预先占据的位置，它几乎可以出现在任何地方。

你可能认为，标准的规范性建议严格贯彻树形分析，逻辑性更强，也更优雅，我们应该更努力执行它，使语言更具一致性。但当涉及并列结构时，这是一个无法实现的梦。不但并列结构的语法单复数和其中名词的单复数有系统性的差异，而且树形结构有时根本不能决定某个并列结构的单复数和人称。下面几组句子中，哪个是正确的？[10]

Either Elissa or the twins are sure to be there. 艾丽莎或那对双胞胎肯定在那儿。	Either Elissa or the twins is sure to be there.
Either the twins or Elissa is sure to be there. 那对双胞胎或艾丽莎肯定在那儿。	Either the twins or Elissa are sure to be there.
You mustn't go unless either I or your father comes home with you. 除非我或者你的父亲之中的一人陪你回家，否则你千万不要走。	You mustn't go unless either I or your father come home with you.

> Either your father or I am going to have to come with you.
> 你的父亲或者我之中的一人必须陪你。
>
> Either your father or I is going to have to come with you.

在这里，怎样的树形思考都帮不了你。甚至写作风格指南都举手投降，建议作者只看一串词语中单词的线性顺序，并且使这个动词与最接近它的名词短语一致，如左边那一栏。并列结构短语不必遵循有中心词的一般短语的逻辑。虽然作者最好避免写下"between you and I"，因为这使很多读者感到恼火，但这并不是一个十恶不赦的过失。

can 还是 may

下面这些漫画解释了一条关于两个常用情态助动词的传统规则。

9 Chickweed Lane © Brooke McEldowney. Used By permission of Universal Uclick for UFS. All rights reserved.

至少，奥马利夫人对"can"的用法提出要求时，没有给出标准的成人式回答："你能打开，但是问题是，你可以吗？"（You can, but the question is, may you?）我的一个同事回忆说，无论她在何时说"爸爸，我能问你一个问题吗"（Daddy, can I ask you a question），爸爸的答复都是"你刚刚问过了，不过你可以问我另一个问题"（You just did, but you may ask me another）。

正如漫画中年轻人的困惑，一直以来对"can"（"有能力或可能"）和"may"（"许可"）的区分，怎么说都相当脆弱。甚至许多顽固分子都没有勇气将其深信之事贯彻到底，例如某个专家在其用法指南某条目中坚持这种区分，但在另一个条目中却疏忽了，裁定某个动词后边只能（can）接"for"。[11]（抓住你了吧！应该用may。）相反，"may"被用来表示可能性而不是表示许可，这种情况很常见，也无伤大雅，比如"It may rain this afternoon"（"今天下午可能下雨"）。

在正式风格中，我们看到有一种轻微的倾向，偏爱用"may"来征求许可。但是正如奥马利夫人建议的那样，只有某人正在征求（或授予）许可时，而不是仅仅谈论它时，用"may"才更为可取。"Students can submit their papers anytime Friday"（"学生能在星期五的任何时候递交作文"）也许是两个学生之间的对话，但"Students may submit their papers anytime Friday"（"学生可以在星期五的任何时候递交作文"）更像是一个教授的通告。因为大多数文章既不授予也不请求许可，因此"may"和"can"这两个单词的区别通常没有实际意义，或多或少可以互换。

悬垂修饰语

你能看出以下句子的问题吗？

Checking into the hotel, it was nice to see a few of my old classmates in the lobby.
在酒店登记入住时，令人高兴的是在大堂里看到几个老同学。

Turning the corner, the view was quite different.
转个弯，景色完全不同。

Born and raised in city apartments, it was always a marvel to me.
在城市公寓里出生和长大，对我来说总是一个奇迹。

In order to contain the epidemic, the area was sealed off.
为了控制传染病，这个地区被封锁了。

Considering the hour, it is surprising that he arrived at all.
考虑到时间，他能来这里真令人惊讶。

Looking at the subject dispassionately, what evidence is there for this theory?
冷静地观察这一主题，这一理论有什么证据？

In order to start the motor, it is essential that the retroflex cam connecting rod be disengaged.
为了发动汽车，必须使向后弯曲的凸轮连接杆分离。

To summarize, unemployment remains the state's major economic and social problem.
总而言之，失业率依然是这个国家的主要经济与社会问题。

根据一个关于"悬垂修饰语"的老规则，这些句子不合语法。（有时这个规则被认为用于"悬垂分词"，悬垂分词就是一个动词以"-ing"结尾的动名词形式，或者是通常以"-ed"或"-en"结尾的被动形式，但也有包含不定式修饰语的例子。）这个规则规定，修饰语的隐式主语（以上两个例句中，是做"在酒店登记入住""转弯"等事情的人）必定和主句的显性主语（"令人高兴的""景色"等）完全相同。大多数文字编辑会重组主句，添加可与修饰语建立恰当联结的主语（以下有下划线的词）。

Checking into the hotel, <u>I</u> was pleased to see a few of my old classmates in the lobby.
在酒店登记入住，<u>我</u>高兴地在大堂里看到了几个老同学。

Turning the corner, <u>I</u> saw that the view was quite different.
转个弯，<u>我</u>看到了完全不同的景色。

Born and raised in city apartments, <u>I</u> always found it a marvel.
在城市的公寓里出生和长大，<u>我</u>总觉得是个奇迹。

In order to contain the epidemic, <u>authorities</u> sealed off the area.
为了控制传染病，<u>当局</u>封锁了这个地区。

Considering the hour, <u>we</u> should be surprised that he arrived at all.
考虑到时间，他能来这里，<u>我们</u>应当感到惊讶。

Looking at the subject dispassionately, what evidence do <u>we</u> find for this theory?
冷静地观察这个主题，<u>我们</u>发现这一理论有什么证据？

In order to start the motor, <u>one</u> should ensure that the retroflex cam connecting rod is disengaged.
为了发动汽车，<u>驾驶员</u>应当确保向后弯曲的凸轮连接杆分离。

To summarize, <u>we</u> see that unemployment remains the state's major economic and social problem.
总而言之，<u>我们</u>发现失业率依然是这个国家的主要经济与社会问题。

报刊中的语言专栏充斥着为这类"错误"致歉的文章,处理投诉的专员或主编会训练自己找出这类错误。不仅是在有截稿时间压力的新闻报道中,即使是在著名作家的作品中,悬垂修饰语也极其常见。考虑到(considering)这些形式在编辑过的文章中经常出现,以及细心的读者也十分乐意接受它们,那么存在两种可能的结论:要么,悬垂修饰语是一个特别狡猾的语法错误——作者必须拥有灵敏的雷达才能发现;要么,它们根本不是语法错误。(你注意到此句开头的悬垂修饰语吗?)

第二个结论是正确的:应该避免使用一些悬垂修饰语,但它们不是语法错误。悬垂修饰语的问题在于,它们的主语自带歧义,有时一个句子会不经意使读者做出错误选择。许多写作风格指南重现(或故意设计)悬垂修饰语及其无意间引发的滑稽解释,例如美国语言学家理查德·莱德勒(Richard Lederer)著作《极度痛苦的英语》(*Anguished English*):

> Having killed a man and served four years in prison, I feel that Tom Joad is ripe to get into trouble.
> 杀了一个人并蹲了四年监狱后,我觉得汤姆·乔约又要惹麻烦了。
>
> Plunging 1,000 feet into the gorge, we saw Yosemite Falls.
> 急降到峡谷1000英尺的地方,我们见到了约塞米蒂瀑布。
>
> As a baboon who grew up wild in the jungle, I realized that Wiki had special nutritional needs.
> 作为一只在丛林中野生的狒狒,我意识到维琪有着特殊的营养需要。

Locked in a vault for 50 years, the owner of the jewels has decided to sell them.
被锁在地下室里50年，珠宝拥有者决定卖掉它们。

When a small boy, a girl is of little interest.
还是个小男孩时，女孩是没什么兴趣的。

我们很容易认为这个问题违反了被称为主语控制的语法规则，但并非如此。大部分动词后接的补语可以没有主语，例如"Alice tried to calm down"（"爱丽丝试着冷静下来"）中的"try"就被一条铁律所控制，这条铁律要求显性主语和缺失的主语完全相同。也就是说，我们需要将"Alice tried to calm down"解释为"爱丽丝试着让爱丽丝冷静下来"，而不是"爱丽丝试着让某人冷静下来"或者"爱丽丝试着让所有人冷静下来"。但修饰语没有这样的规则。我们读句子时和主人公共享一个视角，将这主人公辨认为修饰语缺少的主语。这个主人公通常，但不需要每次都是主句语法上的主语。问题并非不合乎语法，而是有歧义，正如我们在第4章的例子中看到的那样。被锁在地下室里50年的珠宝拥有者，正如与四位教授搞搞性趣的小组，以及推荐没有任何资历的候选人。

有些所谓的悬垂成分完全可接受。许多分词已经变成了介词，例如"according"（"依照"）、"allowing"（"允许"）、"barring"（"除非"）、"concerning"（"担心"）、"considering"（"考虑到"）、"excepting"（"除……之外"）、"excluding"（"不包括"）、"failing"（"如果没有"）、"following"（"在…之后"）、"given"（"鉴于"）、"granted"（"诚然"）、"including"（"包括"）、"owing"（"由于"）、"regarding"（"关于"）以及"respecting"（"关于"），它们完全不需

要主语。在主句中添加"we find"("我们发现")或"we see"("我们看到")来避免使用悬垂成分，会使得句子显得呆板和不自然。一般地说，只要修饰语的隐式主语是作者和读者时，便可以使用悬垂成分，如上面的例子中的"To summarize"("总而言之")和"In order to start the motor"("为了发动汽车")。当主句的主语是读者可以一带而过的假位成分"it"或"there"时，这样的主语没有吸引悬垂成分的风险。

是否重写句子以使句子和修饰语的主语保持一致，这取决于个人判断，与语法无关。一个草率放置的悬垂成分会使读者困惑或阅读变慢，有时还会误导读者产生荒唐的解释。即使一个悬垂成分不太可能被误解，也有足够多的读者将自己训练到能发现这些成分，所以保留悬垂成分的作者可能会被认为写作很随便。所以在正式的风格中，最好多加留意，纠正那些过分显眼的悬垂成分。

融合分词

你觉得"She approved of Sheila taking the job"("她批准塞拉接手这项工作")这个句子有问题吗？你坚持认为"She approved of Sheila's taking the job"这句话中的动名词"taking"的主语应当用属格"Sheila's"吗？可能你会认为主语没有被标记的第一句话，说明了语法懒惰综合征愈发普遍。如果这样想，你便成为另一项伪规则（所谓的融合分词）的受害者。融合分词这个词由福勒（Fowler）发明，表示分词"taking"和名词"Sheila"融合为混合体"Sheila-taking"不合规则。理论说不通，但是融合分词这个术语却保留下来了。事实上，带有无标记主语的动名词在历史上较早出现，长久

以来被最出色的作者所使用，完全符合语言习惯。不让分词融合会使句子显得笨拙或做作：[12]

Any alleged evils of capitalism are simply the result of people's being free to choose.
资本主义任何被人指控的邪恶，都只是人们可以自由选择的结果。

The police had no record of my car's having been towed.
警察没有我的汽车曾被拖移的记录。

I don't like the delays caused by my computer's being underpowered.
我不喜欢因我的电脑动力不足而导致的延迟。

The ladies will pardon my mouth's being full.
女士们会原谅我的嘴巴里塞满了。

而且，通常根本行不通：

I was annoyed by the people behind me in line's being served first.
我被排在我后面的人先得到服务这件事儿给惹怒了。

You can't visit them without Ethel's pulling out pictures of her grandchildren.
你造访他们不会不看到艾瑟儿拿出她孙儿们的照片。

What she objects to is men's making more money than women for the same work.
她反对的是干着同样的工作男人挣的钱比女人多。

Imagine a child with an ear infection who cannot get penicillin's losing his hearing.
想象一个因一只耳朵受感染却无法注射青霉素而失聪的孩子。

在这些案例中，去掉"'s"后的句子也完全可以接受："I was annoyed by the people behind me in line being served first"。多数《美国传统词典》用法委员会的成员接受所谓的融合分词，不仅在这些复杂句中，还在像"I can understand him not wanting to go"（"我能理解他为何不想去"，并未将 him 换成 his）这样的简单句中。给他们的调查问卷每年都一字不差地出现同样的句子，结果表明接受率逐渐提升。

作者应该如何选择？两者之间的差别难以捉摸，判断的关键在于写作风格：属格主语（I approve of Sheila's taking the job）在许多正式写作中使用是恰当的，未标记主语（I approve of Sheila taking the job）则出现在非正式的写作和讲话中。语法主语的特点也很重要。以上那些笨拙的例子表明，长而复杂的主语最好不标记，更简单的主语（如代词）则与属格是好搭档，例如"I appreciate your coming over to help"（"我感谢你前来帮我"）。一些作者觉得两者在注意力焦点上有细微差异。当焦点在整个事件上，这个事件被包装为一个整体概念，属格主语看起来更好：如果此前已经提到过 Sheila 正接手这项工作的事实，我们都在讨论这是好是坏（不仅对 Sheila，还有公司、她的朋友和家人），我或许会说"I approve of Sheila's taking the job"。但是如果焦点在主语和她可能的行动方案上，比如我是塞拉的朋友，正在建议她留在学校或者接受工作机会，我可能会说"I approve of Sheila taking the job"。

if-then

下面这些句子缺了点儿什么，是什么呢？

If I didn't have my seat belt on, I'd be dead.
如果我没系好安全带的话，我可能死了。

If he didn't come to America, our team never would have won the championship.
如果他没有来到美国，我们的团队不会赢得冠军。

If only she would have listened to me, this would never have happened.
如果她听过我的话，这件事情永远不可能发生。

许多条件结构（带有 if 和 then）在选择时态、语气和助动词方面的挑剔令人困惑，尤其是"had"和"would"。幸运的是，有一个写出优雅条件结构的公式，一旦你认出两种差别，这个公式就清清楚楚了。

第一个差别是，英语中有两种条件结构。[13]

If you leave now, you will get there on time.（an open conditional）
如果你现在离开，你将准时赶到那里。（开放式条件结构）

If you left now, you would get there on time.（a remote conditional）
如果你现在离开，你会准时赶到那里。（假想式条件结构）

第一种叫作开放式条件结构，表示"一种开放的可能性"。它指的是一种作者不确定的情况，邀请读者展开推理或预测。这里还有一组例子。

> If he is here, he'll be in the kitchen.
> 如果他在这里，他会在厨房里。
>
> If it rains tomorrow, the picnic will be canceled.
> 如果明天下雨，野餐将取消。

这些条件结构后可以添加任何内容——你能在"if"和"then"从句中使用任何时态，只取决于什么时候相关事件发生或被发现。

第二种叫作假想式条件结构，意思是"一种假想的可能性"。它指的是一个违反现有事实的、不大可能发生的、不切实际的或虚幻的世界，作者认为这不可能是真的，但其中的含义值得探索。

> If I were a rich man, I wouldn't have to work hard.
> 如果我是个富豪，我不必努力工作。
>
> If pigs had wings, they would fly.
> 如果猪有翅膀，它们会飞。

假想式条件结构很讲究，然而正如我们将看到的，它们并不像第一眼看起来那样无规律可循。公式是："if"从句必须有一个过去时态的动词，"then"从句必须包含"would"或者类似的助动词"could""should"和"might"。看看下面左边包含两个"would"的典型条件结构，只要把"if"从句换成过去时态，句子立即变得优美起来。

> If only she would have listened to me, this would never have happened.　　If only she had listened to me, this would never have happened.
> 只要她听过我说的话，这件事情永远不可能发生。

左边句子的问题是，"would have"不属于"if"从句，只属于"then"从句。"would"的作用是解释在假想世界应该发生什么，但它没有建立这个世界，那份工作留给"if"从句及其过去时态动词。顺便提一句，这对和事实相反的一般条件结构都成立，不仅限于"if-then"条件结构。下面这组句子右边那句不是看起来更好吗？

> I wish you would have told me about this sooner.　　I wish you had told me about this sooner.
> 我希望你很快便告诉我这件事情。

现在介绍一下这个公式背后的原理。当我说"if"从句必须是过去时态时，不是指它涉及某个过去的时间。"过去时态"是一个纯语法范畴，指英语中动词的一种形式，动词加"-ed"或者不规则动词发生变形，如"make-made"（"制作"），"sell-sold"（"销售"），或"bring-brought"（"带来"）。相反，"过去的时间"是个语义上的概念，指某个事件发生在说话或写作之前。在英语中，过去时态用来表示过去的时间，但它也有第二层意思——假想的事实。这就是过去时态在"if"从句中表达的意思。想想这个句子："If you left tomorrow, you'd save a lot of money"（"如果你明天离开，你将节约很多钱"）。动词"left"应该不可能意指事件发生在过去，因为句子说的是"明天"。但使用过去时态是对的，因为它指的是某个假设的（实际不大可能）的事件。

顺便说一下，英语中 99.98% 的常用动词都以相同的动词形式（过去时态）同时表达过去的时间和假想的事实。但是，有一个动词表达假想情况的形式比较特别，这个动词就是"be"，它可以分为"If I was"和"If I were"两种形式。我们将会在讨论虚拟语气时提到它。

如果条件结构的下半部分"then"从句要用助动词"would" "could" "should"或"might"，那又怎么样呢？结果表明，它们就像"if"从句中的动词一样：都是过去时态，带有假想事实的含义。这些助动词结尾的"d"或"t"暴露了它们的本质："would"只是"will"的不规则过去时态，"could"是"can"的过去时态，"should"是"shall"的过去时态，"might"是"may"的过去时态。我们能从现在时态的开放式条件结构（左栏）和过去时态的假想式条件结构（右栏）之间的对比中看到这点。

If you leave now, you <u>can</u> get there on time.	If you left now, you <u>could</u> get there on time.
If you leave now, you <u>will</u> get there on time.	If you left now, you <u>would</u> get there on time.
If you leave now, you <u>may</u> get there on time.	If you left now, you <u>might</u> get there on time.
If you leave now, you <u>shall</u> get there on time.	If you left now, you <u>should</u> get there on time.

因此，假想式条件结构的规则比看起来要简单："if"从句包含一个建立假想世界的动词；"then"从句包含一个表明这个假想世界将会发生什么的情态助动词。两个从句都用过去时态来表达"假想的事实"。

解开写出优雅条件结构句的谜题，还缺一块拼图。为什么它们经常包含"had"？例如，"If I hadn't had my seat belt on, I'd be dead"（"如果我没有系好安全带，我可能死了"），听起来优于"If I didn't have my seat belt on, I'd be dead"。关键在于，当"if"从句指的是确实发生在过去的某个事件时，had才会出现。回忆一下，假想式条件结构的"if"从句要求使用过去时态，但是与过去的时间没什么关系。现在，当一位作者真的想在假想式条件结构中叙述某个过去的事件时，他需要使用过去时态的过去时态。发生在过去时态之前的事件，时态用过去完成时，由助动词"had"构成，例如"I had already eaten"（"我已经吃过饭了"）。所以无论何时，只要"if"从句中那个虚幻世界的时间在写作之前，这个从句都需要使用过去完成时："If you had left earlier, you would have been on time"（"如果你早点动身，你本可能准时到达"）。

虽然这些规则很有逻辑，但很难始终遵行。作者有时在过去时间的"if"从句中忘记使用"had"，有时又会因为过度补偿这种遗漏而使用太多"had"，例如"If that hadn't have happened, he would not be the musician he is today"（"如果那件事情没有发生，他可能不会成为一位像他今天这样的音乐家"），这种矫枉过正有时被称为过去过去完成时。一个"have"在这里就足够了：应当是"If that hadn't happened"。

like、as、such as

很久以前,在美剧《广告狂人》(*Mad Men*)的时代,当收音机和电视中播放香烟广告时,每个品牌都有一条标语。"我会为了买包骆驼烟走 1 英里路。""好烟草就是好运气。""来好味道所在之处,来万宝路的国度。"最为臭名昭著的广告语是:"Winston tastes good, like a cigarette should"("温斯顿味道很好,正如香烟该有的味道")。

恶名并非来自烟草公司使用容易记住的广告语诱使人们对致癌物上瘾,而是因为广告语据称存在语法错误。控诉者说,"like"是个介词,只能接名词短语作宾语,例如"crazy like a fox"("像狐狸一样疯狂")或者"like a bat out of hell"("像从地狱中出来的蝙蝠")。它不是一个连词,因此后边不能跟从句。《纽约客》(*The New Yorker*)嘲笑这个错误,奥格登·纳什(Ogden Nash)写了一首关于它的诗,沃尔特·克朗凯特(Walter Cronkite)在直播节目中拒绝说起它,斯特伦克和怀特公然指出它语句不通。他们一致认为,标语应该是"Winston tastes good, as a cigarette should"。广告商和烟草公司因得到免费宣传而感到十分高兴,以至于在广告结尾承认了错误:"你想要的是什么,好语法还是好味道?"

像许多的用法争议一样,围绕"like a cigarette should"这样的句子展开的争吵,源于缺乏语法素养和历史知识。首先,"like"是一个介词,通常接名词短语作为补语,但这并不意味着它不能接从句作为补语。正如我们在第 4 章看到的那样,如"after"和"before"等许多介词,都可以接这两种补语,所以"like"是不是连词根本不是问题所在。即使它是介词,也完全可以放在从句之前。

更重要的是,广告将"like"与从句连用,不是最近才有的误用。这种组合已经在英语世界使用了600年,在19世纪和美国使用得更为频繁。它曾出现在许多伟大作家的文学作品中,包括莎士比亚、狄更斯、马克·吐温、威尔斯和福克纳,并且躲过了语言纯正主义者的雷达。他们曾出于疏忽,在自己的写作风格指南中不经意地使用过这种结构。这并非表明语言纯正主义者只是有时也会犯错的普通人,而是说明所谓的错误并不是错误。雷诺烟草公司承认的错误并非错误,它的广告语其实完全符合语法。作者可以自由选择用"like"还是"as",只需注意:"as"比"like"更正式一些,而且由于温斯顿烟之争在语法战争中煽动起来的冲突,读者可能会误以为作者这样做是错的。

许多审稿编辑无情地强制执行一个迷信的规则,那便是"like"不能用来举例,例如"Many technical terms have become familiar to laypeople, like 'cloning' and 'DNA'"("一些外行人也开始熟悉许多技术术语,比如'克隆'和'DNA'"),他们可能将其纠正为"such as 'cloning' and 'DNA'"。根据这一指导,"like"只能用于表示和某事物相似,好比"I'll find someone like you"("我会找到和你一样的人")以及"Poems are made by fools like me"("诗歌是像我一样的傻瓜写出来的")。很少有作者能够始终遵循这个伪规则,包括坚持这一主张的专家,有的专家就写过"Avoid clipped forms like bike, prof, doc"("避免 bike、prof 和 doc 之类的缩略词")。"such as"比"like"更正式,但两者都合乎语法。

所有格先行语

准备好听另一个无谓激起语言纯正主义者愤怒的例子了吗？想想来自 2002 年美国大学理事会的这道测试题，让学生在以下句子中识别语法错误（如果有的话）。

Toni Morrison's genius enables her to create novels that arise from and express the injustices African Americans have endured.
托妮·莫里森的天资，使她能够创作一些源于并且表达非裔美国人遭受的不公正待遇的小说作品。

官方的答案是：句子中并没有包含错误。一位高中教师却抱怨说的确有错误，因为所有格短语 "Toni Morrison's" 不能作为代词 "her" 的先行语。大学理事会迫于压力，向所有将 "her" 判定为不正确用法的学生授予了学分。专家们暗地里抱怨标准下降了。[14]

但是，反对所有格（更准确地讲是属格）先行语的规则是从语言纯正主义者的误解中臆造出来的。这条规则远不能称作一条已确定的语法准则，它似乎是 19 世纪 60 年代用法专家用魔法从稀薄的空气中变出来的，从那以后便开始不可理解地被人们不断传播。从英语的历史来看，属格先行语被认为是无可非议的，可以在以下著作中找到：莎士比亚的著作、詹姆斯国王钦定版英译圣经〔And Joseph's master took him, and put him into the prison（约瑟的主人抓住了他，把他放入监狱）〕、狄更斯、威廉·梅克比斯·萨克雷（William Makepeace Tackeray）以及斯特伦克和怀特的著作〔The writer's colleagues……have greatly helped him in the preparation of his manuscript（作家的同事……在整理手稿方面给了他很大帮助）］，还有一个愤怒"专家"的作品［It may be Bush's utter lack of self-doubt that his detractors hate most about him（批评者最讨厌布什的地方，可能就是他完全缺乏自我怀疑这一点）］。

为什么会有人认为这个完全自然的结构不合语法？某个规则提出者陈述了理由："这些话实际上没有说明'him'指的是谁。"说什么呢？哪个神经功能正常的读者不能理解"Bob's mother loved him"（"鲍勃的母亲爱他"），或"Stacy's dog bit her"（"史黛西的狗咬了她"）中的代词指的是谁？

另一个理由是："Toni Morrison's"是形容词，而代词指称的必须是名词。但"Toni Morrison's"并非如"red"（"红色的"）或"beautiful"（"漂亮的"）一样的形容词，而是带有属格的名词短语。我们怎么知道的呢？因为你不能在明显是形容词的语境中使用属格，比如"That child seems Lisa's"（"那个孩子看起来像是丽莎的"），或者"Hand me the red and John's sweater"（"请递给我红色的、约翰的毛衣"）。这种混淆源于一个模糊的印象：这个短语是"修饰语"。但是该印象不仅将语法范畴（形容词）和语法功能（修饰语）混为一谈，而且把它的功能也弄错了。"Toni Morrison's"的功能不是修饰语（用于修饰genius的含义），而是限定语，用于限定它的指称对象，和"the"或"this"等冠词的功能相同。我们怎么知道的呢？因为可数名词不能单独出现。你不能说"Daughter cooked dinner"（"女儿做了晚饭"），即使添加了修饰语也无济于事，"Beautiful daughter cooked dinner"（"漂亮的女儿做了晚饭"）仍然是错的。但是如果加上一个冠词，比如"A daughter cooked dinner"

（"一个女儿做了晚饭"），或者加上属格，比如"Jenny's daughter cooked dinner"（"詹妮的女儿做了晚饭"），句子便完整了。这表明，属格与冠词具有同样的功能，即限定语。

如果作者没有将先行语表达清楚，不论使用什么代词，都会使读者困惑。比如"Sophie's mother thinks she's fat"（"苏菲的妈妈认为她胖"）这个句子，我们不知道苏菲的妈妈究竟是认为她自己胖，还是认为苏菲胖。但是，这与先行语是否为属格没有关系，"Sophie and her mother think she's fat"（"苏菲和她妈妈认为她胖"）还是有同样的问题。

尽管那些发现错误的学生因他们的答案获得学分是公平的（因为他们可能受过语言纯正主义者的误导），但是语言爱好者的愤怒应该针对那个关于托妮·莫里森的糟糕句子的笨拙风格，而非其中某个臆造的"错误"。

介词悬空

英国前首相温斯顿·丘吉尔（Winston Churchill）并未像传说中那样，给予一位纠正其文章的编辑这样回复："This is pedantry up with which I will not put"（"这是我不能忍受的学究气"）。[15] 这句妙语（最初出自 1942 年《华尔街日报》的一篇文章）也并非语言学家所谓介词悬空结构的极好例子，这种结构的例子有"Who did you talk to"（"你和谁交谈"）或"That's the bridge I walked across"（"那是我曾走过的桥"）。虚词"up"是个不及物介词，不需要宾语，所以就连学究气最重的学究们也对"This is pedantry with which I will not put up"这样的句子没有反对意见。

尽管来源和例子都是假的，但这个嘲笑是恰当的。就如分裂不定式一样，句子末尾禁用介词也被语言专家当作迷信行为，只有那些从未翻查词典或文体手册、自称无所不知的人才会坚持。"Who are you looking at"（"你正看着谁"），"The better to see you with"（"见到你更好"），"We are such stuff as dreams are made on"（"我们是会做梦的人"），或者"It's you she's thinking of"（"她想着的人是你"），这些句子都没有错，重复一遍，一点儿都没有错。这条伪规则是由约翰·德莱顿（John Dryden）基于与拉丁语的愚蠢类比虚构出来的（拉丁语中，类似介词的词与名词紧紧相连，不能分离出来），目的是证明本·琼森（Ben Jonson）是蹩脚的诗人。正如语言学家马克·利伯曼（Mark Liberman）评论的："很遗憾这时琼森已经去世35年了，本来他可以与德莱顿决斗，为后世免去很多不幸。"[16]

将介词悬置在句子末尾的替代选择，是让它和一个"wh-"开头的词一起出现在句子最前面，语言学家J.R.罗斯（J.R. Ross）将该规则称为"介词并移"（pied-piping）⊖，因为它让罗斯想起花衣魔笛手将老鼠诱引出哈默尔恩村的情形。英语中的标准问句规则将"You are seeing what"转变成"What are you seeing"，因此将"You are looking at what"转变成"What are you looking at"。介词并移的规则使得"what"要把"at"拉到句子的前头来，变成"At what are you looking"。同样的规则创造了以介词和以"wh-"开头的词为开端的关系从句，比如"the better with which to see you"或"It's

---

⊖ 该词来自"pied piper"，中译为"花衣魔笛手"，是一个德国民间故事中的主人公。该规则在语法中的正式名称为"随伴法则"或"介词并移"。——编者注

you of whom she's thinking"。

有时将介词并移到句首，确实比放在最后更好。明显的好处是，在正式风格中，介词并移听起来更好。亚伯拉罕·林肯（Abraham Lincoln）在葛底斯堡阵亡士兵墓地宣誓时就知道自己正在做什么，他说"increased devotion to that cause for which they gave the last full measure of devotion"（"为他们鞠躬尽瘁的事业做更多投入"），而不是说"increased devotion to that cause which they gave the last full measure of devotion for"。当悬空的介词混在一些琐碎语法词中而难以分清关系时，介词并移也是个好选择，请看"One of the beliefs which we can be highly confident in is that other people are conscious"（"我们可以高度信任的一个信念，就是其他人也是有意识的"），如果先把介词的角色固定下来，再处理那些关系，那么句子会更容易解析："One of the beliefs in which we can be highly confident is that other people are conscious"。

西奥多·伯恩斯坦就介词何时并移、何时悬空提出了好建议，他提出了我们曾在第 4 章中着重强调的原则：选择这样一种结构，使你用于结束句子的短语比较重，或信息量大，或二者皆有。将介词放在最后的问题是，结束句子的词语可能太过无足轻重而无法成为焦点，使句子听起来像是"发动机完全损毁前发出最后的噼啪声"。伯恩斯坦援引了一个例子："He felt it offered the best opportunity to do fundamental research in chemistry, which was what he had taken his Doctor of Philosophy degree in"（"他感到化学基础研究提供了最好的机会，那便是他读博士专攻的领域"）。根据同样的原则，如果一个介词提供了至关重要的信息，那么它就应当放在句子末尾，好比"music to read by"("可阅读的音乐")、"something to guard against"("要提防的某件事"),以及"that's what this tool is for"("那便是这个工具的作用"),或者当它用于确定某个习惯用语的意义时,例如"It's nothing to sneeze at"("没什么可藐视的")、"He doesn't know what he's talking about"("他不知道他在说什么"),或者"She's a woman who can be counted on"("她是一个可靠的女人")。

主格的表语

你在忙碌了一天后下班回家时,会不会对爱人说"Hi, honey, it's I"("亲爱的,是我")?如果这么说,你就被刻板女教师提出的一条规则害了,该规则坚持认为,充当动词"be"补语的代词,必须是主格(I、he、she、we、they),不能是宾格(me、him、her、us、them)。根据这一规则,《诗篇》(120:5)、《以赛亚书》(6:5)、《耶利米书》(4:31)以及《哈姆雷特》中的女主角奥菲莉亚(Ophelia)本应当大声哀叹"Woe is I"("我好苦"),而卡通负鼠波哥(Pogo)应当将其那句著名的宣言说成"We have met the enemy, and he is we"("我们已经遇到了敌人,那便是我们自己")。

这条规则源于三对常见的混淆:英语和拉丁语、非正式风格和不正确语法、句法和语义。尽管"be"之后的名词短语的指称对象和主语的指称对象相同(enemy 等于 we),但这个名词短语的格由其位置(位于动词之后)确定,应该一直是宾格(宾格在英语中是默认的,除了带有时态的动词的主语,它可以用在任何地方;因此我们便有了以下这些短语:"hit me"("打我");"give me a hand"("帮帮我");"with me"("和我一起");"Who, me?"("谁,我?");"What, me get a tattoo?"("什么,我去做一个文身?");"Molly will be giving the first lecture, me the second"("莫利将上第一堂课,我上第二堂")。宾格的表语已经被许多著名作家使用了几个世纪,包括塞缪尔·佩皮斯(Samule Pepys)、理查德·斯蒂尔(Richard Steele)、海明威(Hemngway)和弗吉尼亚·伍尔夫(Virginia Woolf),而选择"It is he"还是"It is him",严格来说只是正式风格与非正式风格的差别。

时态呼应以及其他视角转移

学生写作过程中出现的一个常见错误,是从主句到从句变换了时态,即使它们指的是同一个时期。[17]

She started panicking and got stressed out because she doesn't have enough money.	She started panicking and got stressed out because she didn't have enough money.
由于她没有足够的钱,她开始感到恐慌和压力重重。	
The new law requires the public school system to abandon any programs that involved bilingual students.	The new law requires the public school system to abandon any programs that involve bilingual students.
新的法律要求公立学校系统放弃任何涉及双语学生的项目。	

左边的错误版本使读者感到像在一条时间线上被前后拉扯,这条时间线处于写下句子的时刻(现在)与所描述情形发生的时刻(过去)之间。它们属于"不恰当转移"这类错误,也就是作者没能停

留在一个观察视角上,而是从某视角上一下子消失,再从另一视角上冒出来。当作者在一句话中变来变去时,读者会晕头转向,无论是变换人称(第一、第二、第三)、变换语态(主动和被动),还是变换语篇类型［直接引用发言者的话(通常以引号开头) VS 间接转述要点(通常以 that 开头)］。

Love brings out the joy in people's hearts and puts a glow in your eyes. 爱给人们的心灵带来愉悦,让你的眼睛发出光彩。	Love brings out the joy in people's hearts and puts a glow in their eyes. 爱给人们的心灵带来愉悦,让他们的眼睛发出光彩。
People express themselves more offensively when their comments are delivered through the Internet rather than personally. 当他们的评论通过互联网而不是面对面地被传达时,人们往往更具攻击性地表达自己的观点。	People express themselves more offensively when they deliver their comments through the Internet rather than personally. 当人们通过互联网而不是面对面地发表评论时,他们往往更具攻击性地表达自己的观点。
The instructor told us, "Please read the next two stories before the next class" and that she might give us a quiz on them. 老师对我们说:"请在下一堂课之前先阅读接下来的两个故事",她可能就拿两个故事考一考我们。	The instructor told us that we should read the next two stories before the next class and that she might give us a quiz on them. 老师告诉我们:我们应当在下一堂课之前先阅读接下来的两个故事,她可能就拿两个故事考一考我们。

保持一致的视角,是在复杂故事中保持时态正确的第一步,但

除此之外，还有更多的事情要做。为了使时态协调一致，作者需要使用的方法是所谓的时态呼应、时态一致或者时态后移。大多数读者都感觉下例中左边的句子有些不对劲。

But at some point following the shootout and car chase, the younger brother fled on foot, according to State Police, who <u>said</u> Friday night they <u>don't</u> believe he <u>has</u> access to a car.

But at some point following the shootout and car chase, the younger brother fled on foot, according to State Police, who <u>said</u> Friday night they <u>didn't</u> believe he <u>had</u> access to a car.

但是，根据州警察局周五晚上的说法，在枪战和汽车追逐发生之后的某个时刻，弟弟徒步逃离了，警察说，他们不相信他可以弄到车。

Mark Williams-Thomas, a former detective who amassed much of the evidence against Mr. Savile last year, <u>said</u> that he <u>is</u> continuing to help the police in coaxing people who might have been victimized years ago to come forward.[18]

Mark Williams-Thomas, a former detective who amassed much of the evidence against Mr. Savile last year, <u>said</u> that he <u>was</u> continuing to help the police in coaxing people who might have been victimized years ago to come forward.

以前做过侦探的马克·威廉姆斯－托马斯去年收集了许多不利于萨维尔先生的证据，说他将继续帮助警察去劝那些多年前可能受过害的人们挺身而出。

Security officials <u>said</u> that only some of the gunmen <u>are</u> from the Muslim Brotherhood.

Security officials <u>said</u> that only some of the gunmen <u>were</u> from the Muslim Brotherhood.

安全局官员说，只有一部分枪手来自穆斯林兄弟会。

第 6 章　明辨对错　**287**

在用过去时态引出的间接叙述（新闻报道的一种主要方式）中，即使从讲话者的视角来看，事件是现在发生的，描述事件的动词也最好采用过去时态。[19] 这在简单句中看起来非常明确。人们可能说"I mentioned that I was thirsty"（"我说过我口渴了"），而不是说"I mentioned that I am thirsty"，即使我在"说"（mentioned）的时候确实是说"I am thirsty"。时态后移不但经常发生在某人说起过去某件事时，也出现在某个陈述在过去被广泛相信时，好比"This meant that Amy was taking on too many responsibilities"（"这意味着艾米承担着太多职责"）。

乍看上去，影响时态呼应的条件似乎令人望而生畏。伯恩斯坦在其非正式风格指南《细心的作者》中花了5页纸的篇幅来解释14条规则、例外，以及例外的例外。毫无疑问，即使是最细心的作家，也不会逐条学习。了解几条影响时间、时态和语篇的原则，胜过强记一堆专为时态呼应现象而量身定制的规则。

第一条原则是，过去时态和过去时间并不是一回事。回顾关于"if-then"结构的讨论，过去时态不仅可以表示发生在过去的事件，也可以表示不太可能的事件，如"If you left tomorrow, you'd save a lot of money"（"如果你明天离开，你会节省许多钱"）。我们现在知到，过去时态在英语中还有第三种含义：时态呼应中的时态后移。（尽管时态后移的话看起来确实涉及过去的时间，但两者之间其实有细微的语义差异。）[20]

第二条原则是，时态后移并不是强制性的，这意味着不遵守时态呼应规则、让引述内容保持现在时态，不见得总是错的。语法学家区分了两种情况：一种是"被吸引的"或者后移的时态呼应，其中被引话语中的动词时态就像被表示说话的动词时态吸引；另一种是"生动的""自然的"或者"突破性的"的时态呼应，其中被引话语中的动词就像突破了所在从句的故事线，被放置到作者与读者的真实时间之中。当谈论的情况在所有时候都为真时，或者至少在作者写作和读者阅读时为真时，那么生动的、非时态后移的呼应会让人感觉更自然。如果说"The teacher told the class that water froze at 32 degrees Fahrenheit"（"老师告诉学生，水在华氏 32 度结冰"），可能显得有点儿怪，这句话似乎表明现在不再如此；在这里，人们应当打破时态后移的规则，说"The teacher told the class that water freezes at 32 degrees Fahrenheit"。这为判断留出了许多余地，取决于作者是否希望强调过去传播的某个观点现今依然是真实的。对于歧视女性究竟是不是我们社会的持久特征，时态后移的句子"Simone de Beauvoir noted that women faced discrimination"（"西蒙娜·德·波伏瓦指出女性面临歧视"）态度是中性的，而"Simone de Beauvoir noted that women face discrimination"更偏向女性主义立场。

  第三条原则是，间接叙述不总是用"he said that"（"他说"）或者"she thought that"（"她想"）这样的话来引出，有时上下文就有暗示。新闻记者厌倦了重复使用"he said"，小说家有时也会略过这样的话，而使用自由间接风格的作者其叙述中就包含了主人公的内心独白。

  According to the Prime Minister, there was no cause for alarm.
  根据总理的说法，没有必要恐慌。

As long as the country kept its defense up and its alliances intact, all would be well.
只要这个国家持续保持国防建设和联盟关系，一切都将平安无事。

Renee was getting more and more anxious. What could have happened to him? Had he leapt from the tower of Fine Hall? Was his body being pulled out of Lake Carnegie?
雷尼变得越来越焦虑了。他身上发生了什么？他从法恩大楼跳下去了？他的身体被人从卡内基湖里拖出来了？

作者也可以反其道而行之，中断间接叙述，插入对读者的直接叙述，从而打破时态后移，转入现在时态：

Mayor Menino said the Turnpike Authority, which is responsible for the maintenance of the tunnel, had set up a committee to investigate the accident.
市长梅尼诺说，负责维护隧道的公路局成立了一个委员会来调查这起事故。

时态呼应的最后一条关键原则，我们在讨论"if-then"时已经有所了解。"can""will""may"的过去时态是"could""would"和"might"，这些是时态后移需要使用的形式。

| Amy can play the bassoon | Amy said that she could play the bassoon. |
| 艾米能吹低音管。 | 艾米说过，她能吹低音管。 |

Paul will leave on Tuesday. 保罗将在星期二离开。	Paul said that he would leave on Tuesday. 保罗说过,他将在星期二离开。
The Liberals may try to form a coalition government. 自由党人可能试图组建联合政府。	Sonia said that the Liberals might try to form a coalition government. 索妮娅说过,自由党人可能试图组建联合政府。

描述过去时态的过去时态(过去完成时)用助动词"had",所以时态被后移的动词涉及过去的时间时,"had"就要派上用场了。

He wrote it himself. 他自己写了这个材料。	He said that he had written it himself. 他说他自己写了这个材料。

不过这并非强制性的;作者经常在两处都使用一般过去时来简化句子(He said that he wrote it himself),这(出于复杂的原因)和时态后移的语义在技术上并无区别。

shall 和 will

根据另一条陈旧的规则,当说到将来的某个事件时,必须在第一人称中使用"shall",比如"I shall""we shall",但在第二人称和第三人称中必须使用"will",比如"you will""he will""she will""they will"。但要表达决定和许可时,却完全相反。因此,莉莉安·海尔曼(Lillian Hellman)在1952年反抗众议院非美活动调查委员会时，恰当地说出了"I will not cut my conscience to fit this year's fashions"（"我将不会削弱我的良心来适应今年的风潮"）。如果是她的同事代表她演说，他们就得说"She shall not cut her conscience to fit this year's fashions"（"她将不会削弱她的良心来适应今年的风潮"）。

这条规则针对的是谈及未来的基础日常用语，因此复杂得有些可疑，而其实它都不算是一条规则。《韦氏英语惯用法词典》的作者调查了600多年来这两种形式的运用情况，得出结论："这条关于'shall'和'will'的传统规则似乎并没有准确描述这两个词在各个时期的实际用法，虽然它确实描述了某些时期某些人的用法，并且它适用于英格兰地区更甚于其他地区。"

甚至某些时期的一些英国人也很难区分以第一人称表达未来时间和以第一人称表达决心，这是因为未来时间的玄妙特性：没有人知道未来会发生什么，但是我们可以选择去影响它。[21] 当丘吉尔说"We shall fight on the beaches, we shall fight on the landing grounds, …we shall never surrender"（"我们将在海滩作战，我们将在着陆场作战……我们将永不投降"）时，他是在强烈地宣称英国人民的决心，还是在冷静地预言因英国人民的决心而确定无疑的未来呢？

对于其他人，包括苏格兰人、爱尔兰人、美国人、加拿大人（除了那些受过传统英式学校教育的人），则从未用过这条关于"shall"和"will"的规则。欧内斯特·高尔斯（Ernest Gowers）在他的指南《朴素的语言》（*Plain Words*）中写道："有一个古老的故事是，一个溺水的苏格兰人被围观的英格兰人误解而即将淹死，只是因为他呼喊"I will drown and nobody shall save me!"㊀在英格兰以外的地区（以及越来越多的英格兰人），"shall"用于表达未来时态听起来会略显拘谨，因为没人说"I shall pick up the toilet paper at Walmart this afternoon"（"今天下午我将在沃尔玛挑一些卫生纸"）。如果真的用了"shall"，特别是以第一人称来使用，便经常会违背这项规则，不用于表达未来时间，而是表达许可［Shall we dance（我们可以跳舞吗）］，或表达决心［麦克阿瑟将军那句著名的"I shall return"（"我会回来的"）和民权赞歌"We shall overcome"（"我们会克服困难的"）］。正如库珀路德所写的："就像那个倒霉的苏格兰人一样，'shall'正在逐渐消亡。"

分裂不定式

多数虚构的用法规则都是无害的。但是，对于分裂不定式的禁止［Are you sure you want to permanently delete all the items and subfolders in the "Deleted Items" folder?（你确定你想要永久删除"已删除项"文件夹中所有项目和文件夹吗？）］，以及更为彻底的对"分裂动词"的禁止［I will always love you（我将永远爱你）和 I would never have guessed（我从未猜到过）］，显然是有害的。优秀的作者被"不能分裂不定式"的观念洗脑之后，会写出下面这种怪异的句子。

Hobbes concluded that the only way out of the mess is for everyone <u>permanently to surrender</u> to an authoritarian ruler.

㊀ 这个苏格兰人本意是："我就要淹死了，都没人来救我！"但是英格兰人理解为："我决心淹死，任何人都不许救我！"——编者注

霍布斯总结，对每个人来说，摆脱混乱的唯一出路都是永久地臣服于一个独裁统治者。

David Rockefeller, a member of the Harvard College Class of 1936 and longtime University benefactor, has pledged $100 million to increase dramatically learning opportunities for Harvard undergraduates through international experiences and participation in the arts.[22]

大卫·洛克菲勒是哈佛大学 1936 级毕业生，并且长期是该大学的捐助者，他承诺拨款 1 亿美元，显著增加哈佛本科生在艺术上的国际经验和参与方面的学习机会。

对分裂动词的迷信甚至会导致统治危机。在 2009 年的总统就职典礼上，首席大法官、著名的语法顽固分子约翰·罗伯茨（John Roberts）不允许自己带领奥巴马总统说"solemnly swear that I will faithfully execute the office of president of the United States"（"谨庄严宣誓，我必忠实履行合众国总统职务"）。放弃了他一直坚守的"从严解释论"㊀，罗伯特单方面修改宪法，带领奥巴马总统说出"solemnly swear that I will execute the office of president to the United States faithfully"。誓词被篡改引起对权力转交是否合法的担忧，所以在那天下午的秘密会议上，他们逐字重读誓词，包括所有的分裂动词。

"分裂不定式"和"分裂动词"这两个术语是源于与拉丁语的刻板类比，拉丁语中不可能分裂动词，因为不定式仅由一个单词组成，如"amare"（英文为 to love）。但在英语中，所谓的不定式（如 to write）由两个单词而非一个单词组成——从属连词"to"和动词原形

㊀ 英文名为 strict constructionism，属于美国联邦最高法院解释宪法的学说之一。——编者注

"write",动词原形也可以不和"to"一起使用,例如"She helped him pack"("她帮他打包")和"You must be brave"("你必须勇敢")。[23] 同样,所谓不可分裂的动词"will execute"("将履行")根本不是一个动词,而是两个动词——助动词"will"和主要动词"execute"。

没有丝毫理由禁止副词放在主要动词之前,伟大的英语作家们把副词放在那里已经好几个世纪了。[24] 实际上,副词通常放在主要动词之前,这样做符合常理。有时动词前甚至是唯一可放的位置,尤其当修饰语是否定词或量词的时候,如"not"("不")和"more than"("超过")。(在前面的第 5 章我们能看到,not 的位置影响到了它的逻辑范围,由此影响了整个句子的意思。)在下面的两个例子中,未分裂的不定式要么改变了句子的意思,要么导致了断章取义。

The policy of the army at that time was to not send women into combat roles.[25] 那个时候,军队的政策是不送妇女参与战斗。	The policy of the army at that time was not to send women into combat roles. 那个时候,军队的政策不是送妇女参加战斗。
I'm moving to France to not get fat (caption of a *New Yorker* cartoon).[26] 我移居法国是为了不变胖(《纽约客》漫画的标题)。	I'm moving to France not to get fat. 我移居法国不是为了变胖。
Profits are expected to more than double next year.[27] 预期明年的利润将倍增。	Profits are expected more than to double next year. 预期明年的利润不只是倍增。

一般来说，动词前的位置是唯一能让副词修饰动词而不产生歧义的位置。对于尽力避免分裂不定式的句子，例如"The board voted immediately to approval the casino"，读者可能会质疑，究竟"immediately"修饰的是"vote"还是"approval"。如果让不定式保持分裂，那句话就会是"The board voted to immediately approve the casino"（"董事会投票立即开设赌场"），这里"immediately"修饰的就只可能是"approval"。

这并不意味着不定式总是应该被分裂。当副词修饰语长而分量重，或包含了句中最重要的信息时，它应该被挪到句尾，就像其他分量重或信息量大的短语一样。

Flynn wanted to more definitively identify the source of rising IQ scores.	Flynn wanted to identify the source of rising IQ scores more definitively.
弗林想更加确定地找出 IQ 得分提升的原因。	
Scholars today confronted with the problem of how non-arbitrarily interpret the Qur'an.	Scholars today confronted with the problem of how interpret the Qur'an non-arbitrarily.
当今的学者面临着如何避免武断解释《古兰经》的问题。	

其实，至少考虑一下将副词放到动词短语后面，是个好习惯。如果副词传达了重要信息，那它就属于那里；如果不是，比如"really""just""actually"以及其他模糊限制语，那么它可能就是一个最好被省略掉的冗余单词。因为分裂不定式可能会引来一些愚昧的顽固分子，他们会错误地指责你这样做不对，所以如果对句子意思没什

么影响,你也就没必要自找麻烦了。

最后,在很多情况下,量词会自然地向左移而与动词分开,这就避免了分裂不定式,正如下面右栏的例句。

It seems monstrous to even suggest the possibility. 甚至提出有这种可能性都是荒谬的。	It seems monstrous even to suggest the possibility.
Is it better to never have been born? 从未出生过是否更好?	Is it better never to have been born?
Statesmen are not called upon to only settle easy question. 政治家并非只是找来解决容易问题的。	Statesmen are not called upon only to settle easy question.[28]
I find it hard to specify when to not split an infinitive. 我发现难以确定什么时候不分裂不定式。	I find it hard to specify when not to split an infinitive.

对我来讲,不分裂的版本听起来更优雅,虽然我不确定自己的耳朵是否已经被不分裂不定式的习惯污染了——这个习惯是因为害怕纠错大军的唾沫星子而形成的。

虚拟语气和非现实语气的 were

数百年来,英语的评论者一直都在预测、哀悼或庆祝虚拟语气即将到来的消亡。然而直到 21 世纪,虚拟语气至少在书面语中仍未绝迹。为了理解这个现象,我们必须了解什么是虚拟语气,因为包括传统语法学家在内的大多数人都对此感到困惑。

在英语中，虚拟语气没有独特的形式，而是使用未标记的动词形式，例如"live""come"和"be"。这使得虚拟语气难以被发现：只有这些动词是第三人称单数（通常加上 -s 的后缀，如 lives 和 comes）或 be 动词时（通常变形为 am、is 或 are），人们才容易注意到虚拟语气。我们可以在一些陈词滥调中看到虚拟语气，这些老话都是从较常使用虚拟语气的时代沿袭下来的，例如：

So be it; Be that as it may; Far be it from me; If need be.
就这样吧；即使如此；我绝不会；如果需要的话。

Long live our noble queen.
愿我们尊贵的女王长命百岁。

Heaven forbid.
但愿不会。

Suffice it to say.
一言以蔽之。

Come what may.
不管发生什么事情。

除此以外，虚拟语气仅可以在从句中被发现，通常和表达强制要求的动词和形容词一起使用，表示被命令或被要求做某事：[29]

I insist that she be kept in the loop.
我坚持要让她了解事情的进展。

It's essential that he see a draft of the speech before it is given.
关键是他在演讲之前必须看一下演讲稿。

We must cooperate in order that the system operate efficiently.
为使系统更高效地运行，我们必须合作。

虚拟语气还和某些介词以及从属连词同时出现，这些词描述了假设的情况：

Bridget was racked with anxiety lest her plagiarism become known.
布丽奇特唯恐她的剽窃行为为人所知，感到极度焦虑。

He dared not light a candle for fear that it be spotted by some prowling savage.
他不敢点燃蜡烛，因为害怕被潜伏的野蛮人发现。

Dwight decided he would post every review on his Web site, whether it be good or bad.
德怀特决定在他的网站上公开每一条评论，无论评论是好还是差。

有些例子稍显正式，可以用陈述语气来替代，例如"It's essential that he sees a draft"和"whether it is good or bad"。但是许多虚拟语气可以见于日常写作和讲话，例如"I would stress that people just be aware of the danger"（"我想强调人们应注意那一危险"），这表明所谓虚拟语气绝迹的说法过分夸大了。

传统的语法学家被 be 动词难住了，因为他们要将这两种不同的形式"be"和"were"［如 If I were free（如果我有空）］挤进这个叫作"虚拟语气"的框架中。有时,他们将"be"称作"现在时态的虚拟词",将"were"称作"过去时态的虚拟词",但事实上这两者之间并没有时态上的差别,它们是两种不同的语气:whether he be rich or poor("无论他富有或是贫穷")是虚拟语气;"If I were a rich man"("如果我是个富人")是非现实语气。非现实语气出现在许多种语言中,它表达了一种未知是否发生的情况,包括假设、祈使和提问。在英语中,它只以"were"的形式出现,表达和事实相反的意思:一个非现实陈述不仅可以是假设的(说话者不知道它是真是假),也可以是反事实的(说话者相信它是假的)。送奶工特伊(Tevye)显然不是富人⊖,唱过歌曲 *If I Were a Carpenter*("如果我是一个木匠")的歌手蒂姆·哈丁(Tim Hardin)、鲍比·达林(Bobby Darin)、约翰尼·卡什(Johnny Cash)或者罗伯特·普兰特(Robert Plant),无疑也都不是木匠。顺便提一下,违反事实的说法不一定是荒谬的,人们可以说"If she were half an inch taller, that dress would be perfect"("如果她再高半英寸,那件衣服就非常适合她了"),它只是表明"已知事实并非如此"。

过去时态"was"和非现实语气"were"都可以表达与事实相反,那么如何区分二者呢?一个明显的区别就是正式程度:非现实语气"I wish I were younger"("我希望我更年轻")要比过去时态的"I wish I was younger"更加异想天开。而且在细心的写作中,"were"比"was"传达的不可能的感觉更加强烈,暗示这个假设与事实截然相反:"If he were in love with her, he'd propose"("如果他爱她,他

⊖ 特伊是百老汇长篇音乐剧《屋顶上的提琴手》(*Fiddler on the Roof*)的主人公,他在剧中唱过 *If I Were a Rich Man*。——编者注

会求婚的")表明他并不爱她,"If he was in love with her, he'd propose"则还留有一丝余地,而现在时态的开放式条件结构"If he is in love with her, he will propose"既不表示肯定也不表示否定。

有些作家隐约感觉"were"更加优雅,从而矫枉过正地用它来表示开放的可能性,例如"He looked at me as if he suspected I were cheating on him"("他看着我,好像怀疑我在欺骗他")和"If he were surprised, he didn't show it"("假如他吃惊了,那么他也并没有表现出来")。[30] 在这两个例子中,将"were"换成"was"会更合适。

than 和 as

左边的句子有问题吗?

Rose is smarter than him. 罗斯比他更聪明。	Rose is smarter than he.
George went to the same school as me. 乔治和我上同一所学校。	George went to the same school as I.

许多老师教学生说,左边的句子有语法问题,因为"than"和"as"是连词(接从句),不是介词(接名词词组)。它们后面所跟的必须是从句,即使是谓语部分被截掉的省略句:以上两句的完整版是"Rose is smarter than he is"以及"George went to the small school as I did"。由于"than"和"as"后边的名词短语是截短之后的从句的主语,因此它们必须是主格:"he"和"I"。

如果你不情愿使用右边的"正确"版本，认为它们听起来是难以忍受的浮华烦琐，那你就与语法和历史站在了同一阵营。正如之前讨论过的"before"和"like"一样，"than"和"as"本来就不是连词，而是用从句作为补语的介词。[31] 唯一的疑问就是，它们是否也可以接名词短语作为补语。几个世纪以来的伟大作家，包括弥尔顿、莎士比亚、亚历山大·蒲柏（Alexander Pope）、乔纳森·斯威夫特、简·奥斯汀（Jane Austen）、詹姆斯·瑟伯（James Thurber）、威廉·福克纳（William Faulkner）和詹姆斯·鲍德温（James Baldwin），都用他们的笔投出了肯定的一票。两者的区别仅仅在于风格："than I"更适用于正式的书面语，"than me"则更适用于口语。

尽管一些学究错误地坚持"than"和"as"只能是连词，不过促使他们做此判断的树形思维是合理的。首先，如果你确实要用正式风格写作，那么不要做过火了，以致写出这样的句子："It affected them more than I"（"它对他们的影响比对我的影响更大"）。"than"后省略的是"it affected me"不是"it affected I"，所以即使是最自以为是的人，在这个句子里也会用"me"。其次，用来比较的两种元素应在语法和语义上都平行，当语法比较复杂时，在这一要求上很容易失误。"The condition of the first house we visited was better than the second"（"我们看过的第一套房子的状况比第二套好"）这句话在口语里就糊弄过去了，但在书面语中无法忽略，因为这相当于是将苹果（屋子的状况）和橘子（屋子）进行比较。认真的读者会对"was better than that of the second"这种表达更满意；平行的句法和语义带来的愉悦，值得我们添加一些虚词。最后，随意的用法（than me、as her等）可能出现歧义："Biff likes the professor more than me"的意思可以是"比福喜欢那位教授更甚于喜欢我",也可以是"比福比我更喜欢那位教授"。在这种情况下,使用主格的主语虽然更加清晰,但略显古板——"Biff likes the professor more than I"。最好的解决方案是不要截掉那么多,变成"Biff likes the professor more than I do"。

关于"than"属于什么句法范畴的争论也延伸到了这样的讨论:是否可以说"different than the rest"("与其他的不同"——than 在这里同样是接名词短语作宾语的介词),还是必须说"different from the rest"——使用无争议的介词 from)。尽管《美国传统词典》用法委员会中稍占多数的成员不喜欢"different than"后接名词短语,但它早就常见于认真撰写的文章中了。据知名记者 H. L. 门肯(H. L. Mencken)报道,19 世纪 20 年代一次企图禁止这种用法的尝试宣告无效后,《纽约太阳报》(*New York Sun*)编辑如此评论:"那群杰出的语法学家,那些努力保持正确并纠正他人的严谨之人,想禁止某个词语或短语的使用,就如一只灰松鼠要借助尾巴一晃的威力熄灭猎户星座。"[32]

that 和 which

许多伪规则起初都是有用的建议,当作者面对浩如烟海的英语语言库而无所适从时,帮助作者走出困境。这些引导困惑者的指南也使编辑工作更加轻松,因此他们可能会将其编入体例说明表。不知不觉间,经验法则已经变成了语法规则,一个完全无伤大雅(尽管并非首选)的结构被妖魔化,成了错误的语法。为这种转变提供最好证明的,就是关于"which"和"that"的那些无处不在的伪规则。[33]

根据传统规则,选择使用"which"还是"that",取决于该词引出哪种关系从句。非限制性关系从句由逗号、破折号或括号隔出，提供无关紧要的注解，例如"The pair of shoes, which cost five thousand dollars, was hideous"（"那双花去了 5000 美元的鞋子十分难看"）。限制性关系从句对于句子的意义则十分关键，通常是因为它能够从众多可能中选择出该名词的指称对象。在有关伊梅尔达·马科斯（Imelda Marcos）海量鞋子收藏品的一部纪录片中，如果我们想要根据购鞋价格挑出一双鞋并单独讲述它，那么我们会这样写："The pair of shoes that cost five thousand dollars was hideous"（"这双价值 5000 美元的鞋太丑了"）。根据这条规则，在"that"和"which"之间做出选择十分简单：非限制性关系从句使用"which"，限制性关系从句则使用"that"。

该规则的一部分是正确的：用"that"引导非限制性关系从句显得很奇怪，请看"The pair of shoes, that cost five thousand dollars was hideous"。实际上，不管有没有这条规则，几乎没人那么写。

该规则的另一部分则完全不正确。"which"引导非限制性关系从句没什么不对，例如"The pair of shoes which cost five thousand dollars was hideous"。但是在某些限制性关系从句中，"which"是唯一的选择，例如"That which doesn't kill you makes you stronger"（"杀不死你的将使你更强大"）以及"The book in which I scribbled my notes is worthless"（"那本有我潦草笔记的书毫无价值"）。即使在不强制使用"which"的情况下，几个世纪以来伟大的作家还是会用它，比如莎士比亚的"Render therefore unto Caesar the things which are Caesar's"（"恺撒的归恺撒"）和富兰克林·罗斯福（Franklin Roosevelt）的"a day which will live in infamy"（"一

个将遗臭万年的日子")这些句子中。语言学家杰弗里·普勒姆调查了狄更斯、约瑟夫·康拉德(Joseph Conrad)、赫尔曼·梅尔维尔(Herman Melville)和勃朗特等作家所写的部分经典小说,发现读到全书平均 3% 的地方就会碰上"which"引导的限制性定语从句。[34] 再看看 21 世纪出现的被编辑过的当代英语文章,他发现美国报纸中限制性定语从句使用"which"的比例达到了 1/5,在英国报纸中甚至超过了一半。即使语法保姆们都无法克制自己。在《风格的要素》一书中,怀特建议"猎杀 which",但他在自己的经典文章《猪之死》(*Death of a Pig*)中却写道:"The premature expiration of a pig is, I soon discovered, a departure which the community marks solemnly on its calendar"("我很快就发现,一头猪的早逝会被这个社区严肃地记录在其大事记中")。

反对"which"的伪规则,出自亨利·福勒在 1926 年出版的《现代英语用法词典》中的一个白日梦。他写道:"如果作者一致将 that 当作限制性关系代词,将 which 当作非限制性关系代词,句子将更加清晰易读。现在已经有人在遵循这一原则,但还没有根据表明这一原则是大多数作家或最好作家的做法。"词典编纂者伯根·埃文斯(Bergen Evans)戳穿了这种空想,他的以下评论应该被印成小卡片分发给语言学究们:"如果不是大多数或最好作家的做法,那就并非我们常用语言的一部分。"[35]

那么,作者该怎么做呢?真正重要的并不是决定使用"that"还是"which",而是决定使用限制性关系从句还是非限制性关系从句。如果某短语为名词提供注解,那么去掉该短语也不破坏句子大体意思;如果读该短语之前会有短暂停顿,并且它的语调起伏有别于所修饰的名词短语,那么一定要用逗号(或破折号、括号)将这个短语隔开,比如"The Cambridge restaurant, which had failed to clean its grease trap, was infested with roaches"("剑桥市这家没有将隔油池清洗干净的餐馆,到处爬满了蟑螂")。接下来你就不用担心是使用"that"还是"which"了,因为如果你倾向于使用"that",不是表明你已经200多岁了,就是表明你对英语这种语言听觉失调,那么选择"that"还是"which"是你最不需要担心的问题了。

另外,如果某短语提供的信息对于句子观点有关键作用,比如"Every Cambridge restaurant which failed to clean its grease trap was infested with roaches",如果把画线部分去掉,句子的意思就会彻底改变,并且该短语和所修饰的名词语气连贯,那就不要用标点隔开它。至于现在你该选择"that"还是"which":如果你讨厌做决定,那么选"that"一般都不会错。你将成为编辑眼中的好孩子,并且避免了说"which"时发出的咝音,许多读者都觉得发咝音很难听。当关系从句和它所修饰的名词分开时,一些指导准则建议将"that"变成"which",例如在"An application to renew a license which had previously been rejected must be resubmitted within thirty days"("此前被驳回的换发执照的申请,必须在30天内重新提交")中,画线部分的从句所修饰的名词是远离它的"application"("申请"),而不是紧挨着它的"license"("执照")。或者你也可以根据限制性的程度,也就是根据关系从句对于整个句子意义有多关键决定是否使用"that"。当所修饰名词的数量被"every"("每")、"only"("仅仅")、"all"("全都")、"some"("有些")或"few"("很少")所限定时，关系从句可能改变一切："Every iPad that has been dropped in the bathtub stops working"（"每一台丢进过浴缸里的 iPad 都停止工作了"）和 "Every iPad stops working"（"每一台 iPad 都停止工作了"）所表达的意思截然不同。当出现这些名词短语时，"that"似乎听起来更顺耳些。你还可以选择相信自己的耳朵，又或是抛硬币来决定。风格的正式程度可帮不了你：不像有些词被伪规则认为更加口语化而不应使用，"which"和"that"谁也不比谁更正式。

动词化和其他新词

许多语言爱好者不喜欢那些将名词动词化的新词。

其他粉碎了固守规矩者的世界的名词动用包括"author"（"创作"）、"conference"（"举行会议"）、"contact"（"联系"）、"critique"（"评论"）、"demagogue"（"煽动"）、"dialogue"（"对话"）、"funnel"（"汇集"）、"gift"（"赠送"）、"guilt"（"使……感到内疚"）、"impact"（"冲击"）、"input"（"输入"）、"journal"（"记录"）、"leverage"（"杠杆式投机"）、"mentor"（"指导"）、"message"（"报信"）、"parent"（"养育"）、"premiere"（"初次公演"）和"process"（"处理"）。

但是，如果固守规矩者将这种混乱归咎为在名词变为动词时没加上一个方便识别的词缀（如 -ize、-ify、en- 或者 be-），那么他们其实是误诊了。[仔细想想，他们也讨厌一些加了词缀的词，如 incentivize（用物质激励）、finalize（完成）、personalize（个性化）、prioritize（优先安排）和 empower（授权）]。大概 1/5 的英语动词源于名词或形容词，你能在许多英语文章中发现这样的动词。[36] 瞥一眼现在被转发最多的《纽约时报》新闻，你会发现许多动词如雨后春笋般涌现，如"biopsy"（"切片检查"）、"channel"（"引导"）、"freebase"（"加热精练"）、"gear"（"调整"）、"headline"（"加标题"）、"home"（"回家"）、"level"（"使……同等"）、"mask"（"掩饰"）、"moonlight"（"夜间活动"）、"outfit"（"配备"）、"panic"（"使……恐慌"）、"post"（"张贴"）、"ramp"（"用后脚立起"）、"scapegoat"（"使……成为替罪羊"）、"screen"（"掩护"）、"sequence"（"按顺序排好"）、"sight"（"看见"）、"skyrocket"（"飞涨"）、"stack up"（"使……堆积"）和"tan"（"晒成褐色"），还有通过添加词缀从名词和形容词衍生而来的动词，如"cannibalize"（"拆用……的配件"）、"dramatize"（"使……戏剧化"）、"ensnarl"（"使……缠绕"）、"envision"（"想象"）、"finalize"、"generalize"（"概括"）、"jeopardize"（"危害"）、"maximize"（"最大化"）和"upend"（"颠倒"）。

英语语言欢迎单词的词性转化为动词，并且这种转变已经延续了 1000 年。许多让语言纯正主义者感到紧张的新动词，对他们的孩子来说却变得无可指摘。例如，"contact""finalize""funnel""host"（"主持"）、"personalize""prioritize"这些词如今已变得不可或缺，人们很难对它们再有异议。甚至许多名词动用在过去几十年中大为流行，已经在词典中获得了永久的位置，因为比起其他选择，它们在传达意义上更清晰简明，包括"incentivize""leverage""mentor""monetize"（"把……定为货币"）、"guilt"［如 She guilted me into buying a bridesmaid's dress（她让我感到内疚，从而使我买了一件伴娘服）］和"demagogue"［如 Weiner tried to demagogue the mainly African-American crowd by playing the victim（魏纳试图通过扮演受害者来煽动主要是非洲裔美国人的群众）］。

真正让守规矩小姐及其同类神经紧张的并不是动词化本身，而是某些行业出现的一些新词。许多人对那些源自办公室小隔间的流行词语感到不满，比如"drill down"（"向下钻取"）、"grow the company"（"壮大公司"）、"new paradigm"（"新的范式"）、"proactive"（"先行一步的"）以及"synergy"（"协同"）。他们也对源于心理治疗团体和治疗室的行话感到生气，比如"conflicted"（"相互冲突的"）、"dysfunctional"（"机能失调的"）、"empower"、"facilitate"（"帮助……进步"）、"quality time"（"优质时间"）、"recover"（"恢复"）、"role model"（"行为榜样"）、"survivor"（"幸存者"）、"journal"用作动词、"issues"解作"关注点"、"process"解作"仔细考虑"、"share"解作"讲话"。

新近转化来的动词和其他新词事关品位，而非语法正误。你没有必要接受所有新词，尤其是忽然出现的流行语，如"no-brainer"（"不用动脑的事"）、"game-changer"（"改变游戏规则的人"）和"think outside the box"（"以不同寻常的方式思考"），或者是那些在旧有含义基础上添加技术含义粉饰而成的流行术语，如"interface"

("交互")、"synergy""paradigm""parameter"("参数")和"metrics"("度量")。

但是，许多新词使表达思想更简单，因而在语言中获得了一席之地，如果不用这些新词，表述就会冗长且累赘。《美国传统词典》于2011年出版了第5版，将10 000个单词和意义添加到10年前的版本中。其中许多新词表达了非常重要的新概念，包括"adverse selection"("逆向选择")、"chaos"("混沌"，非线性动力学术词)、"comorbid"("共病")、"drama queen"("作秀女王")、"false memory"("错误记忆")、"parallel universe"("平行宇宙")、"perfect storm"("一起发生时会带来灾难性后果的事件组合")、"probability cloud"("概率云")、"reverse-engineering"("逆向工程")、"short sell"("卖空")、"sock puppet"("马甲")和"swiftboating"("不公平的政治攻击")。实际上，新词使思考变得更容易。哲学家詹姆斯·弗林（James Flynn）发现，在20世纪，人类的智商分数每10年增加3个百分点，他将此归因于专业思维从学术和技术界渗入普通人的日常思考中。[37] 加速这种变迁的就是抽象概念简写词的传播，比如"causation"("因果关系")、"circular argument"("循环论证")、"control group"("控制组")、"cost-benefit analysis"("成本效益分析")、"correlation"("相关")、"empirical"("经验性的")、"false positive"("假阳性")、"percentage"("百分比")、"placebo"("安慰剂")、"post hoc"("事后比较")、"proportional"("成比例的")、"statistical"("统计上的")、"tradeoff"("折中")和"variability"("可变性")。想要遏制新词的涌现，将英语的词汇冻结在当前状态，这是愚蠢的，万幸的是也根本不可能，这样会阻止语言使用者获得有效分享新思想的工具。

新词也使语言的词汇量变得丰富，弥补了不可避免的单词损失和意义流失。写作的大部分乐趣就来源于在英语可使用的成千上万单词中挑挑拣拣。最好记住一件事，它们中的每一个在诞生时都是新词。《美国传统词典》(第5版)中的新词条就展现了英语文化圈的语言丰富性和近期的文化史。

"Abrahamic"("亚伯拉罕的"),"air rage"("乘机愤怒"),"amuse-bouche"("餐前点心"),"backward-compatible"("反向兼容"),"brain freeze"("吃冰淇淋导致的头痛"),"butterfly effect"("蝴蝶效应"),"carbon footprint"("碳足迹"),"camel toe"("骆驼脚趾"),"community policing"("社区警务"),"crowdsourcing"("众包"),"Disneyfication"("迪士尼化"),"dispensationalism"("时代论"),"dream catcher"("捕梦网"),"earbud"("耳塞式耳机"),"emo"("情绪摇滚"),"encephalization"("脑形成"),"farklempt"("哽咽无言"),"fashionista"("疯狂追求时尚的人"),"fast-twitch"("快速抽搐的"),"Goldilocks zone"("宜居带"),"grayscale"("灰度"),"Grinch"("败兴者"),"hall of mirrors"("镜厅"),"hat hair"("戴帽子后形成的凌乱发型"),"heterochrony"("异时性"),"infographics"("信息图"),"interoperable"("互操作性"),"Islamofascism"("伊斯兰法西斯主义"),"jelly sandal"("果冻凉鞋"),

"jiggy"("有性关系的"),"judicial activism"("司法能动主义"),"ka-ching"("收银机的声音"),"kegger"("啤酒聚会"),"kerfuffle"("混乱"),"leet"("用数字和符号代替字母的网络语言"),"liminal"("阈限的"),"lipstick lesbian"("有风韵的女同性恋者"),"manboob"("男性乳房发育症"),"McMansion"("庞大但品位极差的房子"),"metabolic syndrome"("代谢症候群"),"nanobot"("纳米机器人"),"neuroethics"("神经伦理学"),"nonperforming"("未能净得预期利润的"),"off the grid"("不上网、生活另类的人"),"Onesie"("连体衣"),"overdiagnosis"("过度诊断"),"parkour"("跑酷"),"patriline"("父系"),"phish"("网络钓鱼"),"quantum entanglement"("量子纠缠"),"queer theory"("酷儿理论"),"quilling"("褶裥边饰"),"race-bait"("种族迫害"),"recursive"("递归"),"rope-a-dope"("倚绳战术"),"scattergram"("散点图"),"semifreddo"("一种意大利半冰冻甜品"),"sexting"("色情短信"),"tag-team"("职业性摔跤"),"time-suck"("耗时的"),"tranche"("份额"),"ubuntu"("善心"),"unfunny"("不滑稽的"),"universal Turing machine"("通用图灵机"),"vacuum energy"("真空能量"),"velociraptor"("迅猛龙"),"vocal percussion"("人声打击乐"),"waterboard"("防浪板"),"webmistress"("女性网站管理员"),"wetware"("湿件"),"Xanax"("阿普唑仑"),"xenoestrogen"("外源性雌激

素"），"x-ray fish"（"大颚细锯脂鲤"），"yadda yadda yadda"（"诸如此类"），"yellow dog"（"卑鄙的人"），"yutz"（"傻子"），"Zelig"（"反复无常的人"），"zettabyte"（"泽字节"），"zipline"（"滑索"）

如果只允许我带一本书去传说中的荒岛，我可能会带本词典。

who 和 whom

一次，有人问格劳乔·马克斯一个冗长和夸张的问题，他回答道："Whom knows"（"谁知道？"）乔治·埃德（George Ade）在 1928 年创作的短故事也包含这样的台词："'Whom are you?' he said, for he had been to night school"（"他说'你是谁'，因为他上过了夜校"）。2000 年的连环漫画《鹅妈妈和格林》（*Mother Goose and Grimm*）中，一只落在树上的猫头鹰叫唤"Whom"，地上的一只浣熊回答"真爱炫耀！"一部名为《语法机器人》（*Grammar Dalek*）的动画片中，一个机器人在叫喊"I think you mean Doctor Whom!"（"我想你是说神秘博士！"）还有比较老的动画片《飞鼠洛基冒险记》（*Rocky and Bullwinkle*），里面两个间谍波丽丝和娜塔莎之间的如下对话。

NATASHA: Ve need a safecracker
娜塔莎：我们需要一个保险箱窃贼。

BORIS: Ve already got a safecracker！
波丽丝：我们已经有一个保险箱窃贼了！

NATASHA：Ve do? Whom?
娜塔莎：我们有吗？谁啊？

BORIS：Meem, dat's whom!
波丽丝：我，就是那个人啊！

关于"whom"的幽默流行之广，告诉我们"who"和"whom"的两个差别。第一，"whom"长久以来被看作过于正式甚至近乎炫耀的用法。[38] 第二，许多演讲者不清楚"whom"的正确使用规则，只要希望自己的演讲听起来很时髦，便会用上"whom"。

正如我们在第 4 章看到的那样，"who"和"whom"之间的差别应当很明确。如果回想一下把"wh-"开头的单词放在句首的变化规则，你会发现"who"和"whom"之间的差别与"he"和"him"或"she"和"her"一模一样，并没有什么难懂。陈述句"She tickled him"（"她搔他痒"）能转化成问句"Who tickled him"（"谁搔他的痒"），"wh-"开头的单词替代了主语，因此是主格形式"who"。它也可以变成问句"Whom did she tickle"（"她搔谁的痒"），"wh-"开头的单词替代了宾语，因此是宾格形式"whom"。

但是在头脑中逆向操作位移规则有认知上的困难，加之格标记在历史上从英语中消失了（除了人称代词和属格's），长此以往就让人难以看清其中的差别。莎士比亚和他同时代的人经常在按规则应该用"whom"的地方用"who"，反之亦然，甚至在规范主义语法学家一个世纪的喋喋不休后，人们在说话和非正式写作时还是无法弄清"who"和"whom"的区别。只有最一本正经的人才用"whom"作为某个短小问句或关系从句的开端。

Whom are you going to believe, me or your own eyes?
你会相信谁，我还是你的眼睛？

It's not what you know; it's whom you know.
问题不是你知道什么；是你认识谁。

Do you know whom you're talking to?
你知道你在和谁说话吗？

当人们尝试用"whom"时，经常犯错：

In 1983, Auerbach named former Celtics player K.C. Jones coach of the Celtics, whom starting in 1984 coached the Celtics to four straight appearances in the NBA Finals.
1983 年，奥尔巴赫任命前凯尔特人队运动员 K. C. 琼斯为凯尔特人队教练，自 1984 年起他训练凯尔特人队四次打进 NBA 总决赛。

Whomever installed the shutters originally did not consider proper build out, and the curtains were too close to your window and door frames.
最初安装这些百叶窗的人没考虑适当扩建，那些窗帘离你的窗户和门框太近了。

第 4 章对句法树的探讨，找到了一个特别常见的"whom"使用错误。如果以"wh-"开头单词的深层结构位置是一个从句的主语（要求用 who），但它邻近一个用该从句作补语的动词（误导人用 whom），作者便看不清树形结构，视线被邻近的那个动词吸引过去，结果就变成"The French actor plays a man whom she suspects ___ is her husband"。这样的写法已经在很长时间内司空见惯了，甚至许多细心的作者也没有异议,以至于一些语言学家辩称它们不再是错误了。他们辩称,在这些作者的方言中,"whom"的使用规则是,只要与某个动词后面的位置有联系,就要使用"whom",即使它是一个从句的主语。[39]

和虚拟语气一样,代词"whom"普遍被认为来日无多。实际上,在印刷文本中的出现频率也证明,它在近两个世纪被使用得越来越少。"whom"这种日渐衰退的命运,代表的不是英语语法的变迁,而是以英语为母语者的文化变迁,他们的写作变得非正式化,越来越接近口语。但由此推断"whom"的使用频率曲线会一路向下直到归零,还是不稳妥。自从20世纪80年代以来,这条曲线似乎已经趋于平稳了。[40]尽管"whom"在短小问句和关系从句中略显夸张,但它在某些语境中,甚至在非正式的说话和写作中,都是一个自然的选择。我们依然会在以下情况中使用"whom":双重疑问句如,"Who's dating whom?"("谁在跟谁约会");固定表达,如"To whom it may concern"("致有关人士"),"with whom do you wish to speak"("你想和谁说话");作者决定不让介词悬空,而是将其并移到句首的句子。浏览一下我的邮件,你能看到上百个"whom",即使排除了那些邮件默认文本也是一样,如"The information in this email is intended only for the person to whom it is addressed"("此封邮件中的信息仅提供给特定收件人")。在以下几个显然非正式的句子中,"whom"使用得十分自然,毫不碍眼。

I realize it's short notice, but are you around on Monday? Al Kim

from Boulder (grad student friend of Jesse's and someone with whom I've worked a lot as well) will be in town.
我知道这是个临时通知,但你星期一在吗?阿尔·金将从博尔德(杰西的研究生朋友以及经常和我合作的人)到城里来。

Not sure if you remember me ; I'm the fellow from Casasanto's lab with whom you had a hair showdown while at Hunter.
不确定你是否记得我;我在卡萨桑托斯实验室工作,在亨特学院曾和你在发型上有过较量。

Hi Steven. We have some master's degree applicants for whom I need to know whether they passed prosem with a B+ or better. Are those grades available?
你好,史蒂芬。我们有一些硕士学位申请者,我想知道他们在研讨课中是否拿了 B+ 或更好的成绩。那些成绩可以查到吗?

Reminder: I am the guy who sent you the Amy Winehouse CD. And the one for whom you wrote "kiss the cunt of a cow" at your book signing.[41]
提醒:我是送你艾米·怀恩豪斯 CD 的那个人。你曾经在你的书的签售会上给我写过"亲吻奶牛的私处"。

对作者最好的建议是,根据结构的复杂度和所需的正式程度来调整"whom"的用法。在非正式风格中,"whom"可以用作介词宾语,或者用在使用"who"明显不对的其他位置,除此之外,再用"whom"都会显得有些夸张。在正式风格中,作者应该将"wh-"词汇移动到它在语法树上的初始位置,然后相应地选择"who"或"whom"。但是即使在正式写作中,如果作者希望表达简洁直接而非华美绚丽,那么也可以用"who"。如果《纽约时报》

"谈语言"（On Language）专栏作者、自称"语言专家"的威廉·萨菲尔（William Safire）可以这样写——"Let tomorrow's people decide who they want to be president"（"让明天的人们决定谁做总统"），那么你也可以这样写。[42]

数量、特质与程度

我们方才检视的用法规则都围绕着语法形式，比如语法范畴、时态标记和语气这些方面的差别。可是关于数量、特质与程度的其他规范性规则，被认为更靠近逻辑与数学，而不是语法规则。纯正主义者认为，轻视这些规则不是小过失，而是对理性本身的攻击。

这类主张往往靠不住。语言无疑为作者提供了多种方式去表达逻辑上的细微差异，可没有哪种逻辑差异能机械地凭借单个字词或结构来传达。所有词语都有多重意义，只有通过语境才能辨别，其中每个意义都比纯正主义者提出的那些更精妙。现在，让我们观察一些主张如何诡辩说用法问题可以通过逻辑或数学上的一致性来加以解决。

绝对的和分等级的特质（very unique）

人们通常认为，不能说"一点点结婚"（a little married）或"一点点怀孕"（a little bit pregnant），但是纯正主义者认为其他一些形容词也不能这样用。最经常伤害纯正主义者感情的便是"非常独特"(very unique)或类似表述,即由程度副词[如更多(more)、更少(less)、稍稍(somewhat)、十分(quite)、相对(relatively)和几乎(almost)]修饰"绝对"或"不可比"的形容词。他们认为,"独特"就像婚姻或怀孕一样:要么独特到只此一家,要么平庸到遍地都是。因此,涉及程度的"独特"毫无意义。也没人可以合理地修饰"绝对"(absolute)、"肯定"(certain)、"完全"(complete)、"相等"(equal)、"永恒"(eternal)、"完美"(perfect)、"相同"(the same)。比如没人会这么写:一份报告比另一份"更确定"(more certain),现在的清单"更加完整"(more complete),或是一个公寓"相对完美"(relatively perfect)。

但是看一眼这些用法的实际使用情况,你立刻就会起疑心。数百年来,伟大的作家一直在修饰那些表达绝对概念的形容词,其中也包括美国宪法起草者,他们意图追寻"一个更完美联邦"(a more perfect union)。很多这样的用法出自用心的作家笔下,并被用法委员会的大多数成员支持。这其中有"没什么比这更肯定的了"(nothing could be more certain)、"找不到更完美的地点了"(there could be no more perfect spot),以及"更平等的资源分配"(a more equal allocation of resources)。即使"非常独特"的用法遭到普遍鄙夷,可对"独特"的其他修饰并没有招来反对。马丁·路德·金(Martin Luther King)写道:"我处于相当独特(rather unique)的位置,是传道人的儿子、孙子和曾孙。"近日,《纽约时报》科学版刊载的一篇文章写道:"这种生物的习性与外表都如此独特(so unique),因此发现它的生物学家不但给它起了一个专属物种名称……还宣告它是一个全新的门。"

甚至,"非常独特"也有其用武之地。昨晚,我在普罗温斯敦镇路过一间餐馆时,收到了一张光面的卡片,内容是邀请行人进去看表演,那上面印着一位好身材的男人,身着银色小礼服,饰以相称的领结、乳贴和兜裆布,再无其他,他身边簇拥着一群性感撩人、发型夸张的男女舞伴,在他脚边有一个雌雄莫辨的流浪儿,留着铅笔胡,穿着一身蓝绿色亮片水手服。明信片上写道:"特别惊喜事件。一场变装滑稽狂欢!以滑稽歌舞著称的超级巨星杰特·阿多尔!由西雅图首席艳舞女郎本·德拉克莱梅主持。"分发卡片的女服务员对我保证,这肯定是场"非常独特的表演"(very unique show)。谁会反对呢?

这就是纯正主义者的逻辑缺陷。"独特"这一概念并非如婚姻或怀胎,它必须相对于某种测量尺度才能界定。有人曾告诉我说,每片雪花都是独特的。可在我眼中,它们看起来并无二致。反之,豆荚中看似一模一样的两粒豌豆,在我们拿起放大镜眯起双眼去观察时,都是独一无二的。这意味着没有哪样事物独特,还是意味着每样事物都独特呢?都不是。只有你明确了什么特质是你感兴趣的,以及正在运用何种解析度来观察,"独特"这个概念才有意义。

有时我们能用"独特"表达那些测量尺度不连续的品质,就像"夏威夷被海水环绕,这在美国各州之中是独特的",或是"数字30可以被分解为质数2、3、5的独特集合"。纯正主义者希望"独特"这个词只被使用于那些不加比较副词的情况中。但我们经常看到许多拥有连续测量尺度的特质,也就是说,我们关注的事物与其他事物在同一特质上有或大或小的差异。称某些事物"非常独特"或"相当独特",便暗示此事物在很多特质或很大程度上与其他事物不同。换句话讲，无论在什么尺度上，这个事物都是独特的。自从"unique"这个单词被广泛使用以来，就一直同时拥有"有特色的"和"没有与之相似或相等之物"两个意义。其他所谓的绝对形容词也有对比尺度，因此可用对比当中所用尺度来加以修饰。

这并不是说你就能随意使用"非常独特"，就算你是在分发"特别惊喜事件"的小广告。正如我们在第2章读到的，"非常"是一个乏味的修饰语，它与"独特"的组合会惹火很多读者，所以明智之举是避开这种用法。[如果你必须要给"独特"限定个程度，表明确信而非差异的"真的独特"(really unique)和"确实独特"(truly unique)，则更易被人接受。]但是，对所谓的绝对形容词做比较，不仅合乎逻辑，也经常难以避免。[43]

单数和复数（none is 与 none are）

英语语法中单复数的简单划分，让很多情况难以处理。问题就在于数字在语法中的过度简化，与其在数学和逻辑中真正的复杂本质不匹配。假设我说出一些东西，要求你将其整理为两大类，一类为单数，一类为复数。我们之间的交谈或许会如下所示。准备好了吗？

"一个茶杯"。	"简单！单数。"
"一堆盆栽植物。"	"简单！复数。"
"一个茶杯和一只调羹。"	"还是很轻松，1+1=2，这是复数。"

第6章 明辨对错

"一双手套。"	"额，这得看情况……我看到两只手套，可在我的收据上，还有当我决定使用快速结账通道时，它们都被看作一整套东西。"
"餐厅套装。"	"哎呀，这是一个套装，但里面有四把椅子与一张桌子。"
"花盆下的碎石。"	"我是该去数每个小石子，还是把它们看作一整盘的碎石呢？。"
"什么都没有。"	"嗯……我猜两类都不是。我该怎么做？"
"那张桌子或那把椅子。"	"啊？"
"屋子里的每件东西。"	"等一下，你是想让我退后一步整体考虑所有东西（肯定是复数），还是贴近一点挨个审视（这样，每个都是单数）？"

当英语作者需要将"none"（"没有"）、"every"（"每个"）以及其他量词硬塞进"单数－复数"的框里面，这些都是他们必须解决的智力题。

语言纯正主义者坚持认为，"none"意思是"没有一个"，因此必须是单数：应该说"None of them was home"（"没人在家"），而不能说"None of them were home"。这是错的，你可以去查一下词典。一直以来，"none"其实既为单数又为复数，具体则取决于作者是一次考虑整个集合，还是单独关注个体。比起"None of the students were doing well"（"没有一个学生做得好"）这样的复数形式,单数形式"None of the students was doing well"更加强调特定个体,在风格上更优。但是当另外的量词迫使我们选取整体中的一部分来讨论,使用复数就不可避免了:"Almost none of them are honest"["他们中几乎没有一个人是诚实的"(不用"is")];"None but his closest friends believe his alibi"["除了他最亲密的朋友,没有人相信他的不在场证明"(不用"believes")]。"any"也可以在这两种方式之间摇摆:"Are any of the children coming"("那些孩子中有任何一个会来吗");"Any of the tools is fine"("这些工具中任何一件都可以")。"no"也是如此,它的单复数取决于其修饰的名词本身的单复数:"No man is an island"("没有哪个人是座孤岛");"No men are islands"("没有哪些人是孤岛")。

这三个量词表示完全的"无",并没有固有的数量,与之相反,某些量词每次只关注单一个体。"neither"意思是"不是两个中的任何一个",这是单数,应该说"Neither book was any good"("这两本书中的任何一本都不好"),而不能说"Neither book were any good"。"either"也一样,意思是二者之一:"Either of the candidates is experienced"("两位候选者中的任何一位都经验丰富"),不用"are"。同样,"anyone"("任何人")和"everyone"("每个人")中的"one","somebody"("有些人")和"everybody"("每个人")中的"body",以及"nothing"("什么都没有")中的"thing"都明确表示,这些单词每次只涉及单一个体(尽管词义包含了所有个体),因此都是单数,如"Anyone is welcome to try"("欢迎任何人来尝试");"Everyone eats at my house"("每个人都在我家吃饭");"Everyone is a star"("每个人都是明星");"Nothing is easy"("没有哪件事容易")。

当两个单数词用"and"连在一起时,这个短语通常是复数。仿佛语言认可了一加一等于二:"A fool and his money are soon parted"("傻瓜的钱总是很快没有了");"Frankie and Johnny were lovers"("弗兰基和琼妮是恋人")。可当一组事物在作者头脑中被打包为一个整体,它便是单数:"One and one and one is three"("1 加 1 加 1 等于 3");"Macaroni and cheese is a good dinner for kids"("通心粉和奶酪对孩子们来说是很好的晚餐")。这属于一个更大的现象,叫作"概念性一致",也就是说,一个名词短语在语法上的单复数,取决于作者认为其指称对象是单数还是复数,而不是在语法标记上是单数还是复数。作者可以在脑海中将联合的短语打包成一个单元,例如"Bobbing and weaving is an effective tactic"("拳击中的躲闪和迂回行进是一种有效的战术")。作者亦可反过来,在脑海中窥视一个单数的集合名词,看见组成这个名词的复数个体,例如"The panel were informed of the new rules"("专家组被告知了新规则")。这在英式英语中更为常见,美国人看到下面这些句子,则需要一些时间才能反应过来:"The government are listening at last"("政府终于倾听民众的呼声了");"*The Guardian* are giving you the chance to win books"("《卫报》给你一个机会去赢得书籍");"Microsoft are considering the offer"("微软公司正在考虑那个报价")。

将名词连在一起的其他单词又会怎么样呢,比如"with"("带有")、"plus"("加上")以及"or"("或者")?"with"是个介词,因此"a man with his son"("一个人和他的儿子")这个短语不是并列结构,而是以"man"为中心词、"with his son"为修饰语的普通短语。它沿用了中心词"a man"的单数形式，所以我们说"A man with his son is coming up the walk"（"一个人和他的儿子走过来了"）。"plus"一开始也是一个介词，所以我们说"All that food plus the weight of the backpack is a lot to carry"（"所有那些食物再加上背包，要带的东西可多了"）。但是"plus"现在也逐渐被用作并列连词，比如"The hotel room charge plus the surcharge add up to a lot of money"（"酒店房费加上额外费用，累计起来有很多钱了"）是很自然的表述。

现在，我们必须想想如何对待"or"。两个单数名词分开仍是单数："Either beer or wine is served"（"你可以喝啤酒或葡萄酒"）。两个复数名词分开则是复数："Either nuts or pretzels are served"（"你可以吃坚果或脆饼干"）。传统语法书认为，一个单数和一个复数分开时，单复数搭配应与离动词最近的名词一致："Either a burrito or nachos are served"（"你可以吃玉米煎饼或烤干酪辣味玉米片"）；"Either nachos or a burrito is served"（"你可以吃烤干酪辣味玉米片或玉米煎饼"）。但是这种方针令许多作者感到不舒服（用法委员会中支持和反对的人各占一半），因此作者最好重写这个句子，避免读者总在语法问题上绷着一根神经，比如改写成"They serve either nachos or burrito"（"他们提供烤干酪辣味玉米片或玉米煎饼"）。

某些名词会指明一种计量方法，并用"of-"短语来指明其度量的事物，如"a lot of peanuts"（"许多花生"）、"a pair of socks"（"一双袜子"），这些变化多端的名词可以是单数，也可以是复数，全取决于"of-"短语的单复数："A lot of work was done"（"许多工作完成了"）；"A lot of errors were made"（"很多错犯下了"）。（也许是因为它们的树形结构不同，a lot 在第一个短语中是中心词，而在第二个短语中，它是中心词 errors 的限定词。）"of-"短语缺失时，作者则会在心里补上，这个幻想的短语决定了单复数："A lot（of people）were coming"["许多（人）正走过来"]；"A lot（of money）was spent"["许多（钱）被花出去了"]。其余变化多端的量词还有"couple"（"几个"），"majority"（"大多数"），"more than one"（"不止一个"），"pair"（"一对"），"percentage"（"百分比"），"plenty"（"许多"），"remainder"（"剩余的"），"rest"（"其余"），"subset"（"子集"）。

还有个令人不解的结构："one of those who"（"其中之一"）。近日，我为道格拉斯·霍夫斯塔特（Douglas Hofstadter，中文名为"侯世达"）和埃曼纽尔·桑德尔（Emmanuel Sander）的书做推荐，推荐语如此开头："I am one of those cognitive scientists who believes that analogy is a key to explaining human intelligence"（"有些认知科学家认为，类比是解释人类智力的一个关键，我便是其中一个"）。霍夫斯塔特在感谢我的同时，不好意思地问我，是否介意把"who believes"变为"who believe"，我更加不好意思地同意了，因为霍夫斯塔特（正如其读者期望的）一直进行树形思考。这个由"who"引导的关系从句依附于"cognitive scientists"（复数），而非依附于"one"（单数），意思是"有一些重视类比的认知科学家（复数），而我属于这个集合"。因此，这里必须用复数的动词形式"believe"。

尽管无法为最先的措辞辩护，但我仍然听不出来那有什么问题，因此我进行了有关此结构的一些研究。事实证明，像我这样措辞的人还有很多。1000多年来，诱惑力十足的单数"one"压倒了句法上要求使用的复数"those"，作者们前仆后继地使用这一单数形式。这其中包括纯粹的语言纯正主义者詹姆斯·基尔帕特里克（James Kilpatrick），即使不断被纠正，他仍懊恼地发现自己一次又一次地使用它。比如他写道："In Washington, we encounter 'to prioritize' all the time; it is one of those things that makes Washington unbearable"（"在华盛顿，我们时时刻刻都遇到"优先"；这是使华盛顿令人难以忍受的原因之一"）。技术上正确的用法经常令人感到不大对劲。超过40%的用法委员会成员反对下面的表达："The sports car turned out to be one of the most successful products that were ever manufactured in this country"（"结果这辆跑车成为这个国家制造出来的最成功产品之一"）。有时，这种两难可以凭借巧妙措辞予以避开（比如，删除"that were"），可这并非通常的用法。在"Tina is one of the few students who turns to the jittery guidance counselor, Emma, for help with her feelings"（"蒂娜是少数几名为情感问题求助于紧张兮兮的咨询顾问艾玛的学生之一"）这句话中，如果要把"turns"改为"turn"，就要把"her feelings"改为"their feelings"，这样好像每个女孩都是为所有女孩的情感问题去做咨询，而非为她自己。

《剑桥英语语法》认为，读者脑中交汇的两个树形结构合成了这种结构：在一个树形结构中，关系从句连接下层名词（cognitive scientists who believe），这决定了意义；在另一个树形结构中，关系从句连接上层名词（one……who believes），这决定了单复数。用法指南认为，单复数皆可用于这种结构中，只看"one"与"those"哪个在作者心中更加凸显。[43]

双数和复数（两个和多于两个之间的区别）

许多种语言在其数字体系中区分了三种数量：单数（一个）、双数（两个）和复数（许多）。例如希伯来语称"一天"为"yom"，"两天"为"yomayim"，"许多天"为"yamim"。英语中没有双数的语法标记，但确实有表达，例如英语中有"pair"和"couple"这些词，以及其他有不同程度争议的量词。

between 和 among　在学校里，老师这样教学生："between"只能用在两项之间（因为 tween 与代表两个的 two 以及 twain 相关），而"among"仅适用于多于二的数量："between you and me"（"在你和我之间"），"among the three of us"（"在我们三人之中"）。但是，这种说法只对了一半。"among"当然不能用于两人之间："among you and me"行不通。可"between"却并非只为 2 这个数字预留，因为没有人会说"I've got sand among my toes"（"我的脚趾头之间进了沙子"），"I never snack among meals"（"我在一日三餐之中从不吃点心"），或者"Let's keep this among you, me and the lamp-post"（"让我们就把这个秘密留在你、我以及这个路灯柱中间"）。尽管如此，一些作者还是恭顺地遵从这些伪法则，直到自尝苦果，捏造出一些浮华的表述，例如"sexual intercourse among two men and a women"（"两个男人与一个女人之间的性交"）、"a book that falls among many stools"（"一本书掉到了许多凳子之中"）以及"The author alternates among mod slang, clichés, and quotes from literary giants"

("这位作者游走于新潮俚语、陈词滥调以及引自文学巨匠的文字中")。真正的原则是：如果每次只考虑两个个体，那么"between"可以用于表达单一个体与任意数量的其他个体之间的关系；"among"则用于表达单一个体与不定形态的物质或集体概念之间的关系。"Thistles grew between the roses"（"蓟藜在玫瑰之间生长"）表示整齐的花园中一排排有序的花束，而"Thistles grew among the roses"更像是交织生长的缤纷花园。

each other 和 one anther　另一个相似的传统规则将"each other"指派给两人组合，将"one anther"指派给多于两人的团体。如果遵从这些规则，而忽略自己的直觉，你便不会陷入麻烦——用法委员会中的绝大多数成员也这样主张。但通常的实际做法却是将两者互换使用："the teammates hugged each other"（"队友们相互拥抱"），"the teammates hugged one another"。众多词典与使用指南都认为这没问题。

alternative　规范主义主张，"alternative"仅指两种可能性，绝不能超过两种。这又是一个"外婆的故事"，忘了它吧。

either 和 any　"either"只用于表达两者之一，是更可靠的用法，至少当它用作名词或限定词时是这种情况。"Either of the three movies"（"三部电影中的任一部"）和"Either boy of the three"（"三人中的任何一个男孩"），这两个短语明显很古怪，其中的"either"应当用"any"替代。但是当"either"用于"either-or"的结构时，即使不那么得体，也可以接受："Either Tom, Dick, or Harry can do the job"（"汤姆、迪克或哈里，都能做那件事"）；"Either lead, follow, or get out the way"（"要么领导，要么跟随，要么离远点儿"）。

-er（比较级）和 -est（最高级）；more 和 most　　形容词词尾会因程度不同而发生变化，从而产生了比较级［harder（更难）、better（更好）、faster（更快）、stronger（更强）］与最高级［hardest（最难）、best（最好）、fastest（最快）、strongest（最强）］。传统语法认为，比较级应留作两者之间的比较，最高级则在两者以上比较时使用。你应当说"the faster of two runners"（"两位跑步者中更快的那一位"）而不能说"the fastest"（"最快的那一位"），但是如果说"the fastest of three runners"（"三位跑步者中最快的那一位"）则没错。如果不用"-er"与"-est"而用"more"与"most"时，这个规则也适用："the more intelligent of the two"（"两人中更聪明的那一位"）；"the most intelligent of the three"（"三人中最聪明的那一位"）。但是这条规则并非不可违逆，比如我们说"May the best team win"（"希望最好的那支队赢"）而非"the better team"（"更好的那支队"），以及"Put your best foot forward"（"表现你最优秀的一面"）而非"your better foot"（"你更优秀的一面"）。这次又看出了传统规则的简单粗暴之处。不能只看绝对数量来决定用哪个词，而是要看比较的方式。比较级形容词适合用于两者直接比较，一个对另一个；而当面对更大的潜在比较群体而非只和另一个比较时，最高级更合适。若尤塞恩·博尔特（Usain Bolt）和我碰巧在争夺奥林匹克梦之队的资格，说"They picked the faster of the two men for the team"（"他们挑选了两人中跑得较快的那一位加入队伍"），则会误导读者，实际上是"They picked the fastest man"（"他们选择了跑得最快的人"）。

可数名词和不可数名词

最后，让我们看看鹅卵石（pebbles）与沙砾（gravel），这代表了英语使用者将集合体概念化的两种方式：离散性事物以复数可数名词表达，而连续性物质则以不可数名词表达。某些量词对后接什么样的名词比较挑剔。我们可以说"many pebbles"（"许多鹅卵石"），不能说"much pebbles"，可以说"much gravel"（"大量沙砾"），不能说"many gravel"。而有些量词就没有这么挑剔：我们可以说"more pebbles"（"更多鹅卵石"）或是"more gravel"（"更多沙砾"）。[44]

你现在或许会认为，与"more"（"更多"）一样，"less"（"更少"）既能修饰可数名词，也能修饰不可数名词。事实并非如此：你可以有"less gravel"（"较少沙砾"），可大多数作者认为你只能有"fewer pebbles"（"较少鹅卵石"），而非"less pebbles"。这是合理的区分，可语言纯正主义者将其延伸到其他语境中，有些矫枉过正。他们说，超市快速结账通道的标语"TEN ITEMS OR LESS"（"十件或更少"）是个语法错误，结果一些吹毛求疵的健康食品超市及其他高端超市都把标语都换成了"TEN ITEMS OR FEWER"（"十件或更少"）。自行车交通联盟（Bicycle Transportation Alliance）的主管站出来道歉，就因为他们出品的流行T恤上写有"ONE LESS CAR"（"少开车"），并让步说那理应写成"ONE FEWER CAR"。按这个逻辑，酒品不能卖给"年龄小于21岁"（"fewer than twenty-one years"）的顾客，守法的汽车驾驶员"时速不能超过70英里"（"at fewer than seventy miles an hour"），贫困线应定在"年收入少于 11 500 美元"("make fewer than eleven thousand five hundred dollars a year")。一旦你掌握了这些区别,"就会少件烦心事了"("that's one fewer thing to worry about")。⁴⁵

若你觉得这些表达听起来有些奇怪,那么并非只是你才有如此感受。正如以下漫画所提醒的,不只是马虎的语法,过度强调语法区别的迂腐行为也会使语言偏离轨道。

© Luke Surl 2008

问题出在哪里?语言学家已经指出,纯正主义者搞错了"less"与"few"的区别。在复数且可数的离散性事物上使用"less"无疑很滑稽:"fewer pebbles"听起来确实比"less pebbles"更顺耳。可这并非是说"less"要被全面禁止用在可数名词上。"less"是单数可数名词的天然搭档,比如"one less car"和"one less thing to worry about"。当被量化的事物属于连续的量,而且这个可数名词涉及计量单位时,使用"less"也是自然的。毕竟,"six inches"("6 英寸")、"six mouths"("6 个月")、"six miles"("6 英里")以及"six dollars"("6 美元")的账单,并非真的对应六件东西。这些单位好比电影《摇滚万万岁》(*This Is Spinal Tap*)中尼格尔·特福勒尔（Nigel Tufnel）最喜欢的扩音器上 1 ~ 11 的刻度，是人为划分出来的。在这些例子中，用"less"是自然的，用"fewer"就是矫枉过正。而当某数量与某个标准比较时，"less"也更合乎语言习惯，例如"He made no less than fifteen mistakes"（"他犯了不超过 15 个错误"）和"Describe yourself in fifty words or less"（"用不超过 50 个词介绍你自己"）。这些习语也并非近代的讹用：在英语的长期历史中，"less"皆可用于可数名词与不可数名词，如同今日的"more"。

就如许多可疑的用法规则，"less"与"fewer"的区别对写作风格的影响不大。在"less"与"fewer"都可行的情况下，例如"Less/fewer than twenty of the students voted"（"不到 20 名学生投票"），在古典风格中，"fewer"是更好的选择，因为它让句子更生动准确。但这并不是说"less"是语法错误。

同样的判断也适用于选择"over"还是"more than"（都是"多于"的意思）。当复数名词是可数的，用"more than"是个好主意。"He owns more than a hundred pairs of boots"（"他拥有 100 多双靴子"）比"He owns over a hundred pairs of boots"更有古典风格，因为"more than"鼓励我们想象单独的一双双靴子，而非将它们混在一起，视为一个不明确的集合体。可当复数名词指向的是测量尺度上的一个点，就像在"These rocks are over five million years old"（"这些岩石有超过 500 万年的历史了"）这句话中，坚持只能说"more than five million years old"不免有悖情理，因为没人会一年一年地算。用法指南认为，在以上两个例子中使用"over"都不算语法错误。

······························

我无法抗拒诱惑,想用劳伦斯·布什(Lawrence Bush)的小故事为以上讨论做总结,这个故事影射了许多我们之前讨论过的用法(看你能认出多少)。[46]

我刚刚来到俱乐部的时候,偶然遇到了罗格。我们互相寒暄几句后,他压低了声音问我:"你对玛塔和我(Martha and I)两人组成一对,有什么看法?"

"那,"我回答说,"是个错误。玛塔和我(Martha and me)更好。"

"你对玛塔感兴趣?"

"我对清晰的交流感兴趣。"

"很公平,"他赞同地说,"希望最优秀的人赢(May the best man win)。"随后,他叹了口气,"我觉得我们肯定能变成非常独特(very unique)的一对。"

"你们不可能成为非常独特的一对,罗格。"

"噢?为什么?"

"玛塔不能一点点怀孕(a little pregnant),对不对?"

"你说什么?你觉得玛塔和我(Martha and me)……"

"玛塔和我(Martha and I)。"

"哦。"罗格脸红了,坐下来喝茶,"天呐,我不知道。"

我安慰他说:"你当然不知道。大多数人都不知道。"

"关于这个,我感觉很糟糕(I feel very badly)。"

"你不应当那样说，应该是我感觉很糟（I feel bad）……"

"请别这样，"罗格说，"如果有人犯了错的话，那是我（it's me）。"

男性与女性（无性别主义语言与单数 they）

2013 年，媒体报道了奥巴马总统对联邦最高法院决定废除一个歧视法案的赞扬。他说："No American should ever live under a cloud of suspicion just because of what they look like"（"没有一个美国人应因其外表而生活在怀疑的阴影之下"）。[47] 他这样说，正好触及了过去 40 年中最热的用法争议之一：复数代词（they、their、themselves）搭配语法上的单数先行语（no American）。为何奥巴马不说"because of what he look like"（"因他的外表"）或是"because of what she look like"（"因她的外表"）呢？

很多纯正主义者声称，"单数 they"是只配出现在大笑猫网站上的可笑错误，人们容忍它存在，是为了平复女性运动。依据这一理论，"he"是最完美的中性代词。语法学习者经常被这样教育："即使在语法中，男性也可以包含女性。"可女性主义者的情感无法容忍用男性去代表两种性别的这种迷惑人的男性至上主义，因此致力于语言变革，开始是指示大家使用笨拙的"he or she"，后来堕落到使用"单数 they"。计算机科学家大卫·葛伦特（David Gelernter）解释："将其 80 吨重、16 个轮子的巨物撞向灵活如英式赛车似的英语风格后，（女性主义权威）仍不满足，继续在语法上向其'开枪'，直到主语和代词之间的一致性也被宣称非必须遵守，最后终成一堆废墟。"[48]（他应当写"先行语和代词"——这个问题与主语无关。）

网络漫画艺术家赖恩·诺思（Ryan North）以轻松的手法探讨了同样的用法问题，而且对女性主义毫无敌意。关于英语到底有多灵活，他的作品《霸王龙》(*T-Rex*)比葛伦特展现出更多的怀疑精神，与第二人称的语言当面对质，要求承认那些已被提出数载的中性代词，如"hir""zhe"或"thon"。

可在随后的漫画中，说话的恐龙犹豫起来，首先担心"新发明出来的代词总是听起来怪怪的"，然后就推翻了自己的观点，考虑是否应该学着喜欢"There comes a time when thon must look thonself in the mirror"这样的表达。

让我们尝试梳理一下。首先，霸王龙没错，错的是纯正主义者：英语中没有中性代词。至少在语法中，男性并不包含女性。实验表明，当读者读到"he"时，他们更多假定作者意指男人。[49]这些实验本来都没有必要做，因为英语语法中的残酷事实就是，"he"代表男性，不是什么中性代词。倘若不信，来读读下面这些句子。[50]

Is it your brother or your sister who can hold his breath for four minutes?
是你的兄弟还是姐妹可以屏住他的呼吸4分钟？

The average American needs the small routines of getting ready for work. As he shaves or pulls on his pantyhose, he is easing himself by small stages into the demands of the day.
在工作前，普通的美国人总有些小的例行习惯。刮胡子，穿连裤袜，他通过每天必需的小步骤来放松他自己。

She and Louis had a game——who could find the ugliest photograph of himself.
她和路易斯玩了个游戏——看谁能够找到他自己最丑的照片。

I support the liberty of every father or mother to educate his children as he desires.
我支持每位父亲或母亲有自由按他所期望的去教导他的孩子。

你是否仍认为"他"是中性的代词？霸王龙关于英语中有此漏洞的指控，很难反驳。看起来，作者若想在一个涉及数量的句子中包含两种性别，要么在写作时犯下在单复数不一致的错误，如"No American should be under a cloud of suspicion because of what they look like"，要么在写作时犯下性别上的错误，如"No American should be under a cloud of suspicion because of what he looks like"。正如霸王龙解释的那样，其他解决方案，如"it""one""he or she""s/he""his/her"或像"thon"那样的新奇代词，都有各自的问题。

抛开性别包容而使用男性词汇，让读者在字里行间推断女性包括在内，这个理论如今已不再可行了。今日的主流出版物不会允许这种性别主义的用法，它们也不应这么做。即使完全撇开道德原则（在谈到整个种族时不应将一半人排除在外），我们现在知道，对无性别主义语言的主要反对意见（40 年前被首次提出的）已经被驳倒了。用中性词替代男性词后（比如用 humanity 替代 man，用 firefighter 替代 fireman，用 chair 替代 chairman，等等），英语的优雅和表现力依旧保留了下来，伴随新规则长大的读者也不会有那些因循守旧者的惊恐反应。现在正是那些性别主义的用法打扰读者阅读，让他们无法专注于作者想表达的信息。[51] 比如读到诺贝尔奖得主 1967 年撰写的一篇著名文章时，我们很难不感到些许畏缩："In the good society a man should be free... of other men's limitations on his beliefs and actions"（"在一个好的社会中，人们应当不受……其他人对他信念和行动的束缚"）。[52]

这将我们带回解决"they"的单数问题上。关于这个用法，第一件事是意识到，这并非 20 世纪 70 年代激进女性主义者迫使作者接受的新发明。葛伦特怀念"莎士比亚最完美的语句"和简·奥斯汀"纯粹简单的英语"，这结果变成一场闹剧。你猜对了，因为这两位作家都特别喜欢使用"单数 they"。莎士比亚至少用过这个词 4 次，而且学者亨利·丘奇亚德（Henry Churchyard）在一篇标题为《每个人都爱他们的简·奥斯汀》（*Everyone Loves Their Jane Austen*）的论文中，从简·奥斯汀的作品中数出了 87 个使用"单数 they"的例子，其中的 37 个例子是以她自己的口吻，而不是书中角色的口吻，例如"每个人都有他们的苦恼"（Every body began to have their vexation）[出自《曼斯菲尔德庄园》（*Mansfield Park*）]。[53] 乔叟（Chaucer）、詹姆斯国王钦定版英译圣经、乔纳森·斯威夫特、拜伦、威廉·梅克比斯·萨克雷、伊迪斯·华顿（Edith Wharton）、乔治·萧伯纳和 W. H. 奥登（W. H. Auden）都使用这种形式，《牛津英语词典》增补本（*Supplement to the Oxford English Dictionary*）以及福勒的《现代英语用法词典》最新版本的编辑罗伯特·伯奇菲尔德（Robert Burchfield），也不例外。

关于"单数 they"需要理解的第二件事是，需要无性别代词时，"单数 they"提供了便捷的解决方案，但这并非它唯一甚至不是最主要的吸引力。许多作者甚至在性别明确时也使用它。比如，萧伯纳写道："No man goes to battle to be killed.——But they do get killed"（"没人上战场是为了被人杀死——但他们确实会被杀"）。即使这段文字围绕着男人，而且萧伯纳也无须迎合女性主义，但他还是用了"单数 they"，因为假如用了"he"这个所谓的正确用法，反而会使句子意思变得乱七八糟："No man goes to battle to be killed. But he does get killed."这与我在前面写过的句子异曲同工："No major publication today will allow this 'sexist usage,' nor should they"（"今天没有任何主要出版物会允许这种'性别主义用法'，它们也不应该这样做"）。如果改为"nor should it"，听起来就好像我心中有一个特定出版物，这会引发读者的疑问："你说的是哪个出版物？"用"单数 they"来指称明确的女性对象有一个近期的例子，来自对肖恩·列侬（Sean Lennon）的访谈。在访谈中，他勾勒出心中理想伴侣的模样："我感兴趣的女孩，必须生来就是女性，年龄在 18 至 45 岁之间。她们智商必须在 130 之上，她们必须诚实"（"Any girl who is interested must simply be born female and between the ages of 18 and 45. They must have an IQ above 130 and they must be honest"）。[54] 他同样不需要使用"they"这个中性代词，因为他早已定下了心中理想伴侣的先天性别与当前性别。但那时他不是在谈论某位女性,而是所有理想女性,所以用"they"是恰当的。在这些例子中,"they"代表某种概念上的一致性。"no man"与"any girl"在语法上为单数,可在心理上是复数:它们都是包含很多个体的类别。这种错位也可以在以下句子中发现:"None are coming"("没人会过来");"Are any of them coming"("他们中有人会过来吗")。

确实,"单数 they"是一个误称。在这些结构中,"they"不是和单数先行语(如 each dinosaur、everyone、no American、the average American 或 any girl)牵强匹配的单数代词。还记得我们尝试用"等于一"或"大于一"来描述物品的小游戏吗?我们发现,"nothing"("什么都没有")、"each object"("每件物体")这类表达在数量上模糊不清。"no American"是指一个美国人还是众多美国人?谁知道呢!0 不等于 1,而 0 也不大于 1。这种不确定性迫使我们意识到,"they"在我们讨论的句子里并无代词和先行语通常的语义学意义,例如:"The musicians are here and they expect to be fed"("音乐家在这里,他们希望有东西吃")。代词"they"在这里的作用是一个约束变项:当某个体有多种描述时,这个符号可以帮助读者跟上该个体。所谓"单数 they",真正的意思类似于以下表述中的 x:对于所有的 x,如果 x 是个美国人,那么 x 不应因其外表而处于在怀疑的阴影之下;或者,对于所有的 x,如果肖恩·列侬考虑娶 x,那么 x 生来就是女性,x 有 130 以上的智商,x 诚实待人。[55]

因此,"单数 they"自有其背后的历史与逻辑。测量读者理解时间(精确到 1/1000 秒)的实验表明,"单数 they"导致的理解迟滞微乎其微,甚至为零,可泛指的"he"却大大减慢了读者的理解。[56]甚至在下面的漫画中,霸王龙也勉强承认自己的纯正主义错了。

也许你不愿开始一场为"thon"正名的语言运动,可这就意味你应放手去用"单数 they"吗?这得取决于正式程度、先行语的性质和可用的替代词。显而易见,非正式写作比正式写作更能接受"单数 they"。更为明显的是,如果先行语为"a man"这样的不定名词短语,其单数气氛会突出"they"表面上的复数感觉。如果先行语是"everyone"这类全称量词,就问题不大;如果先行语是"no"或"any"这样的否定量词,那就更没有问题了。

用法委员会对这种差异的判断相当敏感。只有少数人愿意接受"A person at that level should not have to keep track of the hours they put in"("那种水平的人不需要追踪他们投入的时间"),尽管这些少数派的规模在过往十年已翻了一番,从 20% 变为 40%,这是众多迹象之一,表明一个历史性转变正在发生:经历了 19 世纪语言纯正主义者的镇压,"单数 they"现今又重获接纳。用法委员会中略微多数接受"If anyone calls, tell them I can't come to the phone"("如果有人打电话来，告诉他们我不能回电话")以及"Everyone returned to their seats"("每个人都回到他们的座位上去")。使用这类形式的主要危险在于，"比你更懂语法"的读者可能误指你犯了错。如果他们真的这样做，告诉他们，简·奥斯汀和我都觉得这样没问题。

数十年来，用法手册为单数代词这个陷阱推荐了两条出路。最简单的是把表达数量的词改为复数，从而使"they"在语法上名副其实。倘若你想改进简·奥斯汀的文字，比如将"Every body began to have their vexation"("每个人开始有自己的烦恼")改为"They began to have their vexation"，这是有经验作者的常见解决方案，那么你将惊讶于有多少泛指的句子可以不知不觉地把主语改为复数："Every writer should shorten their sentences"("每一位作者应当精简他们的句子")能轻而易举地变为"All writers should shorten their sentences"，或者是"Writers should shorten their sentences"。

另一条出路则是用不定或泛指的词语替代"they"，指望读者自己凭借常识来补充指称对象："Every body began to have their vexation"变成"Every body began to have a vexation"，或将"Every dinosaur should look in his or her mirror"("每一条恐龙都应当看着他或她的镜子")改为"Every dinosaur should look in the mirror"。

两种解决方案都不完美。有时作者确实需要关注某一个体，这时复数就不恰当了。奥巴马的话若改为"Americans must never live under a could of suspicion just because of what they look like"，泛指的复数"Americans"可被解释为典型的美国人或大多数美国人，这会削弱奥巴马的原意：免受歧视的自由应无一例外赋予每个人。而萧伯纳那句话若是改成"Men never go to battle to be killed. But many of them do get killed"——复数主语"men"会弱化原句的意图，萧伯纳本意是想让听众因单个士兵上战场的愚勇而沉思，而其对比单个士兵死亡的小概率与部分士兵死亡的大概率的企图，亦被这种替换所破坏。代词也并非总是可以被不定名词或泛指名词所替换。

> During an emergency, every parent must pick up their child.
> 在紧急情况下，每一位家长必须接走他们的孩子。
>
> During an emergency, every parent must pick up a child.
> 在紧急情况下，每一位家长必须接走一个孩子。

这种替换看似在说：家长能随意选择一位孩子接走，而非负责接走自己的儿女。

因情况复杂，作者总是不得不将英语中传达泛指信息的全部工具都考虑一遍："he""she""he or she""they"、复数先行语、代词的替代，以及天知道哪天我们可能会用的 thon。

对某些纯正主义者而言，这些错综复杂的事物提供了大好借口，让他们忽略对性别包容性的关切，而坚持使用有缺陷的用语——"he"。葛伦特抱怨道："为什么要在写作时关心女性主义思想？……写作是件麻烦事，需要全神贯注。"可这种反应是不老实的。每个句子都要求作者在明晰、简洁、语气、抑扬顿挫、准确以及其他价值之间达成平衡。为何避免将女性排斥在外的价值观会让人觉得一文不值？

用　　词

　　即使是对传统语法规则持怀疑态度的作者，也会对选词的惯例给予更多重视。围绕词义产生的迷信要少于围绕语法产生的迷信，这是因为词典编纂者好似收集癖，他们积累了极其丰富的实例，以经验为依据来编制释义，而不是坐在扶手椅上，运用不成熟的理论对英语应该如何使用指点江山。结果，现代词典中的释义通常都如实反映了有文化素养的读者所达成的共识。如果一个作者不确定关于某词的共识是什么，那他最好老老实实地去查词典，而不是发生可笑的用词错误（malaprop），不但让自己尴尬，也会惹恼读者。[malaprop 一词来源自马勒普太太（Mrs. Malaprop），她是 1775 年理查德·谢里丹（Richard Sheridan）的戏剧作品《情敌》（*The Rivals*）中的人物，她会使用错误的词汇，从而造成喜剧效果，例如 apprehend（领会）说成 reprehend（申斥），以及将 epithet（绰号）说成 epitaph（墓志铭）]。

　　虽然相对于语法，关于词义的胡言乱语传播较少，但绝非没有。凭借来自《美国传统英语词典》用法委员会的数据、对几本词典所做的历史分析，再加上我自己的少许判断，我接下来将会审视一些你可以安心忽略的挑剔规则，然后看看那些你理应遵从的正在实际使用的词汇差异。

应该忽略的挑剔规则

词语	纯正主义者承认的唯一意义	常用的意义	评注
aggravate	使……恶化 aggravate the crisis（使危机恶化）	惹恼 aggravate the teacher（惹恼老师）	"惹恼"的意义自17世纪开始便开始运用，并且得到了用法委员会83%成员的认可
anticipate	提前准备应对 We anticipated the shortage by stocking up on toilet paper.（我们囤积了卫生纸以提前准备应对短缺。）	期待 We anticipated a pleasant sabbatical year.（我们期待休假年玩得开心。）	用法委员会87%的成员认可"期待"的意义
anxious	担心的 Flying makes me anxious.（坐飞机令我担心。）	急切的 I'm anxious to leave.（我急着要离开。）	用法委员会对"急切的"这一意义赞成与反对各半，但该意义由来已久，许多词典列出该意义并不加注释

第 6 章 明辨对错 345

（续）

词语	纯正主义者承认的唯一意义	常用的意义	评注
comprise	**包含** The US comprises 50 states.（美国包含 50 个州。）	**组成，构成** The US is comprised of 50 states.（美国由 50 个州组成。）	人们经常使用并越来越接受"组成"这一意义，特别是在被动语态中
convince	**劝说……相信** She convinced him that vaccines are harmless.（她劝说他相信疫苗无害。）	**劝说……行动** She convinced him to have his child vaccinated.（她劝说他给孩子接种了疫苗。）	一般认为 convince 有别于 persuade，后者意为"劝说……行动"，但鲜有作者在意
crescendo	**逐渐增强** a long crescendo（慢慢逐渐增强）	**高潮，顶峰** reach a crescendo（达到高潮）	坚持将此词限于"增强"的意义，犯了词源谬误，因为它出自意大利语，是音乐行业的术语。"高潮"这一意义已经根深蒂固，并且被用法委员会略微多数成员所接受

词	用法	说明
critique	名词：评论 a critique（一个评论） 动词：做出评论 to critique（做出评论）	动词的用法普遍不受欢迎，却值得尊重，而且与 criticize（批评）不同，此词更多表示分析而非责备
decimate	毁灭 1/10	毁灭大部分	词源谬误，此词之词意基于罗马人对叛军的惩罚
due to	形容词：由于 The plane crash was due to a storm.（飞机失事由一场风暴引起。）	介词：由于 The plane crashed due to a storm.（由于一场风暴，飞机失事了。）	实际上，两种用法都是介词，而且都没错 [57]
Frankenstein	小说中的科学怪人	怪物	如果你坚持"我们创造了弗兰肯斯坦的怪物"，那么可能还在 2001 年 1 月 1 日打开了一瓶香槟，却因感于其他狂欢者在何处。（"你瞧，0 年不存在，因此，第三个千年真正是从 2001 年开始的……"）算了吧

（续）

词语	纯正主义者承认的唯一意义	常用的意义	评注
graduate	及物动词，并且通常用作被动语态：准予……毕业 She was graduated from Harvard.（她毕业于哈佛大学。）	不及物动词：毕业 She graduated from Harvard.（她从哈佛大学毕业。）	被动语态的"正确"意义日渐式微，尽管仍然残存这种主动用法：Harvard graduated more lawyers this year（今年哈佛有更多的律师毕业）。用法委员会的成员欢迎不及物动词的用法，却讨厌及物动词反过来用，如"She graduated Harvard"（她毕业于哈佛大学）
healthy	拥有良好的健康 Mabel is healthy.（梅布尔身体健康。）	健康的，有益于健康的 Carrot juice is a healthy drink.（胡萝卜汁是一种有益于健康的饮品。）	500年来，表达"有益于健康的"这一意义，healthy 比 healthful 更为常用

hopefully	修饰动词短语的副词：满怀希望地 Hopefully, he invited her upstairs to see his etchings.（他满怀希望地邀请她到楼上来看他的蚀刻版画。）	修饰句子的副词：但愿 Hopefully, it will stop hailing.（但愿冰雹会停。）	许多副词，如 candidly（坦白地）、frankly（真诚地）以及 mercifully（仁慈地），既可修饰动词短语，亦可修饰句子。因为 20 世纪 60 年代纯正主义者攻击而来动一时，hopefully 这个词新近出现，不理性的反对依然存在，但词典和报纸越来越接受这种用法
intrigue	名词：一个阴谋 She got involved in another intrigue.（她卷入了另一场阴谋。）	动词：感兴趣 'Tis really intrigues me.（这真的让我感兴趣。）	这个无辜的动词是两种牌理论的攻击目标：一种理论认为从名词转变而来的动词不好；另一种认为来自法语的外来词不好
livid	青紫色的	生气的	查词典吧
loan	名词：贷款 a loan（一笔贷款）	动词：提供贷款 to loan（提供贷款）	动词的用法追溯到公元 1200 年，但在 17 世纪以后，此用法在美式英语中消失了，而在美式英语中得以保留；这足以使其遭到冷遇了

（续）

词语	纯正主义者承认的唯一意义	常用的意义	评注
masterful	专横的 a masterful personality（专横的性格）	熟练的，高明的 a masterful performance（高明的表现）	这是福勒企图清理语言的轻率计划之一。一些纯正主义者盲从地将福勒的规则复制到他自己的写作风格手册中，但作者们不理会他怎么说
momentarily	片刻 It rained momentarily.（片刻，天就下起雨来。）	立刻 I'll be with you momentarily.（我立刻到你身边来。）	"立刻"这一意义最近才有，而且在美式英语中不如在美式英语中常见。这种意义可以根据上下文来区分
nauseous	令人恶心的 a nauseous smell（一种令人恶心的气味。）	作呕的 The smell made me nauseous.（那种气味让我作呕。）	尽管遭到强烈的反对，但"作呕的"这个意思已经成为主流
presently	不久	现在	"现在"这一意义更加易懂，500年来我们一直在使用，特别是在口语中，这个词很少在上下文中引起歧义。大约一半的用法委员会成员拒绝这种意义，但没提出什么好理由

quote	动词：引用 to quote（引用） 名词，quotation 的简写形式：引文 a quote（一段引文）	这是风格问题：名词用法在口语和非正式写作中可接受，但在正式写作中不太为人接受
raise	饲养农场动物或者种植农作物 raise a lamb, raise corn.（养一只羊，种玉米） 抚养孩子，养育孩子 raise a child（养育一个孩子）	英式英语中已经将养孩子的意义剔除了，但美式英语保留了这种意义，而且用法委员会93%的成员接受它
transpire	发生 A lot has transpired since we last spoke.（自从我们上次交谈之后，发生了许多事情。） 被人知道 It transpired that he had been sleeping with his campaign manager.（他曾和他的竞选经理发生过关系，这件事被人知道了。）	"被人知道"的意义正式、微，"发生"的意义已经将其取代之，虽然许多人认为这种用法做作

第6章 明辨对错　351

（续）

词语	纯正主义者承认的唯一意义	常用的意义	评注
while	与此同时 While Rome burned, Nero fiddled.（罗马城大火熊熊燃烧时，国王尼禄在拉小提琴。）	然而 While some rules make sense, others don't.（虽然有些规则确实有意义，另一些则不然。）	自1749年以来，"然而"的意义已成为标准意义，和"与此同时"的意义一样常见。通常情况下不会产生歧义；如果确实产生了歧义，把句子改写一下
whose	某人的 a man whose heart is in the right place（一个心肠好的人）	某物的 an idea whose time has come（一个应运而生的观念）；trees whose trunks were coated with ice（树干覆上了一层冰。）	这个好用的代词可以解救许多笨拙的短语例如，trees the trunks of which were coated with ice（树干覆上了一层冰）。没有理由因为先行语不指人就避免使用它

352　风格感觉：21世纪写作指南

不该使用的非标准用法

现在到了我期待已久的时刻：我将变身为一名纯正主义者！在接下来的词语列表中，我将试图劝你放弃使用它们的非标准词义。（我会按照语言学家的惯例，用星号标记它们。）绝大部分非标准用法都是误用，源自误听、误解或是故作高雅。避免荒唐误用的一个通用规则是，认为英语从不允许词根相同而词缀不同的两个词却有相同词义，例如"amused"（"愉快的"）和"bemused"（"困惑的"）、"fortunate"（"幸运的"）和"fortuitous"（"意外的"）、"full"（"完全的"）和"fulsome"（"因虚情假意而令人生厌的"）、"simple"（"简单的"）和"simplistic"（"过分简化的"）。如果你知道一个词，之后又遇见一个相似的词，带有花哨的前缀或后缀，那就要告诫自己抵制诱惑，不要将其视为同义词用来装腔作势。在电影《公主新娘》(*The Princess Bride*)中，对维齐尼（Vizzini）反复使用"inconceivable"（"不可思议的"）来形容刚发生的事件，伊尼戈·蒙托娅（Inigo Montoya）这样反应："你一直使用那个词。而我不认为它和你所想的是一个意思。"你的读者也会这么想哦。

单词	推荐的用法	有问题的用法	注释
adverse	不利的 adverse effects(不良反应)	反对的（averse），不愿意的 *I'm not adverse to doing that. (我并不反对这样做。)	应当说 I'm not averse to doing that
appraise	确定价值 I appraised the jewels. (我确定了那些珠宝的价值。)	通知（apprise），报告 *I appraised him of the situation. (我将这种情况通知了他。)	应当是 I apprised him of the situation
as far as	As far as the money is concerned, we should apply for new funding. (就钱而言，我们应当申请新的资金。)	*As far as the money, we should apply for new funding. (就钱而言，我们应当申请新的资金。)	这里的 is concerned（或者 goes）冗余且啰唆，但如果没有它，读者会感觉少了什么。这个错误是由于 as far as 与 as for（关于，至于）近似，as for 不需要接 is concerned 这样的附加语

beg the question	循环论证	引发疑问
	When I asked the dealer why I should pay more for a German car, he said I would be getting "German quality," but that just begs the question. (当我问经销商,为什么我应当为购买一辆德国轿车出更高的价钱时,他说,那样的话,我会获得"德国品质",但那只是循环论证。)	*The store has cut its hours and laid off staff, which begs the question of whether it will soon be closing. (商店已经缩短其营业时间并解雇了员工,这引发了它是否是很快就会关闭的疑问。)
		"引发疑问"的意义更加易懂(尤其当问题被提出来时),而且许多词典经常将该意义列出,但是,用语是学术界始创,"循环论证"是一意义是标准的,并且没有好的替代用语,因此,使用 beg 来表达"引发"的意思,会惹恼学术界的读者
bemused	困惑的	愉快的
		词典和用法委员会明确区分了两者的正误

（续）

单词	推荐的用法	有问题的用法	注释
cliché	名词：陈词滥调 Shakespeare used a lot of clichés.（莎士比亚用了许多陈词滥调。）	形容词：陈词滥调的 * "To be or not to be" is so cliché.（"生存还是死亡"是如此陈词滥调。）	别被经常构成形容词的法语后缀 "-é" 愚弄了，如 passé（过时的）和 risqué（伤风败俗的）；这个词的形容词形式是 clichéd，being a cliché 类似于 talented，意为 "有才能的"
credible	可相信的 His sales pitch was not credible.（他的销售说辞不可相信。）	轻信的，易受骗的 *He was too credible when the salesman delivered his pitch.（当销售人员推销时，他太容易轻信了。）	"-ible" 和 "-able" 的后缀意味着 "能够"，在这个例子中是指 "能够被相信，能够被信任"
criteria	criterion（标准）的复数 These are important criteria.（这些是重要的标准。）	criterion（标准）的单数 *This is an important criteria.（这是一条重要的标准。）	这是个令人抓狂的错误

词			
data	**复数可数名词：数据** This datum supports the theory, but many of the other data refute it.（这个数据支持该理论，但许多其他的数据不支持。）	**不可数名词：数据** *This piece of data supports the theory, but much of the other data refutes it.（这个数据支持该理论，但许多其他的数据不支持。）	我喜欢用 data 作为 datum 的复数，但即使是在科学界，我可能也属于挑剔的少数派。今天的 data 一词已很少用作复数，就跟 candelabra（大枝形吊灯）和 agenda（议程）一样，但我仍然喜欢
depreciate	**贬值** My Volvo has depreciated a lot since I bought it.（自从我买了这辆沃尔沃以后，它贬值了不少。）	**反对，蔑视** *She depreciated his efforts.（她蔑视他的努力。）	"蔑视"的意义不是误用，词典接受这种用法，但很多作者用 deprecate 来表达这一意义
dichotomy	**两分** the dichotomy between even and odd numbers（偶数和奇数之间的两分）	**差异，不一致** *There is a dichotomy between what we see and what is really there.（我们的所见，跟那里的实际情况之间还是有差异。）	这是故作高雅的用法。词里的 tom 表示"分割"，同样见于 atomic（原意是不可分割）、anatomy（解剖）和 tomography（X 线断层摄影术）

（续）

单词	推荐的用法	有问题的用法	注释
disinterested	公正的；不涉及既得利益 The dispute should be resolved by a disinterested judge.（纷争应该由一个公正的裁判员来判定。）	不感兴趣 *Why are you so disinterested when I tell you about my day?（当我谈起我的美好一天时，为什么你那么不感兴趣？）	"不感兴趣"的意义比较古老，而且延续不衰，值得尊重。但由于有uninterested这个词来表达该意义，而"公正的"却找不到精确的同义词，要是你把这个意义也保留下来，读者会感激你的
enervate	使……伤元气 an enervating commute.（一次伤元气的通勤。）	使活跃 *an enervating double espresso.（令人精力充沛的双份浓缩咖啡。）	从字面意义上看是"把神经拿掉"（原是"把肌肉拿掉"）
enormity	极度邪恶的	巨大的（enormousness）	所谓错误的用法其实既古老又常见，但许多认真的作者将这个词只用于表示"邪恶"。有些人将这个词用于表示"令人遗憾的庞大"，如用来描述印度老师面临的艰难人口压力，贫民窟老师面临的艰难任务，以及核武器的海量储备

flaunt	炫耀	嘲笑（flout）	这一误用是由于 flaunt 和 flout 发音和拼写都近似，此外还有一个共同意义"厚脸皮地"
	She flaunted her abs.（她炫耀她的腹肌。）	*She flaunted the rules.（她嘲笑这些规则。）	
flounder	做事或说话无益地反复	垮掉，一沉到底	实际使用 flounder 和 founder 一般可互换，都代表慢慢垮掉的意思。如果要把它们区分开来，可以记住，表示挣扎反复的是 flounder（该词也有比目鱼的意思），而沉没和垮台的单词则和其他含"底部"意义的词相关，比如 foundation（基础）和 fundamental（基本的）
	The indecisive chairman floundered.（这个犹豫不决的主席反复无常。）	*The headstrong chairman floundered.（那个主席垮台了。）	
fortuitous	偶然的，计划外的	幸运的	许多作者，包括用法委员会的大部分成员在内，都认可"幸运的"这一意义（尤其是在表示好运气的时候，大部分的词典也认可这个意义。但有些读者仍对此不满
	Running into my ex-husband at the party was purely fortuitous.（在派对上遇到我前夫纯属偶然。）	*It was fortuitous that I worked overtime because I ended up needing the money.（加班是幸运的，因为我需要那笔钱。）	

第 6 章 明辨对错 359

（续）

单词	推荐的用法	有问题的用法	注释
fulsome	油腔滑调的；过分、不真诚的恭维 She didn't believe his fulsome valentine for a second.（她从未相信过他那油腔滑调的示爱。）	满的，丰富的 *a fulsome sound（饱满的声音）；*The contrite mayor offered a fulsome apology.（这个后悔的市长做出了充分的道歉。）	"丰富的"，这一意义一直以来都值得弃救，但用法委员会不喜欢它，它也很容易带来麻烦，因为读者可能以为你在指责什么（误以为你在使用第一个意义），虽然你并不是那个意思
homogeneous	词尾是 -eous；发音类似于 homogenius	词尾是 -ous；发音类似于 homogenized：同质的	词典里列出了 homogeneous 这个词，但那是全脂牛奶（homogenized milk）流行后发生的讹用。同样，heterogeneous 的讹用也比 heterogenous 更可取
hone	削尖 hone the knife（磨刀）；hone her writing（磨砺她的写作技能）	导向，集中于 *I think we're honing in on a solution.（我认为我们正走向解决方案。）	用法委员会认可 to hone in on，但它是 to home in 的讹用，to home 意为回家（就如归巢的鸽子那样）。该讹用是因为意义上的重叠（都指慢慢集中到一点或一边），而且发音相近

词	含义	例句
hot button	一种情绪化的、引起分歧的争论	She tried to stay away from the hot button of abortion. (她试图避开堕胎的敏感问题。)
	热门话题	*The hot button in the robotics industry is to get people and robots to work together. (机器人产业的热门话题就是怎样使人和机器密切合作。)
	俚语和流行语也会产生误用 (请见 New Age\Politically correct\urban legend)。 "按钮"的隐喻是诱发一个即时的、反射性的反应，像 He tried to press my buttons (他试图惹毛我)
hung	挂起来	hung the picture (挂起那张照片)
	吊死	*hung the prisoner (吊死犯人)
	hung the prisoner 没有错，但用法委会会和其他认真的作者宁可说 hanged the prisoner
intern (动词)	拘留，监禁	The rebels were interned in the palace basement for three weeks. (叛军被监禁在宫殿地牢里三个星期。)
	埋葬	*The good men do is of interned with their bones. (人们做的好事往往随着他们的尸骨被埋葬了。)
	应该是 interred with their bones。两者意义上有重叠之处，但注意 inter 与 terr (土地，如 terrestrial 里的 terr) 相关，而 intern 与 internal (里面的) 相关

（续）

单词	推荐的用法	有问题的用法	注释
ironic	讽刺的，挖苦的 It was ironic hat I forgot my textbook on human memory.（讽刺的是，我忘记带上有关人类记忆的那本教材。）	不方便的，不幸的 *It was ironic that I forgot my textbook on organic chemistry.（不幸的是，我忘记了带有机化学的课本。）	你接着用这个词吧。我并不觉得它表达了你所认为的意思
irregardless	没有这个词	应为 regardless\irregardless（无论如何）	数十年来，纯正主义者一直在责骂这个双重否定词，但它其实并不常见，从网络上搜索，几乎全都说这个词不存在，而纯正主义者应当宣布胜利，然后继续前进

literally	事实上 I literally blushed.（我真的脸红了。）	象征性地 *I literally exploded.（我犹如爆炸了一般。）	"象征性地"是常见的参张用法，它很少在上下文之间引起歧义，但它含那些细心的读者抓狂。和其他的程度副词一样，它通常是多余的。而"事实上"这一意义是不可或缺的，也没有替代的词。而且"象征性地"这一意思可能引起不美的想象，比如说 The press has literally emasculated the president（新闻界犹如削弱了这个总统），这句话像是在说："我不知道自己用的这个词是什么意思。"
luxuriant	丰富的，华丽的 luxuriant hair（浓密的头发）；a luxuriant imagination（丰富的想象力）	奢侈的（luxurious） *a luxuriant car（一辆豪车）	"奢华的"意义并非不正确（所有词典都列出了这一意义），但是如果放弃使用充美无缺的 luxurious 而采用略显浮夸的同义词 luxuriant，则显得品位不高

第6章 明辨对错 363

（续）

单词	推荐的用法	有问题的用法	注释
meretricious	俗丽的；浮夸的 a meretricious hotel lobby（俗丽的酒店大厅）；a meretricious speech（浮夸的演讲）	值得称赞的（meritorious）*a meretricious public servant（值得称赞的公仆）；*a meretricious benefactor（值得称赞的捐助者）	这个词最初是指妓女。我的建议是：千万别用meretricious这个词来夸别人。另请参考ful-some, opportunism, simplistic 等
mitigate	减轻 Setting out traps will mitigate the ant problem.（布置陷阱将减轻蚂蚁问题。）	产生作用（militate），提供理由 *The profusion of ants mitigated toward setting out traps.（蚂蚁过多是布置陷阱的理由。）	一些优秀的作者被发现用该词表示 militate 的意思，但人们广泛认为这是一种误用
New Age	唯心论的，整体的 He treated his lumbago with New Age remedies, like chanting and burning incense.（他采用唯心疗法来治疗他的腰痛，比如念经和烧香。）	现代的，未来主义的 *This countertop is made from a New Age plastic.（这个工作台面是用现代的塑料制作的。）	仅仅因为词语中包含"new"（新）这个词，并不代表就指新事物

364　风格感觉：21 世纪写作指南

	发臭的	嘈杂的（noisy）		这个语来自 annoy（惹恼），而非来自 noisy
noisome				
nonplussed	震惊的，困惑的 The market crash left the experts nonplussed.（市场的崩溃让专家们大感震惊。）	无聊的，未被打动的 *His market pitch left the investors nonplussed.（他的推销没打动投资者。）		这个词来自拉丁文 non plus，意思是"不再"，表示"再没什么能做的了"
opportunism	抓住利用机会 His opportunism helped him get to the top, but it makes me sick.（他对机会的利用帮助他爬上高位，但让我感到恶心。）	创造或促进机会 *The Republicans advocated economic opportunism and fiscal restraint.（共和党人主张经济扩张和财政收紧。）		正确的意义可能是一种称赞（"足智多谋"），也可以是辱骂（"不择手段"），以后者居多。和 fulsome 这个词一样，如果你使用时不小心，可能让称赞变成了骂人

第 6 章 明辨对错　365

（续）

单词	推荐的用法	有问题的用法	注释
parameter	**变量** Our prediction depends on certain parameters,- like inflation and interest rates.（我们的预测取决于某些变量，例如通货膨胀和利率。）	**边界条件，界限** *We have to work within certain parameters, like our deadline and budget.（例如截止日期和某些预算。）	伪技术性的意义"边界"（周界）是因为与 perimeter（周界）混淆得来的，它已经成功标准用法，并被用法委员会成分成员接受。但是和 beg the question 一样，这种草率的用法令需要使用原意的有识之士感到恼怒
phenomena	phenomenon（现象）— 词的复数 These are interesting phenomena.（这些是有趣的现象。）	phenomenon（现象）— 词的单数 *This is an interesting phenomena.（这是一种有趣的现象。）	参见 criteria
politically correct	**教条的左倾自由主义** The theory that little boys fight because of the way they have been socialized is the politically correct one.（认为小男孩打架是因为社会化方式，这是教条的理论。）	**时髦的，流行的** *The Loft District is the new politically correct place to live.（洛夫街区是新兴的流行居住地。）	参见 hot button\New Age\urban legend 等。这个 correct 带有讽刺意味，针对的是那些只接受一种政治观点的人

366　风格感觉：21世纪写作指南

practicable	容易实行的	Learning French would be practical, because he often goes to France on business, but because of his busy schedule it was not practicable. (学习法语是容易实行的,因为他经常到法国出差,但从他忙碌的日程安排来看,它又是不容易实行的。)	实用的 *Learning French would be practicable, because he often goes to France on business. (学习法语是实用的,因为他经常到法国出差。) -able 的词缀表示"能够",又见于 ability(能力)。另请参考 credible\unexceptionable
proscribe	谴责,禁止 The policies proscribe amorous interactions between faculty and students. (政策禁止师生恋。)	规定(prescribe),推荐,指导 *The policies proscribe careful citation of all sources. (政策规定要仔细列出所有的引文来源。)	医生告诉你如何治疗时,开的是 prescription(处方),不是 proscription(禁令)

第6章 明辨对错　367

（续）

单词	推荐的用法	有问题的用法	注释
protagonist	行动者，积极行动的角色 Vito Corleone was the protagonist in *The Godfather*. （维托·柯里昂是《教父》的角色。）	支持者 *Leo was a protagonist of nuclear power. （莱奥是核武器的支持者。）	"支持者"这一意义肯定是误用
refute	证明是错误的 She refuted the theory that the earth was flat. （她证明"地球是平的"这个理论是错误的。）	声称错误，试图驳斥 *She refuted the theory that the earth was round. （她声称"地球是圆的"这个理论是错误的。）	refute 是一个叙实动词，就如 know（知道）和 remember（记住），它预先假定命题是客观的事实或谬误。许多作者，包括用法委员会略微过半的成员，都接受非叙实的，"试图驳斥"的意义，但两者的区别值得探讨
reticent	害羞的，拘谨的 My son is too reticent to ask a girl out. （我儿子太过害羞，不敢约女孩出去。）	不情愿的 *When rain threatens, fans are reticent to buy tickets to the ballgame. （由于今天可能下雨，球迷们不愿意买这场棒球赛的门票。）	用法委员会反对"不情愿的"这种用法

368 风格感觉：21 世纪写作指南

过去分词	过去时态
Honey, I've shrunk the kids.（亲爱的，我把孩子们缩小了。）	*Honey, I shrunk the kids.（亲爱的，我把孩子们缩小了。） |■ shrunk, sprung, stunk, sunk

不能否认，Honey, I shrunk the kids 的那部迪士尼电影的片名，本不能用作迪士尼的那部电影的片名，而过去时态是值得尊重的。但是类似过去形式与过去分词区分开更加有品位：sink（下沉）的过去时态和过去分词分别是 sank 和 sunk；spring（生长）的过去时态和过去分词分别是 sprang 和 sprung；stink（发臭）的过去时态和过去分词分别是 stank 和 stunk。而规则形式也更加有品位：shine（发光）的过去时态是 shone（杀害）的过去时态是 slew；stride（大步走）的过去时态和过去分词分别是 strode 和 stridden；strive（努力）的过去时态和过去分词分别是 strove 和 striven

(续)

单词	推荐的用法	有问题的用法	注释
simplistic	天真的或过度简单的 His proposal to end war by having children sing *Kumbaya* was simplistic.（他提议借儿童圣歌《到这里来吧》让战争停止,未免把事情想象得过于简单。）	简单,令人喜爱的简单 *We bought Danish furniture because we liked its simplistic look.（我们购买丹麦家具,因为喜爱它的简洁设计。）	虽然用 simplistic 表示"简单"在艺术和设计杂志中并非不常见,但这种用法可能惹恼许多读者,而且基本意思是赞,也可能被解读为侮辱。同样的情况请见 fulsome 和 opportunism
staunch	忠诚的、坚定的 a staunch supporter（坚定不移的支持者）	止住 (stanch) ……的流出 *staunch the bleeding（止血）	词典上说,这两种拼法都可以表示这两个意思,但将它们区分开来会更加有品位
tortuous	曲折的 a tortuous road（弯曲的道路）; tortuous reasoning（曲折的推理）	折磨人的 (torturous) *Watching *Porky's Part VII* was a tortuous experience.（观看《反斗星》第7部,是折磨人的经历。）	两者都来自拉丁词根 twist,类似的词语还有 torque（扭力）和 torsion（扭转）,因为在古代扭曲四肢是常见的刑罚

unexceptionable	无可非议的 No one protested her getting the prize, because she was an unexceptionable choice. (没有人反对她得奖, 因为她是无可非议的人选。)	平凡的 (unexceptional),普通的 *They protested her getting the prize, because she was an unexceptionable actress. (他们反对她获奖, 因为她是个平凡的演员。)	unexceptional 表示 "不突出", unexceptionable 表示 "没有人能够反对"
untenable	站不住脚的, 无法维持的 Flat-Earthism is an untenable theory ("地球是平的" 这一理论是站不住脚的); Caring for quadruplets while running IBM was an untenable situation. (在经营 IBM 公司的同时又要照顾四胞胎, 是无法维持的事情。)	痛苦的, 难以忍受的 (unbearable) *an untenable tragedy (一个痛苦悲剧); *untenable sadness (无法忍受的悲痛)	"如此难以忍受, 所以无法维持", 这种杂糅未的意义被用法委员会所接受, 例如伊莎贝尔·维克森 (Isabel Wilkerson) 说过 "when life became untenable" (当生活变得难以忍受之时)

第 6 章 明辨对错　371

（续）

单词	推荐的用法	有问题的用法	注释
urban legend	有趣又广为传播的虚假故事 Alligators in the sewers is an urban legend.（短吻鳄住在下水道是一个有趣又广为传播的虚假故事。）	一个城市里的传奇人物 *Fiorello LaGuardia became an urban legend.（菲奥利诺·拉瓜迪亚成了一个城市里的传奇人物。）	另请参见 hot button\New Age\politically correct 等。其中 legend 一词应按本义理解，指的是"代代相传的神话"，而不是新闻中的"名人"
verbal	以语言形式的 Verbal memories fade more quickly than visual ones.（语言形式的记忆比视觉形式的记忆消失得更快。）	口头的，口语的 *A verbal contract isn't worth the paper it's written on.（口头合约还不如把它记下来的纸张有价值。）	"口语"的意义是多个世纪以来的标准用法，绝不是错误的（高德温式妙语①就不下了它），但这种用法有时会造成混淆。美国英语中便有了"高德温式妙语"这一俚语。

① 好莱坞电影先驱人物高德温说话吐字不清、语法不准、用词不当，因而常闹笑话。——编者注

另外两组音近词的区别非常曲折（tortuous）并且折磨人（torturous），因此需要更多的解释。

"affect"和"effect"两个词都有名词和动词形式。尽管很容易混淆，我们还是有必要弄清它们之间的区别，因为下表第三列中的常见错误会让你看上去很外行。

词语	正确的用法和拼写	错误的用法及拼写
an effect	一种影响 Strunk and White had a big effect on my writing style.（斯特伦克和怀特对我的写作风格有很大影响。）	*Strunk and White had a big affect on my writing style.
to effect	执行，实施 I effected all the changes recommended by Strunk and White.（我执行了斯特伦克和怀特建议的所有改变。）	*I affected all the changes recommended by Strunk and White.
to affect （第一个意义）	影响 Strunk and White affected my writing style.（斯特伦克和怀特影响了我的写作风格。）	*Strunk and White effected my writing style.
to affect （第二个意义）	假装 He used big words to affect an air of sophistication.（他用夸张的词来佯装高雅。）	*He used big words to effect an air of sophistication.

但是，英语词汇表中最扭曲的一组形义相近的词语是"lie"和

"lay"。看看下面这些可怕的细节。

动词	意义和句法	现在时态	过去时态	过去分词
to lie	躺下（不及物不规则动词）	He lies on the couch all day.（他整天躺在沙发上。）	He lay on the couch all day.	He has lain on the couch all day.
to lay	放下，使……躺下（及物规则动词）	He lays a book upon the table.（他把一本书放在桌上。）	He laid a book upon the table.	He has laid a book upon the table.
to lie	撒谎（不及物规则动词）	He lies about what he does.（他为自己做的事情撒谎。）	He lied about what he did.	He has lied about what he has done.

这种错综复杂源于两个不同的动词争夺"lay"这一形式，它是"lie"的过去时态和"lay"的基本形式，"lay"的词义是（这对你又是进一步的折磨）"使……躺下"。也难怪英语使用者常常说"lay down"（"躺下"）或者"I'm going to lay on the couch"（"我要在沙发上躺下来"），把"躺下"的及物形式（lay）和不及物形式（lie）弄错了。或者，他们是弄错了"lie"的过去时态和现在时态。两者会有相同的结果：

*to lay	躺下（不及物规则动词）	He lays on the couch all day.	*He laid on the couch all day.	He has laid on the couch all day.

不要责怪歌手鲍勃·迪伦（Bob Dylan）唱"Lay，Lady，Lay"（"躺下，女士，躺下"），或吉他大师埃里克·克拉普顿（Eric Clapton）唱"Lay Down, Sally"（"躺下吧，萨莉"），认真的英文作者从1300年起就一直这样做。《纽约时报》时评家威廉·萨菲尔（William Safre）也说过"The dead hand of the present should not lay on the future"（"现在死掉的手不应伸向未来"），这无疑引来了大量质疑的邮件。不及物的"lay"并不是错误，但是对于很多人而言，lie听起来更好。

标　　点

一篇文章假如只有元音、辅音和空格，读者会晕头转向，标点符号的主要任务就是消除歧义和那些误导读者的花园小径。[58] 标点符号重现了印刷文字丢失的部分韵律（抑扬顿挫、停顿和重音），同时也为我们提供了一些线索，使我们可以找到决定句子含义的隐形句法树。就像T恤上所写的"Let's eat, Grandma"（"奶奶，我们吃饭吧"），意义完全不同于"Let's eat Grandma"（"我们吃掉奶奶吧"）。

作者面临一个问题，标点符号有时表示韵律，有时则代表句法，但没有规律可循。经历了数个世纪的争论，标点符号的规则也只是比一个世纪以前稳定了些，即使到了今天，大西洋两岸使用标点符号的习惯也不一样，甚至不同出版物之间也有很大的差别。而且规则本身也会随潮流而变化，一个最新的趋势就是将标点缩减至最少。参考手册中对此有大量说明，但除了专业的编辑，没人了解全部规则。即使是顽固分子们相互之间也无法达成一致。2003年，一位叫林·图瑞丝（Lynne Truss）的记者写了一本书，叫作《吃饭，射击，离开：对标点错误的零容忍》（*Eats, Shoots & Leaves: The Zero Tolerance Approach to Punctuation*）。这个书名来自一个笑话，一只熊猫在一家饭店里射击，就因为它所读到的一段关于它饮食习惯的描述用错了标点。㊀在这本书里，图瑞丝指责她在广告、标志以及报纸上发现的标点错误。2004年，《纽约客》杂志刊载了批评家路易斯·梅纳德（Louis Menand）的一篇书评，该文指名道姓点

㊀ 此英文书名源自一个笑话。一只大熊猫走进一家餐厅吃饭，吃完后他拔出手枪，对店内食客乱枪扫射。店员死里逃生，他问大熊猫为什么要这么做。大熊猫拿出一张野生动物海报，上面写着："大熊猫是一种黑白相间的熊类哺乳动物，源自中国。吃饭，射击，然后离开。"英文原文是："Panda. Large black-and-white bear-like mammal, native to China. Eats, shoots and leaves."此处最后一句正确的英文应该是："Eats shoots and leaves."（"吃竹笋和竹叶。"）英文单词"shoots"既有"竹笋"的意思，也有"射击"的意思。——译者注

出了在图瑞丝那本书里发现的标点错误。后来,《卫报》又发表了英国学者约翰·穆兰(John Mullan)的一篇文章,该文又指出了梅纳德书评里出现的标点错误。[59]

即便如此,还是有些常见标点错误没有争议。假如一位作者犯了那样的错误,基本上等同于向人们承认自己是一个文盲,任何作者都不应该犯以下错误:连写句;㊀逗号拼接;㊁杂货店撇号;㊂在主语和谓语之间加逗号;用"it's"表示属格。诚如前面所讲,这些错误的问题并不在于暴露了作者逻辑思维上的缺陷,而在于暴露了他们对书面文字的粗心大意。我希望读者学会区分标点符号在逻辑和非逻辑两方面的特点,这样就能更好地掌握两者,所以我会说说标点符号系统的设计,并着重指出这个系统本身存在的重大问题。

逗号以及其他连接符号(冒号、分号和破折号)

逗号有两个主要的功能。第一个是将那些评论事件或状态的插入语与那些对事件或状态本身有决定性意义的语句隔开,插入语包括时间、地点、方式、目的、结果、意义、作者观点等。之前,在区分限制性关系从句与非限制性关系从句的时候,我们已经接触过逗号的这个功能。限制性关系从句可以不要逗号,比如"Sticklers who don't understand the conventions of punctuation shouldn't criticize errors by others"("不懂标点符号法则的顽固分子不应当批评

㊀ 两个或更多完整句子连接在一起,却没有使用适当的标点符号或连接词。——编者注
㊁ 两个完整句子直接使用逗号连接。——编者注
㊂ 因杂货店商品广告中经常出现这样的错误而得名,即在复数名词中加上一个多余的撇号,如"3 orange's for a dollar!"("1 美元可买三个橘子!")——编者注

其他人犯的错误"），说的是那些不懂标点符号法则的一类顽固分子。假如我们为同一句话加上逗号，就变成了"Sticklers, who don't understand the conventions of punctuation, shouldn't criticize errors by others"（"顽固分子，他们不理解标点符号法则，不应当批评其他人犯的错误"），意思就变成了对典型顽固分子的能力的嘲讽，但是这个嘲讽针对的是所有顽固分子，与句子原来要传达的意思相差甚远。

传统说法中的"限制性"与"非限制性"都是用词不当，因为没有逗号的那个版本［在《剑桥英语语法》里被称作"整合性关系从句"］并不总是把指称对象局限在某个范围内。它们只是提供一些必要的补充说明，让句子成立。我们看看这个句子："Barbara has two sons whom she can rely on and hence is not unduly worried"（"芭芭拉有两个儿子可以依靠，因此不用过分担心"），有下划线的关系从句并不是从芭芭拉所有儿子中特意指出她可以依靠的两个——也许她只有两个儿子。它只是表明，因为这两个儿子是芭芭拉可以依靠的，因此她没有必要烦恼。[60]

这是理解在其他结构中如何放置逗号的关键。逗号把句子当中非必需的那部分隔开，即使没有那一部分，也不影响我们理解句子的意思。我们看看这个句子"Susan visited her friend Teresa"（"苏珊拜访了她的朋友特蕾莎"），作者明显是想特别指出苏珊去拜访的是特蕾莎，而不是其他人。与此形成对比的是"Susan visited her friend, Teresa"（"苏珊拜访了她的朋友，特蕾莎"），这里的重点是苏珊去拜访了一位朋友，顺便提及这位朋友的名字是特蕾莎。我们看看这个新闻标题"NATIONAL ZOO PANDA GIVES BIRTH TO

2ND, STILLBORN CUB"("国家动物园的熊猫生下了第二胎,是死胎"),两个修饰语中间的逗号表示动物园的熊猫生了第二个宝宝,而("另一个事实是")这个宝宝不幸夭折。假如不用逗号的话,那么在树形结构中"stillborn"("死胎的")就被嵌入在"2nd"("第二个")层级下,意思也就变成了"熊猫妈妈第二次生下了死胎"。假如没有逗号,每多一个修饰语,都是在逐步缩小指称对象的范围,就像维恩图中几个嵌套圆圈的共同部分。假如有逗号,那么每多一个修饰词,都是在新增有价值的事实,就好比相重叠的圆圈。假如写成"2nd, stillborn, male cub",那我们又知道了一个事实:那个夭折的熊猫宝宝是雄性。而假如写成"2nd stillborn male cub",那么我们就会知道,之前夭折的熊猫宝宝也是雄性。

看上去没那么难。但是,为何还有那么多逗号使用错误,使得对此持零容忍态度的人怒发冲冠呢?为何在学生论文里逗号错误占所有语言错误的 1/4 还多,算起来每份论文平均有 4 个逗号错误呢?[61] 主要的原因是,逗号不只表示句法上的区隔(标示一个未融入更大短语中的短语),连同相应的语义上的区隔(标示一个对句子意义不起关键作用的意义)。它也可以表示一种韵律上的区隔:发声上的一个小小停顿。这几类区隔通常一起出现:一个需要加逗号的补述短语,通常其前后也会有停顿。但有时候这几类区隔并不一定会一起出现,这就布下了一个雷区,经验不足或者不够细心的作者容易掉进去。

如果补述短语不长可以自然地一带而过,那么现在的标点规则允许作者听从耳感而不加逗号——就像前面这个句子,我在"不长"后面就没有用逗号。其中的原理是许多逗号相互太过接近会让句子显得不顺当。而且，虽然一个句子可能有多个层次的分支，但英语只提供了小小的逗号来区隔，所以作者可能会选择仅用逗号去隔开树形结构上的主要分支，而不是把句子砍成很多碎片，交给读者自己去重新拼接组装。而我之所以没有在"如果补述短语不长"后面加上逗号，是因为我想在那个从句之后、下个从句之前加上逗号，整齐地将句子一分为二。而假如第一个从句也被逗号分隔开，两个从句之间的区隔就会变得模糊。下面还有一些例子，其中的逗号都可以省略，尤其是在一种"轻松"或"开放"的写作风格中，因为后面的短语足够简短且清晰，所以前面不需要停顿。

> Man plans and God laughs.
> 人类一思考上帝就发笑。
>
> If you lived here you'd be home by now.
> 如果你住在这儿现在到家了。
>
> By the time I get to Phoenix she'll be rising.
> 我到达凤凰城时她就要起床了。
>
> Einstein he's not.
> 他并不是爱因斯坦。
>
> But it's all right now; in fact it's a gas!
> 但现在没事儿了；事实上它是一件乐事！
>
> Frankly my dear, I don't give a damn.
> 坦白讲亲爱的，我一点儿都不在乎。

这是图瑞丝为《吃饭，射击，离开》写的献词。

To the memory of the striking Bolshevik printers of St. Petersburg who, in 1905, demanded to be paid the same rate for punctuation marks as for letters, and thereby directly precipitated the first Russian Revolution.
献给当年参与圣彼得堡罢工的布尔什维克印刷工人,在 1905 年,他们要求工厂对标点符号的排版支付与字母一样的薪资,而这一抗争直接引发了第一次俄国革命。

梅纳德嘲笑图瑞丝,指出"who"开头的关系从句是非限制性的(图瑞丝的意思是这本书献给所有当年参与罢工行动的工人,而不只是那些要求为标点符号排版争取同等薪资的工人),因此需要在"who"前面加一个逗号。图瑞丝的支持者认为,假如在"who"前面加上逗号(变成 To the striking Bolshevik printers of St. Petersburg, who, in 1905, demanded),会使得整个句子笨拙地挤满了逗号,迫使读者像玩跳房子游戏那样,一次只能读一两个词。有人指出,梅纳德只是将他供稿的《纽约客》杂志出了名的奇怪规则推而广之了,《纽约客》要求为所有补述短语加上逗号,无论在语境中多么找不到理由,或者读起来多么不顺畅。我们看看下面这句话,它来自 2012 年某期《纽约客》,讲的是共和党的竞选策略。[62]

Before [Lee]Atwater died, of brain cancer, in 1991, he expressed regret over the "naked cruelty" he had shown to [Michael] Dukakis in making "Willie Horton his running mate."
在 1991 年(李·)阿特沃特患脑癌离世前,他对自己曾为了将"威利"·霍顿变成他的竞选伙伴"而向(迈克尔·)杜卡基斯表现的"赤裸裸的残忍"表达了悔恨。

"of brain cancer"前后的两个逗号是为了说明：提到阿特沃特的死因只是一个注解而已，并不是说阿特沃特死过好几次，而他只在其脑癌死亡之后才表示悔恨。即使对《纽约客》自己的编辑来说，这种讲究也太过分了，甚至一位编辑还在自己桌面上放置一个"撒逗号器"，以此提醒她的同事撒逗号要节约。[63]

现在韵律仅仅是影响逗号使用的部分因素，但直到不久之前它还是逗号的主要功能。过去的作家常常只要感觉这样停顿自然，就将逗号放在任何地方，而不会去管句法如何。

It is a truth universally acknowledged, that a single man in possession of a good fortune, must be in want of a wife.
这已成为举世公认的真理：一位拥有大量财产的单身汉，必定想要一位太太。

A well-regulated militia, being necessary to the security of a free state, the right of the people to keep and bear arms, shall not be infringed.
一支管理良好的民众武力，乃确保自由国家之安全所必需，人民持有及携带武器之权利，不可受侵犯。

假如简·奥斯汀或当年美国宪法的起草人参加今天的作文考试，他们只会得到很低的分数，因为今天逗号规则更多基于语法而非韵律（《纽约客》将这种趋势做到了极致）。奥斯汀那个句子在今天就根本不应该出现逗号，而第二个例子也只能保留"free state"后面那个逗号。

读句子一带而过时，区隔出补述短语的逗号可以省略，但反过来就不行了：不能在一个完整的短语（比如主语及其谓语）中间插入逗号，即使叙述者想在两个元素的连接点上喘一口气也不可以。由于逗号的放置规则受句法和韵律的混合管制,也难怪语文老师对于学生作文使用逗号的抱怨和人们写给专栏作家安·兰德丝(Ann Landers)的信中对婚后性生活的抱怨一样,都可以分为两类:①太多,②太少。[64]

在逗号使用过多这个类别下,我们会看到学生在一个完整的短语前面加上逗号,通常是因为他们读到这里时会稍作停顿。

[在主语与谓语之间]
His brilliant mind and curiosity, have left.
他那聪明的脑袋和好奇心,已经消逝了。

[在动词与修饰语之间]
He mentions, that not knowing how to bring someone back can be a deadly problem.
他谈道,不知道怎么将某个人带回来,可能是一个致命的问题。

[在代表概念的名词与阐释其内容的从句之间]
I believe the theory, that burning fossil fuels has caused global warming.
我相信这个理论,燃烧化石燃料导致了全球变暖。

[在名词与完整的关系从句之间]
The ethnocentric view, that many Americans have, leads to much conflict in the world.
以自己为中心的观点,许多美国人所持有的,导致了世界上众多冲突。

[在从属连词及其引导的从句之间]
There was a woman taking care of her husband because, an accident left him unable to work.
一位女性在照看她的丈夫是因为,一场事故使他失去了工作能力。

[在并列的两个短语之间]

This conclusion also applies to the United States, and the rest of the world.
这一结论还适用于美国，以及世界其他国家。

［在定指的类属词与标示指称对象的名字之间（这里的两个逗号都是错误的）］
I went to see the movie, "*Midnight in Paris*" with my friend, Jessie.
我想看这部电影,《午夜巴黎》和我的朋友，杰茜。

而在逗号使用过少这个类别下，我们可以看到学生会忘记在适当的地方加上逗号，将补述的词语或短语隔开。

［在修饰整个句子的副词前后］
In many ways however life in a small town is much more pleasant.（应在 however 前后加逗号）
不过生活在小城市在许多方面快乐得多。

［在前置附加语和主句之间］
Using a scooping motion toss it in the air.（应在 motion 和 toss 之间加逗号）
用舀的动作将其抛在空中。

［在表示结果的附加语之前］
The molecule has one double bond between carbons generating a monounsaturated fat.（应在 generating 前加逗号）
这个分子在碳之间有一个双键产生单不饱和脂肪。

［在对照附加语之前］
Their religion is all for equal rights yet they have no freedom.（应在 yet 前加逗号）
他们的宗教全都是为了争取平等的权利然而他们却没有自由。

［在补充关系从句之前］
There are monounsaturated fatty acids which lack two hydrogen atoms.（应在 which 前加逗号）
单一不饱和脂肪酸缺少两个氢原子。

［在直接引用之前］
She said "I don't want to go."［应在第一个引号前加逗号，可以与此形成对比的是这个间接引用中的错误（应该不加逗号）：She said that, she didn't want to go.］
她说"我不想去"。

粗心的作者经常会忘记的是，当补述短语插入句子中间时，短语两端都应加逗号，就像一对括号那样，而非只在开头有逗号。

Tsui's poem "A Chinese Banquet," on the other hand partly focuses on Asian culture.（hand 后面也应有逗号）
崔的诗歌《中国宴会》，另一方面部分聚焦于亚洲文化。

One of the women, Esra Naama stated her case.（Naama 后面也应有逗号。）
那些妇女之一，埃斯拉·纳马陈述了她的案情。

Philip Roth, author of "Portnoy's Complaint" and many other books is a perennial contender for the Nobel Prize.（books 后面也应有逗号。）
菲利普·罗斯，《波特诺伊的抱怨》一书作者和许多其他书籍的作者是诺贝尔奖的常年竞争者。

My father, who gave new meaning to the expression "hard working" never took a vacation.（"hard working"后面也应有逗号。）
我父亲，给"勤奋工作"赋予了新含义的人从来没有休过假。

另一类逗号使用错误非常普遍，以至于语文老师发明了无数种称谓来指代这类错误：逗号拼接、逗号错误、逗号毛病、逗号过失，等等。它具体表现在用逗号来衔接两个完整的句子，而每个句子本身都可以独立存在。

There isn't much variety, everything looks kind of the same.
没有什么大变化，所有东西看起来都有些类似。

I am going to try and outline the logic again briefly here, please let me know if this is still unclear.
我将会尝试再度简要概述其中的逻辑，如果还有不清楚的地方请让我知道。

Your lecture is scheduled for 5:00 pm on Tuesday, it is preceded by a meeting with our seminar hosts.
你的演讲安排在星期二下午5:00，它在与我们研讨班主持人的会议之后。

There is no trail, visitors must hike up the creek bed.
这里没有路，参观者必须爬上小溪的河床。

假如两个句子在概念上有联系（有第5章讨论过的那些连贯性关系），没有经验的作者就抵挡不住诱惑，想将两个句子用逗号拼接成一体。但这样会使细心的读者很不高兴，原因有二（我自己就不能容忍我的学生作业里出现这类错误，甚至在电邮里出现也不可容忍）：第一，这是在制造花园小径，令读者分散注意力并感到厌烦。第二，这样的错误很容易避免，只需要你懂得识别什么是句子就可以了。

有几种合理的方法可以将两个句子接合起来，主要是看两句之间的连贯性关系。假如两个句子在概念上相当独立，那第一个句子结尾就应该用句号，第二个句子开头就应该大写，正如小学老师所教导的。假如两个句子之间有概念上的联系，但作者觉得没必要精确描述那个联系，他可以在两个句子中间使用分号；分号是消除逗号拼接的一个通用方法。假如两个句子之间是详细阐述或举例的关系［此时作者经常会使用：that is（就是说）、in other words（换句话讲）、which is to say（也就是说）、for example（例如）、here's what I have in mind（我的想法是）以及 Voilà！（瞧！）］，那么可以使用冒号：就像这样。假如第二个句子是刻意打断讨论，目的是让读者清醒、重新思考或振作起来，那么可以用破折号——只要节约使用，破折号会让句子富有生气。假如作者想将头脑中的连贯性关系精确描述出来，使用了一些明确的连接词，比如并列连词（and、or、but、yet、so、nor）或介词（although、except、if、before、after、because、for），这时用逗号没问题，<u>因为（because）这句话只是补充说明（就如这个有下划线的句子，就是用逗号与前句连在一起）</u>。但千万不要把这些连接词混同于"however""nonetheless""consequently"（"因此"）、"therefore"等修饰整个句子的副词，因为这样的副词本身就是对后面句子的补充。如果带有这些副词，句子本身就是独立的；<u>因此（consequently），它不能用逗号与前句连接</u>。看看下面的例子（带星号的句子含有不恰当的逗号拼接）。

* Your lecture is scheduled for 5PM, it is preceded by a meeting.
Your lecture is scheduled for 5PM; it is preceded by a meeting.
Your lecture is scheduled for 5PM—it is preceded by a meeting.

Your lecture is scheduled for 5PM, but it is preceded by a meeting.
Your lecture is preceded for 5PM; however, it is preceded by a meeting.
* Your lecture is scheduled for 5PM, however, it is preceded by a meeting.
你的演讲安排在下午 5 点，之前有个会议。

另一种逗号使用错误已经声名远播到了编辑的世界之外，这就是所谓的系列逗号，或者叫作牛津逗号⊖。这有关逗号的第二个主要功能——把一系列项目分开。大家都知道，当我们要用连词连接两项事物时，它们中间也不该有逗号："Simon and Garfunkel"（"西蒙和加芬科尔"），而非 "Simon, and Garfunkel"。但当我们要连接三项或三项以上事物时，每两项之间都应有个逗号，但最后一项前面则不需要逗号："Crosby, Stills and Nash"（"克罗斯比、斯蒂尔斯和纳什"）；"Crosby, Stills, Nash and Young"（"克罗斯比、斯蒂尔斯、纳什和杨"）。这里争议就来了：该在最后一项前面加上逗号吗？这就是系列逗号。参与争论的一方是大部分英国出版商（不含牛津大学出版社）、大部分美国报纸以及一个自称 "Crosby, Stills and Nash" 的摇滚乐队。他们认为，要么用 and，要么用逗号，但不能两者都用。另一方则是牛津大学出版社、大部分美国图书出版商，以及发现在一系列事物中不用系列逗号会引发歧义的许多聪明人。[65]

Among those interviewed were Merle Haggard's two ex-wives, Kris Kristofferson and Robert Duvall.

⊖ 也称哈佛逗号，由于牛津大学出版社和哈佛大学出版社的规范而得名，指的是在英语中列举多个对象时，在最后的 and 之前也加上一个逗号，以减少可能的歧义。——编者注

在那些被采访的人当中有梅尔·哈格德的两位前妻、克里斯·克里斯托弗森和罗伯特·杜瓦尔。

This book is dedicated to my parents, Ayn Rand and God.
这本书献给我的父母、安妮·兰德和上帝。

Highlights of Peter Ustinov's global tour include encounters with Nelson Mandela, an 800-year-old demigod and a dildo collector.
皮特·乌斯蒂诺夫环球旅行的亮点包括遇到了纳尔逊·曼德拉、一位800岁的半神和一位人造阴茎收集家。

在一系列短语中缺少系列逗号也会制造花园小径。"He enjoyed his farm, conversations with his wife and his horse"("他喜欢他的农场和他妻子的交流以及他的马",不是"和他妻子以及他的马的交流"),马上会让人想起著名美剧《艾德先生》(*Mister Ed*)里面那匹会说话的马,而一位并不熟悉美国20世纪70年代流行音乐的读者可能会被下面左栏的句子难倒,以为有个神秘的二人组叫作"Nash and Young",也搞不清"Lake, and Palmer, and Seals and Crofts"是什么意思:

没有使用系列逗号	使用系列逗号
My favorite performers of the 1970s are Simon and Garfunkel, Crosby, Stills, Nash and Young, Emerson, Lake and Palmer and Seals and Crofts.	My favorite performers of the 1970s are Simon and Garfunkel, Crosby, Stills, Nash, and Young, Emerson, Lake, and Palmer, and Seals and Crofts.

除非出版机构禁用,我建议你还是应该使用系列逗号。而假如

你要列举的是系列的系列，那么你可以利用英语中少数几个指明树形结构的方法来消除歧义，例如用分号来区隔一系列包含逗号的短语。

> My favorite performers of the 1970s are SImon and Garfunkel ; Crosby, Stills, Nash, and Young ; Emerson, Lake, and Palmer ; and Seals and Crofts.
> 我最喜欢的 20 世纪 70 年代的表演者是西蒙和加芬科尔；克劳斯比、斯蒂尔斯、纳什和杨；爱默生、雷克和帕玛；西尔斯和克罗夫。

撇号

系列逗号不是唯一会伤害你的标点问题。

我愿意忽略他滥用逗号的毛病，但当他开始乱用撇号时，我就知道一切都结束了。

我猜上面这位心灰意冷的姑娘，她说的是三种常见的撇号错误。而假如我是她身边的朋友，我会建议她考虑一下，对于灵魂伴侣，她更看重的是逻辑思维还是读写能力，因为这几种错误虽然与习惯用法不同，但都是有逻辑的。

第一种错误是杂货店撇号，比如"APPLE'S 99¢ EACH"（"苹果每个 99 美分"）。但这类错误并不只是杂货店老板才会犯；英国媒体抓到一次大显身手的机会，嘲讽上街抗议的学生将标语写成"DOWN WITH FEE'S"（"打倒学费"）。这条规则简单明确：表示复数的"s"与名词之间不应该用撇号相连，而应该与名词紧紧贴在一起，不用任何标点符号，例如"apples""fees"。

杂货店老板和学生之所以犯错，是因为三方面的诱惑。第一，我们很容易混淆表示复数的"s"与表示所有格的"'s"以及表示缩写的"'s"，后面两个都需要用到撇号："the apple's color"（"苹果的颜色"）用撇号无懈可击，"This apple's sweet"（"这个苹果是甜的"）也是同样。第二，杂货店老板也许是太在乎语法结构了，似乎是想区分音素"s"（本来就是单词的一部分）与词素"-s"（附加在单词上的复数标记），就像"lens"（"透镜"）和"pens"（"钢笔"的复数，pen+"-s"），或"species"（"物种"）和"genies"（"妖怪"的复数，genie+"-s"）。遇到以元音结尾的单词，加撇号会显得更有吸引力，因为不加标点的正确复数形式看上去好像另一个单词，比如"radios"（"收音机"的复数）跟"adios"（"再见"）很像，"avocados"（"鳄梨"的复数）跟"asbestos"（"石棉"）很像。假如让杂货店老板随心所欲地在复数上加撇号，如"radio's""avocado's""potato's"，就不会有人错误地写出"kudo"这个单词了（这个词应该写成 kudos，是一个单数名词，源自希腊语，意思是"表扬"），而且前美国副总统丹·奎尔（Dan Quayle）也可以避免当众出丑——他曾把小学级别的"potato"（"土豆"）误改为"potatoe"。最有诱惑力的是，禁止在复数中加撇号的规则并不像我之前所说的那样简单。有些名词里加撇号确实（或者至少曾经）是正当的。字母表里的字母必须加撇号（比如 p's 和 q's），以单词身份被提及的词也常常使用撇号，比如"There are too many however's in this paragraph"（"这个段落中出现太多了 however 了"），除非是一些习惯用法，比如"dos and don'ts"（意思是"注意事项"），或者"no ifs, ands or buts"（意思是"不要为自己的失误找借口"）。在减少标点使用的趋势出现之前，撇号经常用于年份（如 1970's）、缩写词（如 CPU's，意为"中央处理器"）以及符号（@'s），某些报纸（比如《纽约时报》）现在还这么做。[66]

这些规则并不怎么合逻辑，但假如不希望有文化的爱人离开你的话，就不要在复数名词里加撇号。此外，我们最好也了解一下什么时候不该在人称代词中用撇号。戴维·巴利（David Barry）笔下的语言专家先生（Mr. Language Person）就提出过以下问题。

问：和数百万美国人一样，我无法掌握"your"（"你的"）和"you're"（"你是"）之间极其微妙的差别。

答：……区分它们的最好办法是记住"you're"是一个缩写，是那种分娩时可以用到的词，好比"Hang on, Marlene, here comes you're baby!"（"坚持住，马琳，你的孩子就快出来了!"），而"your"是那种用来为网上聊天室的辩论打分的词，好比"Your a looser, you moron!"（"你是个输家，你傻瓜!"）

语言专家先生回答的第一部分是正确的：如果由助动词和代词组成缩写，则必须使用撇号来标记，比如"you're"（you are）、"he's"（he is）、"we'd"（we would）。他的第一个例子也是正确的

（假设你看得懂 you're baby 中误用标点的笑话，就知道应该是 your baby）：绝不应该用撇号来标示代词的属格（所有格），不论那么做看上去多么符合逻辑。虽然我们平时会写"the cat's pajamas"（"猫的睡衣"）或者"Dylan's dream"（"迪伦的梦想"），但只要你用代词来取代名词，就必须丢掉撇号：你应该写"its pajamas"（"它的睡衣"），而不是"it's pajamas"；是"your baby"（"你的孩子"），而不是"you're baby"；是"their car"（"他们的汽车"），而不是"they're car"；是"Those hats are hers, ours, and theirs"（"那些帽子是她的、我们的和他们的"），而不是"Those hats are her's, our's, and their's"。历史上有人决定了撇号不属于所有格的人称代词，你就必须接受它。

下面这幅漫画很好地解释了最后一类撇号使用错误，里面的男孩告诉我们，生活在一个非常规家庭（双亲是同性），不一定使用标点也违背常规。

我有两个妈妈。我知道撇号该放哪里。

单数名词的所有格是加" 's",例如"He is his mother's son"("他是他妈妈的儿子")。而规则变化的名词复数所有格是加"s'",例如"He is his parents' son"("他是他父母的孩子"),假如双亲是同性的话,就是"He is his mothers' son"("他是他妈妈们的儿子")。假如人名以"s"结尾,例如"Charles"或者"Jones",那么就遵循语法逻辑,把这样的人名看成单数:"Charles's son"("查尔斯的儿子"),而不是"Charles' son"。有些写作手册会将"Moses"("摩西")和"Jesus"("耶稣")列为例外,但语法学家不应当为某个宗教树立特殊的规则,而事实上这一例外也应用于其他以"s"结尾的古老名字,比如"Achilles' heel"("阿基里斯的脚踝")、"Sophocles' play"("索福克勒斯的戏剧")。[67] 它也适用于那些以拗口的发音"ses"结尾的现代名字,比如"Kansas'"("堪萨斯州的")和"Texas'"("得克萨斯州的")。

引号

对标点使用严谨性的另一种侮辱,就是用引号表示强调,这常见于一些标语:WE SELL "ICE"(我们卖"冰"),CELL PHONES MAY "NOT" BE USED IN THIS AREA(本区域"不能"使用手机),还有令人紧张的"FRESH" SEAFOOD PLATTER("新鲜"海鲜拼盘),以及更加令人紧张的 EMPLOYEES MUST "WASH HANDS"(员工必须"洗手")。这样的错误极为普遍,甚至有人还专门画了下面的漫画。

为什么有这么多的标语设计者会犯这类错误呢？因为他们的做法还是旧时代的文字处理方法，那时候写作终端和打印机还没有斜体或者下划线功能（许多人现在以纯文本格式写电邮时仍然会这么做），只能以符号括出单词达到强调的目的，例如 *this* 或 _this_。但我们从来不会用 this 加双引号（"this"）来表示强调。就如格里菲在上面漫画中解释的那样，引号本身有一个标准功能，那就是引述别人的话，而不是表达自己的意思。假如你用引号来表示强调，读者就会觉得你没有受过良好的教育或更糟。

要讨论标点使用的不合逻辑，就不得不讨论引号与逗号、句号之间的次序，这是个声名狼藉的问题。美国出版物的规则是（英国人在这方面就更加明智），当被引述的话出现在一个短语或句子末尾时，负责收尾的引号需要放在逗号或句号外面（"like this,"），而不是放在里面

("like this".)。这个要求明显不合逻辑：引号表示短语或句子的一部分的终结，而逗号和句号却表示整个短语或者句子的终结，因此把逗号或者句号放在引号里边，就有如超人内裤外穿那么碍眼。但是很久以前，一些美国的印刷工人认为，如果没有逗号或者句号上面和左侧的难看空白，页面会更漂亮，于是我们从此就要接受这样的规则。

美国这条关于标点的规定困扰着每一位计算机科学家、逻辑学家、语言学家，因为任何一种不能反映内容逻辑顺序的排字次序，都会使他们的作品显得很凌乱。除了令人心烦的不合理之外，这条规则还妨碍了作者表达某些想法。在1984年一篇半严肃的论文《标点符号以及人类自由》里，杰弗里·普勒姆讨论了莎士比亚的《理查三世》（King Richard Ⅲ）里经常被错误引用的开头两句：Now is the winter of our discontent/Made glorious summer by this sun of York.（现在我们严冬般的宿怨/已给这颗约克的红日照耀成为融融的夏景）。[68] 很多人都以为前半句是一整句。假设有人要对这个错误发表评论，他可能会写：

Shakespeare's *King Richard* Ⅲ contains the line "Now is the winter of our discontent".
莎士比亚的《理查三世》中有一句话是"现在我们严冬般的宿怨"。

这是一个正确的句子。但是一位美国的编辑会这样修改：

Shakespeare's *King Richard* Ⅲ contains the line "Now is the winter of our discontent."

这反而成了一个错误的句子，或者至少作者无法将其变成毫无歧义的正确或错误。普勒姆曾呼吁人们开展非暴力反抗，后来随着互联网的兴起,他的想法终于成真了。很多注重逻辑或者精于电脑的作者利用互联网带来的自由,摆脱了审稿编辑的约束,公开否认美国这套规则。其中最突出的就是维基百科,那里转而采纳另一套规则,叫作"符合逻辑的标点"。[69]假如你很在意标点符号的使用,你可能已经注意我的行文间已有四处违反了美国那套规则(如下划线所示)。

> The final insult to punctuational punctiliousness is the use of quotation marks for emphasis, commonly seen in signs like WE SELL "ICE"<u>,</u> CELL PHONES MAY "NOT" BE USED IN THIS AREA, and the disconcerting " FRESH " SEAFOOD PLATTER and even more disconcerting EMPLOYEES MUST "WASH HANDS"<u>.</u>
>
> But not like "this"<u>.</u>
>
> Many people misremember it as " Now is the winter of our discontent"<u>,</u> full stop.

这些非暴力反抗行动很有必要,这样才能清楚显示我引用的那些例句中的标点原本放在哪里。假如你需要讨论引用或标点用法的话,或是在维基百科或其他技术友好的平台上写作,又或是你本来就喜欢逻辑思考又有点叛逆,那么你也应该这么做。这场运动也许有一天可以改变美国这套排字规则,就如20世纪70年代女性运动用"Ms."("女士")的说法取代了"Miss"("小姐")和"Mrs."("夫人")。但在那一天还未到来之前,假如你要给一份美国出版物写东西,还是得忍受把句号和逗号放在引号之内的不合理规则。

写作中真正重要的规则

我希望已经让你相信,处理用法问题并不像下国际象棋、证明理论或是解决物理问题,那些行为都有很明确的规则,如果不遵循就是犯错。处理用法问题更像是研究、报道、评论或者其他需要洞察力的事情。在考虑用法问题时,一个作者必须批判性地评估那些关于对错的观点,忽视那些可疑的规则,在相互冲突的价值之间做出权衡。

了解规范主义语法历史的人都会震惊于这个主题所引发的过度情绪。自从亨利·希金斯(Henry Higgins)谴责人们"冷血地谋杀英语"之后,那些自封的英语高标准捍卫者发出的不雅谩骂就一波高过一波。[70]大卫·福斯特·华莱士(David Foster Wallace)对"时髦的语言甲烷"本质上的"邪恶"表示"绝望"。大卫·格伦特尔(David Gelernter)把那些"单数they"的支持者称作"语言强奸犯",约翰·西蒙(John Simon)则把那些没有按照他那一套来使用英语的人比作奴隶贩子、儿童虐待者以及纳粹集中营的卫兵。这些夸张言辞逐渐变得愤世嫉俗,就像林·图瑞丝(Lynne Truss)所说,误用撇号的人"理应被雷劈成碎片,埋在一个没有标记的坟墓里"。罗伯特·哈特威尔·费司克(Robert Hartwell Fiske)曾说"humongous"("巨大无比的")是一个"可怕而且丑陋的单词",还加上一句,"虽然说用这个词的人也可怕且丑陋并不公平,但总有一天我们会变成——或至少被认为是——我们所说所写的那样。"

讽刺的是,往往历史和用法都站在那些被骂的人一边,那些谩骂者则只是在胡扯。杰弗里·普勒姆创办的"语言日志"经常会分析那些关于英语正确用法和错误用法的观点,他注意到那些吹毛求疵的人经常"当下变得极度愤怒,甚至都不去查查参考书以确认这件事值得愤怒……涉及语言问题时,人们就是不去查参考书;他们似乎觉得自己的作家身份和愤怒情绪就是所需的全部立足点。"71

虽然正确的语言用法值得追求,但我们还是得全面看待。即使是最令人厌烦的错误也不是语言死亡的预兆,人类文明更不会因此毁灭,正如下面这幅漫画告诉我们的。

是的,现在的作者有时会做出令人遗憾的选择。但过去的作家也不例外,现在被纯正主义者怒目而视的孩子中有很多人可以写出非常漂亮的文章,对语言使用发表敏锐的评论,甚至发展出他们自己形式的纯正主义,比如"消灭错字前进联盟"(Typo Eradication Advancement League),他们会暗中用涂改液或者记号笔改正那些出错的杂货店广告。72

虽然引发了这么多骂战,但正确用法只是促成良好写作最小的因素,其重要性远远比不过保持连贯性、使用古典风格、克服知识的诅咒,更不用说在智力上维持勤恳了。假如你真的希望提高自己的写作质量,或是要怒斥别人写作中的错误,最需要关注的不是那些支配融合分词和所有格先行语的规则,而是那些支配批判性思考和发现事实的规则。以下是几条常被忽视的规则(尤其是在纯正主义者的激昂言辞中常被忽视),每次你提笔或打字时,这些规则都值得注意。

第一,查资料。人类拥有极易出错的记忆,却常常对自己的所知过于自信,这一致命组合像是一个诅咒。[73] 我们身处的社交网络(不论是传统的还是电子的)让这些错误不断传播,因此许多传统智慧都是朋友的朋友讲述的传说和令人难以置信的虚构故事。正如马克·吐温(Mark Twain)所说,"这个世界的问题不是人们知道得太少,而是人们知道太多跟事实并不相符的东西。"实际上,这话并不是他说的——我查过了。[74] 但不论讲这话的是谁〔很有可能是乔希·比林斯(Josh Billings)〕,他都说出了一个重要的观点。我们非常幸运地生活在这样一个时代,几乎所有主题都被学者、科学家或记者研究过,而且只要你有电脑或智能手机,几秒内就能获取他们的研究成果,或者在图书馆中查阅,数分钟内也可以获得。为什么不利用这样的便利条件,尽量保证你的知识(或至少是你写下的文字)为真呢?

第二,确保你的论证有理有据。假如你在做一个事实性的陈述,应该可以从一些可靠公正的渠道获得佐证,也就是那些由编辑、情报核查员以及同行评审员等把关人审查过的信息来源。假如你要做一个论证,应以明理之人已有共识的观点作为前提,使用有效的"如果–那么"步骤,得到更新或更具争议性的观点。假如你要做一个道德论证,也就是关于人们应该如何做的观点,你应该说明为何这样做符合某种原则,或者让明理之人认可的益处增多。

第三,不要把轶事或个人经历当作世界的常态。你身上发生了什么事情,或者今天早上在报纸或互联网上看到了什么新闻,并不意味着那就是一个趋势。在一个拥有 70 亿人口的星球,任何事情都有可能发生在某地的某人身上,而且新闻或朋友间的传闻通常是选择那些极不常见的事件。只有事件出现次数相对于其发生概率差异显著时,才能被称为显著现象,而只有当这样的比例随时间而改变时,才能被称为趋势。

第四,谨防虚假的二分法。把复杂问题简化为两种口号、两个阵营或两种思想之间的战争,这虽然有趣,但几乎无法帮助我们增进理解。几乎没有哪个好的思想可以只用一个"某某主义"这样的词来表述,而且我们大部分的思想都极为粗糙,比起让不同思想开展"赢者通吃"的竞争,对其进行分析和提炼可以获得更多进展。

第五,论证应当基于理性,而非个人。说你所不赞同的人是受金钱、声誉、政治或怠惰所驱使,或者侮辱对方"过于简单""幼稚""低俗",并不能证明对方的观点是错误的。不同意或批评对方观点,也不能证明你比对手更聪明或更高尚。心理学家已经发现,在任何争端中,双方都确信自己一方有理有据而且道德优越,同时认为对方冥顽不化和不可信赖。[75] 但不可能双方都对,至少不是始终都对。我们把语言学家安·凡墨(Ann Farmer)的智慧话语记在心上吧:"不要证明自己对,而要弄清什么是对的。"

所有这些原则把我们带回最初的问题:为什么我们应该关心写作风格。描述人们实际上怎么使用语言与规定人们如何使用语言才能更有效,这两者并非对立关系。我们可以分享如何写出好文章的建议,而不必轻视对方。我们可以尝试纠正写作中的错误,而不必惋惜语言的退化。我们可以经常提醒自己努力追求良好写作风格的原因:促进思想的传播,证明我们对细节的关心,以及为世界增添一些美丽。

术语表

active voice（主动语态）
句子的一种标准形式，其中行动者（actor）和起因（如果有起因）在语法上是主语：A rabbit bit him。[比较被动语态（passive voice）：He was bitten by a rabbit。]

adjective（形容词）
词语的一种语法范畴（grammatical category），通常指的是一种性质或状态：big、round、green、afraid、gratuitous、hesitant。

adjunct（附加语）
一种修饰语（modifier），用于补充所述事件或状态的时间、地点、方法、目的、结果或其他特点的信息：She opened the bottle <u>with her teeth</u>；He teased the starving wolves, <u>which was foolish</u>；Hank slept <u>in the doghouse</u>。

adverb（副词）
词语的一种语法范畴，用于修饰动词、形容词、介词和其他副词：tenderly、cleverly、hopefully、very、almost。

affix（词缀）
前缀或后缀：<u>en</u>rich、<u>re</u>state、black<u>en</u>、slipp<u>ed</u>、squirrel<u>s</u>、cancel<u>lation</u>、Dave<u>'s</u>。

agreement（一致性原则）
为配合另一个词语或短语，一个词语的形式发生改变。在英语中，一个现在时态的动词必须与主语的人称和单复数一致：I snicker；He snickers；They snicker。

AHD

《美国传统英语词典》(The American Heritage Dictionary of the English Language) 的缩写。

anapest（抑抑扬格）

一种音步（foot）类型，表现为轻–轻–重的格律（meter）：Anna LEE should get a LIFE；badda-BING!；to the DOOR。（带下划线的短语为抑抑扬格的音步，大写字母为重音。）

antecedent（先行语）

说明一个代词所指为何的名词短语：Biff forgot his hat；Before Jan left, she sharpened her pencils。

article（冠词）

词语的一个小类，标示一个名词短语是否为定指，包括定冠词（the）和不定冠词（a、an 和 some）。《剑桥英语语法》将冠词归入限定词（determinative）这个大类中，限定词也包括量词（quantifier）和指示词（demonstrative，如 this、that）。

auxiliary（助动词）

动词的一个特殊类别，它传达与事实相关的信息，包括时态（tense）、语气（mood）和否定（negation）：She doesn't love you；I am resting；Bob was criticized；The train has left the station；You should call；I will survive。

backshift（时态后移）

改变一个动词的时态（通常在间接引语中），使其与表达"说"或"认为"这类意思的动词的时态相匹配：Lisa said that she was tired（对比 Lisa said, "I am tired."）。传统上称之为"时态呼应"。

The Cambridge Grammar（《剑桥英语语法》）

语言学家罗德尼·赫德尔斯顿（Rodney Huddleston）和杰弗里·普勒姆以及另外 13 位语言学家合著的一部工具书，于 2002 年出版，使用现代语言学对几乎每个英语语法建构进行了系统性分析。本书中的术语和分析都以《剑桥英语语法》为基础。

case（格）

一种标记，指出一个名词的语法功能（grammatical function），包括主格（nominative case；用于主语）、属格（genitive case；用于限定语，包括所有格），以及宾格（accusative case；用于宾语和其他任何事物）。在英语中，只有代词有格位标记（主格 I、he、she、we 和 they；宾格 me、him、her、us 和 them；属格 my、your、his、her、our 和 their）。属格是个例外，可以在名词上添加标记，方式是单数名词短语接后缀 's，复数名词短语后接后缀 s'。

classic prose（古典风格）

弗朗西斯－诺尔·托马斯和马克·特纳在他们 1994 年出版的书《像真相一样清楚简单》中提出的术语，代表一种散文风格，作者通过让读者参与对话，使其关注一个客观具体的事实。它有别于实用的、自我意识的、沉思的、深奥的风格以及其他风格。

clause（从句）

相当于一个句子的短语，既可单独使用，也可以嵌入一个更大的句子中：<u>Ethan likes figs</u>；I wonder <u>whether Ethan likes figs</u>；The boy <u>who likes figs</u> is here；The claim <u>that Ethan likes figs</u> is false。

coherence connective（连贯性连接词）

词语、短语或标点符号，表明一个句子或段落与前面的句子或段落之间的语义关系：Anna eats a lot of broccoli, <u>because</u> she likes the taste. <u>Moreover</u>, she thinks it's healthy. In contrast，Emile never touches the stuff. And neither does Anna's son.

complement（补语）
被允许或要求接在中心词后的短语，作用是对其意义进行补充：smell the glove；scoot into the cave；I thought you were dead；a picture of Mabel；proud of his daughter。

conjunction（连词）
词语的一种传统语法范畴，连接两个短语，包括并列连词（coordinating conjunction，如 and、or、nor、but、yet、so）和从属连词（subordinating conjunction，如 whether、if、to）。跟随《剑桥英语语法》，我使用 coordinator 和 subordinator 这两个术语。

coordinate（并列项）
并列结构（coordination）中一个短语。

coordination（并列结构）
由两个或更多功能相同的短语构成的短语，通常由并列连词连接起来：parsley，sage，rosemary，and thyme；She is poor but honest；To live and die in LA；Should I stay or should I go？；I came，I saw，I conquered。

coordinator（并列连词）
词语的一种语法范畴，连接两个或更多功能相同的短语，如 and、or、nor、but、yet 和 so。

definiteness（定指）
一种语义上的区分，通过名词短语中的限定语（determiner）标示，表明中心名词的内容是否充分清晰确定语境中的指称对象。如果我说 I bought the

car（确定的），这是假设你已经知道我在讲哪一辆车；如果我说 I bought a car（不确定的），这是首次向你介绍买车的事情。

denominal verb（名词动用）
源于名词的动词：He elbowed his way in；She demonized him。

determinative（限定词）
《剑桥英语语法》中使用的术语，指的是发挥限定语作用的词语的语法范畴，包括冠词和量词。

determiner（限定语）
名词短语的一部分，用于确定中心名词的指称对象，回答"是哪个""有多少"这类问题。限定语的功能是通过冠词（a、an、the、this、that、these、those）、量词（some、any、many、few、one、two、three）和属格（my mother；Sara's iPhone）来实现的。注意，限定语既是一个语法功能，也是一个语法范畴。

diction（用词）
用词的选择。这里指的不是发音的清晰性。

direct object（直接宾语）
动词的宾语（如果动词有两个宾语，指的是第二个），通常用来表示在行动下直接被移动或受影响的实体：spank the monkey；If you give a muffin to a moose；If you give a moose a muffin；Cry me a river。

discourse（语篇）
一系列连贯的句子，如一段对话、一个段落、一封书信、一篇帖子或一篇散文。

ellipsis（省略）
句子中省略掉一个必需的短语，可以通过语境推断出来：Yes we can ＿！

Abe flossed, and I did __ too; Where did you go? __To the lighthouse.

factual remoteness（假想的事实）

一种假想的可能性，即不真实的、高度假设性的、极其不可能的情况。请看以下两个句子的区别：If my grandmother is free, she'll come over(开放的可能性)；If my grandmother had wheels, she'd be a trolley（假想的可能性）。

foot（音步）

发音自成一个单元的一系列音节，带有一种特定的韵律：The SUN / did not SHINE；It was TOO / wet to PLAY。（大写字母为重音。）

genitive（属格）

也可称作"所有格"，即履行限定语功能的名词的格，如 Ed's head 或 my theory。在英语中可用某些代词（my、your、his、her、their 等）表示，其他名词短语则加后缀 's 或 s'：John's guitar；The Troggs' drummer。

gerund（动名词）

加后缀"-ing"的动词形式，经常履行名词功能：His drinking got out of hand。

government（支配关系）

传统语法术语，表示短语的中心词可以决定短语中其他词语的语法特性，包括一致性、格位标记和补语的选择。

grammatical category（语法范畴）

句法位置可互换、屈折变化相同的一类词语：名词、动词、形容词、副词、介词、限定词（包括冠词）、并列连词、从属连词、感叹词。也叫作"词性"（part of speech）。

grammatical function（语法功能）
一个短语在一个更大短语中所起的作用，包括主语、宾语、谓语、限定语、中心词、补语、修饰语和附加语。

head（中心词）
短语中决定整个短语意义和特性的词语：the <u>man</u> who knew too much；<u>give</u> a moose a muffin；<u>afraid</u> of his own shadow；<u>under</u> the boardwalk。

hypercorrection（矫枉过正）
将一个没能得到应有重视的规定性规则过度延伸至其不适用的地方：I feel <u>terribly</u>；They planned a party for <u>she</u> and her husband；one <u>fewer</u> car；<u>Whomever</u> did this should be punished。

iambic（抑扬格）
一种轻-重式格律。

indicative（陈述）
传统语法术语，表示简单陈述事实的语气，有别于虚拟语气、祈使语气、疑问语气以及其他语气。

indirect object（间接宾语）
一个动词后接两个宾语中的第一个，通常指的是接受者或受益人：If you give a <u>moose</u> a muffin；Cry <u>me</u> a river。

infinitive（不定式）
无时态的动词原形，有时（但非总是）带有一个从属连词 to：I want to <u>be</u> alone；She helped him <u>pack</u>；You must <u>go</u>。

inflection（屈折变化）
词语形式根据在句子中的角色而改变，包括名词的词尾变化（duck、ducks、

duck's、ducks'）和动词的词形变化（quack、quacks、quacked、quacking）。不要与语调或韵律搞混。

intonation（语调）
说话韵律或音高的起伏变化。

intransitive（不及物动词）
不加直接宾语的动词：Martha fainted；The chipmunk darted under the car。

irrealis（非现实）
字面意思"不真实"：一种指示假想的事实的动词形式。在英语中仅在动词 be 上才有显示：If I were a rich man，对比 If I was sick，I'd have a fever。在传统语法里，它通常与虚拟语气合并为一类。

main clause（主句）
表明一个句子主要观点的从句，里面也可能包含从属从句：She thinks［I'm crazy］；Peter repeated the gossip［that Melissa was pregnant］to Sherry。

metadiscourse（元话语）
涉及当前话语的词语：To sum up；In this essay I will make the following seventeen points；But I digress。

meter（格律）
一个或一组词语的韵律，由弱音节和强音节构成的模式。

modal auxiliary（情态助动词）
助动词 will、would、can、could、may、might、shall、should、must 和 ought。它们传递必要性、可能性、义务性、未来时态以及其他与情态相关的概念。

modality（情态）
与某一陈述的真实状态有关的意义，包括是否断定为事实，是否有可能性，是否存在疑问，是否提出命令、要求或义务。这些意义通过语气的语法系统传达。

modifier（修饰语）
一个非必要的短语，为中心词添加注解或信息：a <u>nice</u> boy；See you <u>in the morning</u>；The house <u>that everyone tiptoes past</u>.

mood（语气）
动词或从句不同语法形式之间的区分，传达了情态上的语义区别，包括陈述语气（He ate）、疑问语气（Did he eat?）、祈使语气（Eat!）、虚拟语气（It's important that he eat），还有动词"be"表达的非现实语气（If I were you）。

morpheme（词素）
词语可被分割成的最小有意义单位：walk-s；in-divis-ibil-ity；crowd-sourc-ing。

nominal（名词性）
具有名词性质的词或短语，包括名词、代词、专有名称、名词短语。

nominalization（名词化）
由动词或形容词转化而来的名词：a cancellation；a fail；an enactment；protectiveness；a fatality。

noun（名词）
词语的一个语法范畴，指事物、人和其他可命名或可想象的实体：lily、joist、telephone、bargin、grace、prostitute、terror、Joshua、consciousness。

noun phrase（名词短语）
以名词为中心词的短语：Jeff；the muskrat；the man who would be king；anything you want。

object（宾语）
动词或介词后的补语，通常指对界定行动、状态或情况很重要的一个实体：spank the monkey；prove the theorem；into the cave；before the party。它包括直接宾语、间接宾语和斜格宾语。

oblique object（斜格宾语）
介词的宾语：under the door。

open conditional（开放式条件结构）
一种"if-then"结构，指的是一种开放的可能性，说话者也不知道这种可能性是否发生：If it rains, we'll cancel the game。

participle（分词）
动词的一种无时态形式，通常需要与助动词或其他动词一同使用。英语有两种分词：过去分词，在被动语态（It was eaten）和完成时态（He has eaten）中使用；动名词-分词形式的动词（也就是动词原形+ing），用作现在进行时（He is running）和动名词（Getting there is half the fun）。大部分动词过去分词形式是规则的，即加后缀"-ed"（I have stopped；It was stopped），但仍有约 165 个动词的过去分词形式是不规则的（I have given it away；It was given to me；I have brought it；It was brought here）。英语中所有动名词-分词形式的动词都是由"-ing"构成的。

part of speech（词性）
同"语法范畴"，是其传统术语。

passive voice（被动语态）
英语两大语态之一。在这种结构中，平常的宾语看起来像是主语，而平常的主语看起来像是"by"的宾语或者被省略：He was bitten by a rabbit（对比主动语态 A rabbit bit him）；We got screwed；Attacked by his own sup-

porters，he had nowhere else to turn。

past tense（过去时态）
一种动词的形式，用于表明过去的时间、假想的事实或时态后移：She left yesterday；If you left tomorrow，you'd save money；She said she left. 大部分动词有规则的过去时态形式，加后缀"-ed"构成（I stopped），但仍有大约 165 个动词的过去时态形式是不规则的（I gave it away；She brought it）。也被称为"preterite"。

person（人称）
说话者（第一人称）、听众（第二人称）以及未参与对话的人（第三人称）之间的语法区分。人称的语法标记只有代词：第一人称（I、me、we、us、my、our）；第二人称（you、your）；第三人称（he、him、she、her、they、their、it、its）。

phoneme（音素）
声音的最小单位，由元音或辅音组成：p-e-n；g-r-oa-n。

phrase（短语）
在句子中自成单元的一组词语，经常有整体的含义：in the dark；the man in the gray suit；dancing in the dark；afraid of the wolf。

predicate（谓语）
动词短语的一种语法功能，表明主语的状态、时间或关系：The boys are back in town；Tex is tall；The baby ate a slug. 。这个术语有时也指谓语中作为的动词（如 ate），如果动词是 be，那么指的是补语中作为中心词的动词、名词、形容词和介词（如 tall）。

preposition（介词）
词语的一种语法范畴，通常表达空间或时间关系：in、on、at、near、by、

for、under、before、after、up。

pronoun（代词）
名词的一个小的子类，包含人称代词（I、me、my、mine、you、your、yours、he、him、his、she、her、hers、we、us、our、ours、they、them、their、theirs），疑问代词和关系代词（who、whom、whose、what、which、where、why、when）。

prosody（韵律）
言语的语调、语速和节奏。

quantifier（量词）
说明中心名词数量的词语（通常是限定词）：all、some、no、none、any、every、each、many、most、few。

relative clause（关系从句）
修饰名词的一种从句，通常在从句里有一个空位，表明名词在短语中的角色（以下从句中的空位用括号标明了）：five fat guys who rock；a clause that (　) modifies a noun；women we love (　)；violet eyes to die for (　)；fruit for the crows to pluck。

remote conditional（假想式条件结构）
一种"if-then"结构，指的是一种发生概率极小的可能性，说话者自己认为是虚假的、纯粹假设性的或高度不可能的：If wishes were horses, beggars would ride；If pigs had wings, they could fly.

semantics（语义学）
词语、短语或句子的含义。不指对精确定义的吹毛求疵。

sequence of tenses（时态呼应）
具体解释请见"时态后移"（backshift）。

subject（主语）

短语的一种语法功能，是谓语谈论的对象。在带有行动动词的主动句中，主语通常是行动者或行动起因：<u>The boys</u> are back in town；<u>Tex</u> is tall；<u>The baby</u> ate a slug；<u>Debbie</u> broke the violin。在被动句中，主语通常是被影响的实体：<u>A slug</u> was eaten。

subjunctive（虚拟语气）

主要在从属从句中标示的一种语气，使用动词原形，表明一种假设性的、被需要的和被要求的情况：It is essential that I <u>be</u> kept in the loop；He bought insurance lest someone <u>sue</u> him。

subordinate clause（从属从句）

包含于更大短语中的从句，是相对于句子的主句而言的：She thinks <u>I'm crazy</u>；Peter repeated the gossip <u>that Melissa was pregnant</u> to Sherry。

subordinator（从属连词）

一种语法范畴，包含引出从句的少量词语：She said <u>that</u> it will work；I wonder <u>whether</u> he knows about the party；<u>For</u> her to stay home is unusual。它与传统语法范畴"subordinating conjunctions"大致相同。

supplement（补充）

一种与句子保持松散联系的附加语或修饰语，在说话里通过停顿、在写作中通过标点来与句子其他成分相区隔：<u>Fortunately</u>, he got his job back；My point—<u>and I do have one</u>—is this；Let's eat, <u>Grandma</u>；The shoes, <u>which cost $5,000</u>, were hideous。

syntax（句法）

规定词语如何构成短语和句子的语法规则。

tense（时态）

一种动词的标记，指出（相对于句子说出时）情况或事件的时间，包括现在时态（He mows the lawn every week）和过去时态（He mowed the lawn last week）。相对于时间这个标准意义，时态也可以有多个其他意义。请见过去时态。

topic（主题）

指明句子是关于什么的。在英语中，主题通常是主语，但是也可以是附加语"As for fish, I like scrod"。一个语篇的主题是这段对话或文章关于什么；它可能在整个语篇中被反复提及，有时候用不同的词语表达。

transitive（及物动词）

需要接宾语的动词：Biff fixed the lamp。

verb（动词）

词语的一个语法范畴，词尾因时态而发生变化，通常代表一种行动或状态：He kicked the football; I thought I saw a pussycat; I am strong。

verb phrase（动词短语）

以动词为中心词的短语，包括动词及其补语和附加语：He tried to kick the football but missed; I thought I saw a pussycat; I am strong。

voice（语态）

主动句（Beavers build dams）和被动句（Dams are built by beavers）之间的区分。

word-formation（构词法）

也称为"形态学"（morphology），即改变词语形式（rip → ripped）或根据旧词创造新词（a demagogue → to demagogue；priority → prioritize；crowd + source → crowd-source）的语法规则。

zombie noun（僵尸名词）

海伦·斯沃德为不必要的名词化所取的绰号，这种名词化隐藏了行动的施事者。她给出的例子是：The proliferation of nominalizations in a discursive formation may be an indication of a tendency toward pomposity and abstraction（对比 Writers who overload their sentences with nouns derived from verbs and adjectives tend to sound pompous and abstract）。

致　　谢

我要感谢许多人，他们改善了我对写作风格的感觉，也改善了本书。

30 多年来，Katya Rice 编辑了我的六本书，是那么精确、周到和富有品位，我的写作风格的知识很多都来自她。在编辑本书之前，Katya 以专家视角读过本书，找出了问题，并且提供了明智的建议。

我有幸与我最喜爱的作家 Rebecca Newberger Goldstein 结为夫妇。她不但用自己的风格启发了我，鼓励我开展这本书的写作，而且对草稿提出了巧妙的建议，书名还是她想出来的。

许多学者有一种令人遗憾的习惯，那就是随手用"我的母亲"来代表缺乏经验的读者。我的母亲 Roslyn Pinker 是一位有经验的读者，我从她那里受益匪浅，包括她对语言用法的敏锐观察、数十年来发给我的许多关于语言的文章以及对草稿的深刻批评。

我在麻省理工学院教课的 20 年间，Les Perelman 是该校跨学科写作项目的主任，在教导大学生写作方面，他为我提供了宝贵的支持和建议。哈佛大学写作中心的 Jane Rosenzweig 主任为我提供了同样的鼓励。两位都对草稿提出了有用的批评。我也要感谢哈佛学习与教学项目的 Erin Driver-Linn 和 Samuel Moulton。

《剑桥英语语法》和《美国传统英语词典》（第 5 版）是 21 世纪两大重要学术成就，我有幸从它们的监督者那里获得建议和批评：《剑桥英语语法》的共同作者 Rodney Huddleston 和 Georey Pullum，以及《美国传统英语词典》的执行编辑 Steven Kleinedler。我也要感谢《美国传统英语词典》的前任执行编辑 Joseph Pickett，他邀请我担任用法委员会的主席，让我能以局内人的视角来观察一部词典如何撰写。我还要感谢该词典的现任编辑 Peter Chipman 和 Louise Robbins。

好像这样的专业支持还不够，我还受教于其他明智且知识渊博的同行：对初稿提供了深刻批评的有 Ernest Davis、James Donaldson、Edward Gibson、Jane Grimshaw、John R. Hayes、Oliver Kamm、Gary Marcus 和 Jeffrey Watumull。解答疑难且指导我找到相关研究的有 Paul Adams、Christopher Chabris、Philip Corbett、James Engell、Nicholas Epley、Peter C. Gordon、Michael Hallsworth、David Halpern、Joshua Hartshorne、Samuel Jay Keyser、Stephen Kosslyn、Andrea Lunsford、Liz Lutgendorff、John Maguire、Jean-Baptiste Michel、Debra Poole、Jesse Snedeker, and Daniel Wegne。为本书提供多种多样的例子的有 Ben Backus、Lila Gleitman、Katherine Hobbs、Yael Goldstein Love、Ilavenil Subbiah，以及多得无法一一列举的邮件通信人。特别感谢 Ilavenil 多年以来提

醒我注意许多用法上的细微差别。

　　本书写作的每个阶段，都获得了企鹅出版社编辑的支持，包括美国的编辑 Wendy Wolf 和英国的编辑 Tomas Penn、Stefan McGrath 对初稿提供了详细的批评和建议；我的文学代理人 John Brockman 也提供了支持。我对家里其他成员的爱与支持也充满感激：我的父亲 Harry Pinker，我的继女 Yael Goldstein Love 和 Danielle Blau，我的侄子侄女，我的岳父 Martin 和岳母 Kris，我的姐姐 Susan Pinker 和弟弟 Robert Pinker，本书献给他们。

　　第 6 章部分内容改写自我的一些文章，包括讨论《美国传统英语词典》（第 5 版）中用法的一篇文章和 2012 年发表在 *Slate* 网络杂志上的一篇文章《语言战争的虚假前线》（*False Fronts in the Language Wars*）。

注　释

引言

1. From the introduction to *The Elements of Style* (Strunk & White, 1999), p. xv.
2. Pullum, 2009, 2010; J. Freeman, "Clever horses: Unhelpful advice from 'The Elements of Style,'" *Boston Globe,* April 12, 2009.
3. Williams, 1981; Pullum, 2013.
4. Eibach & Libby, 2009.
5. The examples are from Daniels, 1983.
6. Lloyd-Jones, 1976, cited in Daniels, 1983.
7. See Garvey, 2009, for a discussion of criticisms that have been leveled at Strunk & White for its insistence on plain style, and Lanham, 2007, for a critique of the one-dimensional approach to style which runs through what he calls The Books.
8. Herring, 2007; Connors & Lunsford, 1988; Lunsford & Lunsford, 2008; Lunsford, 2013; Thurlow, 2006.
9. Adams & Hunt, 2013; Cabinet Office Behavioural Insights Team, 2012; Sunstein, 2013.
10. Schriver, 2012. For more on plain language laws, see the Center for Plain Language (http://centerforplainlanguage.org) and the organizations called Plain (http://www.plainlanguage.gov) and Clarity (http://www.clarity-international.net).

11. K. Wiens, "I won't hire people who use poor grammar. Here's why," *Harvard Business Review Blog Network,* July 20, 2012, http://blogs.hbr.org/cs/2012/07/i_wont_hire_people_who_use_poo.html.
12. http://blog.okcupid.com/index.php/online-dating-advice-exactly-what-to-say-in-a-first-message/. The quotation is from the writer Twist Phelan in "Apostrophe now: Bad grammar and the people who hate it," *BBC News Magazine,* May 13, 2013.

第 1 章

1. From "A few maxims for the instruction of the over-educated," first published anonymously in *Saturday Review,* Nov. 17, 1894.
2. Though commonly attributed to William Faulkner, the quotation comes from the English professor Sir Arthur Quiller-Couch in his 1916 lectures *On the art of writing.*
3. R. Dawkins, *Unweaving the rainbow: Science, delusion and the appetite for wonder* (Boston: Houghton Mifflin, 1998), p. 1.
4. According to the Google ngram viewer: http://ngrams.googlelabs.com.
5. R. N. Goldstein, *Betraying Spinoza: The renegade Jew who gave us modernity* (New York: Nextbook/Schocken, 2006), pp. 124–125.
6. Kosslyn, Thompson, & Ganis, 2006; H. Miller, 2004–2005; Sadoski, 1998; Shepard, 1978.
7. M. Fox, "Maurice Sendak, author of splendid nightmares, dies at 83," *New York Times,* May 8, 2012; "Pauline Phillips, flinty adviser to millions as Dear Abby, dies at 94," *New York Times,* Jan. 17, 2013; "Helen Gurley Brown, who gave 'Single Girl' a life in full, dies at 90," *New York Times,* Aug. 13, 2013. I have altered the punctuation to conform to the style of this book, and in the Phillips excerpt I have quoted two of the four "Dear Abby" letters in the original obituary and reordered them.
8. Poole et al., 2011.
9. McNamara, Crossley, & McCarthy, 2010; Poole et al., 2011.
10. Pinker, 2007, chap. 6.
11. M. Fox, "Mike McGrady, known for a literary hoax, dies at 78," *New York Times,* May 14, 2012.
12. I. Wilkerson, *The warmth of other suns: The epic story of America's great migration* (New York: Vintage, 2011), pp. 8–9, 14–15.

第 2 章

1. Versions of this saying have been expressed by the writing scholar James C. Raymond, the psychologist Philip Gough, the literary scholar Betsy Draine, and the poet Mary Ruefle.
2. For a discussion of the ubiquity of concrete metaphors in language, see Pinker, 2007, chap. 5.
3. Grice, 1975; Pinker, 2007, chap. 8.
4. Thomas & Turner, 1994, p. 81.
5. Thomas & Turner, 1994, p. 77.
6. Both quotations are from p. 79.
7. B. Greene, "Welcome to the multiverse," *Newseek/The Daily Beast,* May 21, 2012.
8. D. Dutton, "Language crimes: A lesson in how not to write, courtesy of the professoriate," *Wall Street Journal,* Feb. 5, 1999, http://denisdutton.com/bad_writing.htm.
9. Thomas & Turner, 1994, p. 60.
10. Thomas & Turner, 1994, p. 40.
11. Most likely said by the Kansas newspaper editor William Allen White, http://quoteinvestigator.com/2012/08/29/substitute-damn/.
12. "Avoid clichés like the plague" is one of the many self-undermining rules of writing popularized by William Safire in his 1990 book *Fumblerules.* The genre goes back at least to 1970s campus xeroxlore; see http://alt-usage-english.org/humorousrules.html.
13. Keysar et al., 2000; Pinker, 2007, chap. 5.
14. From the historian Niall Ferguson.
15. From the linguist Geoffrey Pullum.
16. From the politician, lawyer, executive, and immortal Montreal Canadiens goaltender Ken Dryden.
17. From the historian Anthony Pagden.
18. The Dickens simile is from *David Copperfield.*
19. Roger Brown, in an unpublished paper.
20. A. Bellow, "Skin in the game: A conservative chronicle," *World Affairs,* Summer 2008.
21. H. Sword, "Zombie nouns," *New York Times,* July 23, 2012.
22. G. Allport, "Epistle to thesis writers," photocopy handed down by generations of Harvard psychology graduate students, undated but presumably from the 1960s.

23. From the Pennsylvania Plain Language Consumer Contract Act, http://www.pacode.com/secure/data/037/chapter307/s307.10.html.
24. G. K. Pullum, "The BBC enlightens us on passives," *Language Log,* Feb. 22, 2011, http://languagelog.ldc.upenn.edu/nll/?p=2990.

第 3 章

1. Sword, 2012.
2. Named after Robert J. Hanlon, who contributed it to Arthur Bloch's *Murphy's Law Book Two: More reasons why things go wrong!* (Los Angeles: Price/Stern/Sloan, 1980).
3. The term "curse of knowledge" was coined by Robin Hogarth and popularized by Camerer, Lowenstein, & Weber, 1989.
4. Piaget & Inhelder, 1956.
5. Fischhoff, 1975.
6. Ross, Greene, & House, 1977.
7. Keysar, 1994.
8. Wimmer & Perner, 1983.
9. Birch & Bloom, 2007.
10. Hayes & Bajzek, 2008; Nickerson, Baddeley, & Freeman, 1986.
11. Kelley & Jacoby, 1996.
12. Hinds, 1999.
13. Other researchers who have made this suggestion include John Hayes, Karen Schriver, and Pamela Hinds.
14. Cushing, 1994.
15. From the title of the 1943 style manual by Robert Graves and Alan Hodge, *The reader over your shoulder: A handbook for writers of prose* (New York: Random House; revised edition, 1979).
16. Epley, 2014.
17. Fischhoff, 1975; Hinds, 1999; Schriver, 2012.
18. Kelley & Jacoby, 1996.
19. Freedman, 2007, p. 22.
20. From p. 73 of the second edition (1972).
21. Attentive readers may notice that this definition of *syllepsis* is similar to the definition of *zeugma* I gave in connection with the Sendak obituary in chapter 1. The experts on rhetorical tropes don't have a consistent explanation of how they differ.
22. G. A. Miller, 1956.

23. Pinker, 2013.
24. Duncker, 1945.
25. Sadoski, 1998; Sadoski, Goetz, & Fritz, 1993; Kosslyn, Thompson, & Ganis, 2006.
26. Schriver, 2012.
27. Epley, 2014.

第 4 章

1. Florey, 2006.
2. Pinker, 1997.
3. Pinker, 1994, chap. 4.
4. Pinker, 1994, chap. 8.
5. I use the analyses in *The Cambridge Grammar of the English Language* (Huddleston & Pullum, 2002) with a few simplifications, including those introduced in the companion *A Student's Introduction to English Grammar* (Huddleston & Pullum, 2005).
6. The incident is described in Liberman & Pullum, 2006.
7. Huddleston & Pullum, 2002; Huddleston & Pullum, 2005.
8. Bock & Miller, 1991.
9. Chomsky, 1965; see Pinker, 1994, chaps. 4 and 7.
10. Pinker, 1994, chap. 7. For more recent reviews of the experimental study of sentence processing, see Wolf & Gibson, 2003; Gibson, 1998; Levy, 2008; Pickering & van Gompel, 2006.
11. From Liberman & Pullum, 2006.
12. Mostly from the column of Aug. 6, 2013.
13. I have simplified the tree on page 100; the *Cambridge Grammar* would call for two additional levels of embedding in the clause *Did Henry kiss whom* to represent the inversion of the subject and the auxiliary.
14. The first example is from the *New York Times* "After Deadline" column; the second, from Bernstein, 1965.
15. Pinker, 1994; Wolf & Gibson, 2003.
16. Some of the examples come from Smith, 2001.
17. R. N. Goldstein, *36 Arguments for the existence of God: A work of fiction* (New York: Pantheon, 2010), pp. 18–19.
18. From "Types of sentence branching," *Report writing at the World Bank*, 2012, http://colelearning.net/rw_wb/module6/page7.html.

19. Here and elsewhere, I use the label Noun Phrase for the constituent the *Cambridge Grammar* calls "Nominal."
20. Zwicky et al., 1971/1992. See also http://itre.cis.upenn.edu/~myl/languagelog/archives/001086.html.
21. Pinker, 1994, chap. 4; Gibson, 1998.
22. *Boston Globe,* May 23, 1999.
23. Fodor, 2002a, 2002b; Rayner & Pollatsek, 1989; Van Orden, Johnston, & Hale, 1988.
24. R. Rosenbaum, "Sex week at Yale," *Atlantic Monthly,* Jan./Feb. 2003; reprinted in Pinker, 2004.
25. The unattributed source for most of these emails is Lederer, 1987.
26. Spotted by *Language Log,* http://languagelog.ldc.upenn.edu/nll/?p=4401.
27. Bever, 1970.
28. Pinker, 1994, chap. 7; Fodor, 2002a; Gibson, 1998; Levy, 2008; Pickering & van Gompel, 2006; Wolf & Gibson, 2003.
29. Nunberg, 1990; Nunberg, Briscoe, & Huddleston, 2002.
30. Levy, 2008.
31. Pickering & Ferreira, 2008.
32. Cooper & Ross, 1975; Pinker & Birdsong, 1979.
33. The example is from Geoffrey Pullum.
34. Gordon & Lowder, 2012.
35. Huddleston & Pullum, 2002; Huddleston & Pullum, 2005.

第 5 章

1. Mostly from Lederer, 1987.
2. Wolf & Gibson, 2006.
3. Bransford & Johnson, 1972.
4. M. O'Connor, "Surviving winter: Heron," *The Cape Codder,* Feb. 28, 2003; reprinted in Pinker, 2004.
5. Huddleston & Pullum, 2002; Huddleston & Pullum, 2005.
6. Huddleston & Pullum, 2002; Huddleston & Pullum, 2005.
7. Gordon & Hendrick, 1998.
8. Mostly from Lederer, 1987.
9. Garrod & Sanford, 1977; Gordon & Hendrick, 1998.
10. Hume, 1748/1999.
11. Grosz, Joshi, & Weinstein, 1995; Hobbs, 1979; Kehler, 2002; Wolf & Gibson, 2006. Hume's connections between ideas, as he originally explained

them, are not identical to those distinguished by Kehler, but his trichotomy is a useful way to organize the coherence relations.
12. Clark & Clark, 1968; G. A. Miller & Johnson-Laird, 1976.
13. Grosz, Joshi, & Weinstein, 1995; Hobbs, 1979; Kehler, 2002; Wolf & Gibson, 2006.
14. Kamalski, Sanders, & Lentz, 2008.
15. P. Tyre, "The writing revolution," *The Atlantic,* Oct. 2012, http://www.theatlantic.com/magazine/archive/2012/10/the-writing-revolution/309090/.
16. Keegan, 1993, p. 3.
17. Clark & Chase, 1972; Gilbert, 1991; Horn, 2001; Huddleston & Pullum, 2002; Huddleston & Pullum, 2005; Miller & Johnson-Laird, 1976.
18. Gilbert, 1991; Goldstein, 2006; Spinoza, 1677/2000.
19. Gilbert, 1991; Wegner et al., 1987.
20. Clark & Chase, 1972; Gilbert, 1991; Miller & Johnson-Laird, 1976.
21. Huddleston & Pullum, 2002.
22. Liberman & Pullum, 2006; see also the many postings on "misnegation" in the blog *Language Log,* http://languagelog.ldc.upenn.edu/nll/.
23. Wason, 1965.
24. Huddleston & Pullum, 2002.
25. Huddleston & Pullum, 2002.
26. To be exact, he said, "We choose to go to the moon in this decade and do the other things, not because they are easy, but because they are hard...," http://er.jsc.nasa.gov/seh/ricetalk.htm.
27. Keegan, 1993, pp. 3–4.
28. Keegan, 1993, p. 5.
29. Keegan, 1993, p. 12.
30. Williams, 1990.
31. Mueller, 2004, pp. 16–18.

第 6 章

1. Macdonald, 1962.
2. G. W. Bush, "Remarks by the President at the Radio-Television Correspondents Association 57th Annual Dinner," Washington Hilton Hotel, March 29, 2001.
3. Skinner, 2012.
4. Hitchings, 2011; *Merriam-Webster's Dictionary of English Usage,* 1994.

5. Lindgren, 1990.
6. *American Heritage Dictionary*, 2011; Copperud, 1980; Huddleston & Pullum, 2002; Huddleston & Pullum, 2005; Liberman & Pullum, 2006; *Merriam-Webster's Dictionary of English Usage*, 1994; Soukhanov, 1999. Online dictionaries: *The American Heritage Dictionary of the English Language* (http://www.ahdictionary.com/); *Dictionary.com* (http://dictionary.reference.com); *Merriam-Webster Unabridged* (http://unabridged.merriam-webster.com/); *Merriam-Webster Online* (http://www.merriam-webster.com/); *Oxford English Dictionary* (http://www.oed.com); *Oxford Dictionary Online* (http://www.oxforddictionaries.com). *Language Log*, http://languagelog.ldc.upenn.edu/nll. Other sources consulted in this discussion include Bernstein, 1965; Fowler, 1965; Haussaman, 1993; Lunsford, 2006; Lunsford & Lunsford, 2008; *Oxford English Dictionary*, 1991; Siegal & Connolly, 1999; Williams, 1990.
7. M. Liberman, "Prescribing terribly," *Language Log*, 2009, http://languagelog.ldc.upenn.edu/nll/?p=1360; M. Liberman, 2007, "Amid this vague uncertainty, who walks safe?" *Language Log*, http://itre.cis.upenn.edu/~myl/languagelog/archives/004231.html.
8. E. Bakovic, "Think this," *Language Log*, 2006, http://itre.cis.upenn.edu/~myl/languagelog/archives/003144.html.
9. The errors are taken from Lunsford, 2006, and Lunsford & Lunsford, 2008.
10. Haussaman, 1993; Huddleston & Pullum, 2002.
11. *Merriam-Webster's Dictionary of English Usage*, 1994, p. 218.
12. Nunnally, 1991.
13. This analysis is based on Huddleston & Pullum, 2002.
14. G. K. Pullum, "Menand's acumen deserts him," in Liberman & Pullum, 2006, and *Language Log*, 2003, http://itre.cis.upenn.edu/~myl/languagelog/archives/000027.html.
15. B. Zimmer, "A misattribution no longer to be put up with," *Language Log*, 2004, http://itre.cis.upenn.edu/~myl/languagelog/archives/001715.html.
16. M. Liberman, "Hot Dryden-on-Jonson action," *Language Log*, 2007, http://itre.cis.upenn.edu/~myl/languagelog/archives/004454.html.
17. These and other examples of errors in student papers are adapted from Lunsford, 2006, and Lunsford & Lunsford, 2008. For an explanation of tense and its relationship to time, see Pinker, 2007, chap. 4.
18. Called out as an error by the *New York Times*' "After Deadline" column, May 14, 2013.

19. Huddleston & Pullum, 2002.
20. Huddleston & Pullum, 2002, pp. 152–154.
21. Pinker, 2007, chap. 4.
22. G. K. Pullum, "Irrational terror over adverb placement at Harvard," *Language Log*, 2008, http://languagelog.ldc.upenn.edu/nll/?p=100.
23. Huddleston & Pullum, 2002, pp. 1185–1187.
24. M. Liberman, "Heaping of catmummies considered harmful," *Language Log*, 2008, http://languagelog.ldc.upenn.edu/nll/?p=514.
25. G. K. Pullum, "Obligatorily split infinitives in real life," *Language Log*, 2005, http://itre.cis.upenn.edu/~myl/languagelog/archives/002180.html.
26. A. M. Zwicky, "Not to or to not," *Language Log*, 2005, http://itre.cis.upenn.edu/~myl/languagelog/archives/002139.html.
27. A. M. Zwicky, "Obligatorily split infinitives," *Language Log*, 2004, http://itre.cis.upenn.edu/~myl/languagelog/archives/000901.html.
28. From Winston Churchill.
29. This analysis is based on Huddleston & Pullum, 2002, especially pp. 999–1000.
30. Huddleston & Pullum, 2002, p. 87.
31. Huddleston & Pullum, 2002; Huddleston & Pullum, 2005.
32. *Merriam-Webster's Dictionary of English Usage*, 1994, p. 343.
33. G. K. Pullum, "A rule which will live in infamy," *Chronicle of Higher Education*, Dec. 7, 2012; M. Liberman, "A decline in *which*-hunting?" *Language Log*, 2013, http://languagelog.ldc.upenn.edu/nll/?p=5479#more-5479.
34. G. K. Pullum, "More timewasting garbage, another copy-editing moron," *Language Log*, 2004, http://itre.cis.upenn.edu/~myl/languagelog/archives/000918.html; G. K. Pullum, "*Which* vs *that*? I have numbers!" *Language Log*, 2004, http://itre.cis.upenn.edu/~myl/languagelog/archives/001464.html.
35. *Merriam-Webster's Dictionary of English Usage*, 1994, p. 895.
36. Pinker, 1999/2011.
37. Flynn, 2007; see also Pinker, 2011, chap. 9.
38. M. Liberman, "*Whom* humor," *Language Log*, 2004, http://itre.cis.upenn.edu/~myl/languagelog/archives/000779.html.
39. *Merriam-Webster's Dictionary of English Usage*, 1994, p. 958; G. K. Pullum, "One rule to ring them all," *Chronicle of Higher Education*, Nov. 30, 2012, http://chronicle.com/blogs/linguafranca/2012/11/30/one-rule-to-ring-them-all/; Huddleston & Pullum, 2002.

40. According to the Google ngram viewer: http://ngrams.googlelabs.com.
41. A fifteenth-century curse discussed in my book *The stuff of thought*, chap. 7.
42. Quoted in *Merriam-Webster's Dictionary of English Usage*, 1994, p. 959.
43. *Merriam-Webster's Dictionary of English Usage*, 1994, pp. 689–690; Huddleston & Pullum, 2002, p. 506; *American Heritage Dictionary*, 2011, Usage Note for *one*.
44. For an analysis of the language of stuff and things, see Pinker, 2007, chap. 4.
45. J. Freeman, "One less thing to worry about," *Boston Globe*, May 24, 2009.
46. Originally published as "Ships in the night," *New York Times*, April 5, 1994.
47. White House Office of the Press Secretary, "Statement by the President on the Supreme Court's Ruling on Arizona v. the United States," June 25, 2012.
48. D. Gelernter, "Feminism and the English language," *Weekly Standard*, March 3, 2008; G. K. Pullum, "Lying feminist ideologues wreck English language, says Yale prof," *Language Log*, 2008, http://itre.cis.upenn.edu/~myl/languagelog/archives/005423.html.
49. Foertsch & Gernsbacher, 1997.
50. From G. K. Pullum, "Lying feminist ideologues wreck English language, says Yale prof," *Language Log*, 2008, http://itre.cis.upenn.edu/~myl/languagelog/archives/005423.html, and *Merriam-Webster's Dictionary of English Usage*, 1994.
51. Foertsch & Gernsbacher, 1997.
52. From G. J. Stigler, "The intellectual and the market place," Selected Papers No. 3, Graduate School of Business, University of Chicago, 1967.
53. H. Churchyard, "Everyone loves their Jane Austen," http://www.crossmyt.com/hc/linghebr/austheir.html.
54. G. K. Pullum, "Singular *they* with known sex," *Language Log*, 2006, http://itre.cis.upenn.edu/~myl/languagelog/archives/002742.html.
55. Pinker, 1994, chap. 12.
56. Foertsch & Gernsbacher, 1997; Sanforth & Filik, 2007; M. Liberman, "Prescriptivist science," *Language Log*, 2008, http://languagelog.ldc.upenn.edu/nll/?p=199.
57. Huddleston & Pullum, 2002, pp. 608–609.
58. Nunberg, 1990; Nunberg, Briscoe, & Huddleston, 2002.

59. Truss, 2003; L. Menand, "Bad comma," *New Yorker,* June 28, 2004; Crystal, 2006; J. Mullan, "The war of the commas," *The Guardian,* July 1, 2004, http://www.theguardian.com/books/2004/jul/02/referenceandlanguages.johnmullan.
60. Huddleston & Pullum, 2002; Huddleston & Pullum, 2005, p. 188.
61. Lunsford, 2006; Lunsford & Lunsford, 2008; B. Yagoda, "The most comma mistakes," *New York Times,* May 21, 2012; B. Yagoda, "Fanfare for the comma man," *New York Times,* April 9, 2012.
62. B. Yagoda, "Fanfare for the comma man," *New York Times,* April 9, 2012.
63. M. Norris, "In defense of 'nutty' commas," *New Yorker,* April 12, 2010.
64. Lunsford, 2006; Lunsford & Lunsford, 2008; B. Yagoda, "The most comma mistakes," *New York Times,* May 21, 2012.
65. The examples that follow are from Wikipedia, "Serial comma."
66. Siegal & Connolly, 1999.
67. At least according to the *New York Times Manual of Style and Usage* (Siegal & Connolly, 1999). Other manuals make an exception to this exception for classical names ending in *–as* or *–us,* and then make an exception to the exception to the exception for *Jesus*—but he would get by without the *'s* by virtue of the sound of his name anyway.
68. Pullum, 1984.
69. B. Yagoda, "The rise of 'logical punctuation,'" *Slate,* May 12, 2011.
70. D. F. Wallace, "Tense present: Democracy, English, and the wars over usage," *Harper's,* April 2001; D. Gelernter, "Feminism and the English language," *Weekly Standard,* March 3, 2008; J. Simon, *Paradigms lost* (New York: Clarkson Potter, 1980), p. 97; J. Simon, "First foreword," in Fiske, 2011, p. ix; Fiske, 2011, p. 213; Truss, 2003.
71. G. K. Pullum, "Lying feminist ideologues wreck English, says Yale prof," *Language Log,* 2008, http://itre.cis.upenn.edu/~myl/languagelog/archives/005423.html. See also M. Liberman, "At a loss for lexicons," *Language Log,* 2004, http://itre.cis.upenn.edu/~myl/languagelog/archives/000437.html.
72. Deck & Herson, 2010.
73. Kahneman, Slovic, & Tversky, 1982; Schacter, 2001.
74. K. A. McDonald, "Many of Mark Twain's famed humorous sayings are found to have been misattributed to him," *Chronicle of Higher Education,* Sept. 4, 1991, A8.
75. Haidt, 2012; Pinker, 2011, chap. 8.

参 考 文 献

Adams, P., & Hunt, S. 2013. *Encouraging consumers to claim redress: Evidence from a field trial.* London: Financial Conduct Authority.

American Heritage Dictionary of the English Language (5th ed.). 2011. Boston: Houghton Mifflin Harcourt.

Bernstein, T. M. 1965. *The careful writer: A modern guide to English usage.* New York: Atheneum.

Bever, T. G. 1970. The cognitive basis for linguistic structures. In J. R. Hayes (ed.), *Cognition and the development of language.* New York: Wiley.

Birch, S. A. J., & Bloom, P. 2007. The curse of knowledge in reasoning about false beliefs. *Psychological Science, 18*, 382–386.

Bock, K., & Miller, C. A. 1991. Broken agreement. *Cognitive Psychology, 23*, 45–93.

Bransford, J. D., & Johnson, M. K. 1972. Contextual prerequisites for understanding: Some investigations of comprehension and recall. *Journal of Verbal Learning and Verbal Behavior, 11*, 717–726.

Cabinet Office Behavioural Insights Team. 2012. *Applying behavioural insights to reduce fraud, error and debt.* London: Cabinet Office Behavioural Insights Team.

Camerer, C., Lowenstein, G., & Weber, M. 1989. The curse of knowledge in economic settings: An experimental analysis. *Journal of Political Economy, 97*, 1232–1254.

Chomsky, N. 1965. *Aspects of the theory of syntax.* Cambridge, Mass.: MIT Press.

Clark, H. H., & Chase, W. G. 1972. On the process of comparing sentences against pictures. *Cognitive Psychology, 3,* 472–517.

Clark, H. H., & Clark, E. V. 1968. Semantic distinctions and memory for complex sentences. *Quarterly Journal of Experimental Psychology, 20,* 129–138.

Connors, R. J., & Lunsford, A. A. 1988. Frequency of formal errors in current college writing, or Ma and Pa Kettle do research. *College Composition and Communication, 39,* 395–409.

Cooper, W. E., & Ross, J. R. 1975. World order. In R. E. Grossman, L. J. San, & T. J. Vance (eds.), *Papers from the parasession on functionalism of the Chicago Linguistics Society.* Chicago: University of Chicago Press.

Copperud, R. H. 1980. *American usage and style: The consensus.* New York: Van Nostrand Reinhold.

Crystal, D. 2006. *The fight for English: How language pundits ate, shot, and left.* New York: Oxford University Press.

Cushing, S. 1994. *Fatal words: Communication clashes and aircraft crashes.* Chicago: University of Chicago Press.

Daniels, H. A. 1983. *Famous last words: The American language crisis reconsidered.* Carbondale: Southern Illinois University Press.

Deck, J., & Herson, B. D. 2010. *The great typo hunt: Two friends changing the world, one correction at a time.* New York: Crown.

Duncker, K. 1945. On problem solving. *Psychological Monographs, 58.*

Eibach, R. P., & Libby, L. K. 2009. Ideology of the good old days: Exaggerated perceptions of moral decline and conservative politics. In J. T. Jost, A. Kay, & H. Thorisdottir (eds.), *Social and psychological bases of ideology and system justification.* Oxford: Oxford University Press.

Epley, N. 2014. *Mindwise: (Mis)understanding what others think, believe, feel, and want.* New York: Random House.

Fischhoff, B. 1975. Hindsight ≠ foresight: The effect of outcome knowledge on judgment under uncertainty. *Journal of Experimental Psychology: Human Perception and Performance, 1,* 288–299.

Fiske, R. H. 2011. *Robert Hartwell Fiske's Dictionary of Unendurable English.* New York: Scribner.

Florey, K. B. 2006. *Sister Bernadette's barking dog: The quirky history and lost art of diagramming sentences.* New York: Harcourt.

Flynn, J. R. 2007. *What is intelligence?* New York: Cambridge University Press.

Fodor, J. D. 2002a. Prosodic disambiguation in silent reading. Paper presented at the North East Linguistic Society.

Fodor, J. D. 2002b. Psycholinguistics cannot escape prosody. https://gc.cuny.edu/CUNY_GC/media/CUNY-Graduate-Center/PDF/Programs/Linguistics/Psycholinguistics-Cannot-Escape-Prosody.pdf.

Foertsch, J., & Gernsbacher, M. A. 1997. In search of gender neutrality: Is singular *they* a cognitively efficient substitute for generic *he*? *Psychological Science, 8*, 106–111.

Fowler, H. W. 1965. *Fowler's Modern English Usage* (2nd ed.; E. Gowers, ed.). New York: Oxford University Press.

Freedman, A. 2007. *The party of the first part: The curious world of legalese.* New York: Henry Holt.

Garrod, S., & Sanford, A. 1977. Interpreting anaphoric relations: The integration of semantic information while reading. *Journal of Verbal Learning and Verbal Behavior, 16,* 77–90.

Garvey, M. 2009. *Stylized: A slightly obsessive history of Strunk and White's "The Elements of Style."* New York: Simon & Schuster.

Gibson, E. 1998. Linguistic complexity: Locality of syntactic dependencies. *Cognition, 68,* 1–76.

Gilbert, D. T. 1991. How mental systems believe. *American Psychologist, 46,* 107–119.

Goldstein, R. N. 2006. *Betraying Spinoza: The renegade Jew who gave us modernity.* New York: Nextbook/Schocken.

Gordon, P. C., & Hendrick, R. 1998. The representation and processing of coreference in discourse. *Cognitive Science, 22,* 389–424.

Gordon, P. C., & Lowder, M. W. 2012. Complex sentence processing: A review of theoretical perspectives on the comprehension of relative clauses. *Language and Linguistics Compass, 6/7,* 403–415.

Grice, H. P. 1975. Logic and conversation. In P. Cole & J. L. Morgan (eds.), *Syntax & semantics* (Vol. 3, *Speech acts*). New York: Academic Press.

Grosz, B. J., Joshi, A. K., & Weinstein, S. 1995. Centering: A framework for modeling the local coherence of discourse. *Computational Linguistics, 21,* 203–225.

Haidt, J. 2012. *The righteous mind: Why good people are divided by politics and religion.* New York: Pantheon.

Haussaman, B. 1993. *Revising the rules: Traditional grammar and modern linguistics.* Dubuque, Iowa: Kendall/Hunt.

Hayes, J. R., & Bajzek, D. 2008. Understanding and reducing the knowledge effect: Implications for writers. *Written Communication, 25,* 104–118.

Herring, S. C. 2007. Questioning the generational divide: Technological exoticism and adult construction of online youth identity. In D. Buckingham (ed.), *Youth, identity, and digital media.* Cambridge, Mass.: MIT Press.

Hinds, P. J. 1999. The curse of expertise: The effects of expertise and debiasing methods on predictions of novel performance. *Journal of Experimental Psychology: Applied, 5,* 205–221.

Hitchings, H. 2011. *The language wars: A history of proper English.* London: John Murray.

Hobbs, J. R. 1979. Coherence and coreference. *Cognitive Science, 3,* 67–90.

Horn, L. R. 2001. *A natural history of negation.* Stanford, Calif.: Center for the Study of Language and Information.

Huddleston, R., & Pullum, G. K. 2002. *The Cambridge Grammar of the English Language.* New York: Cambridge University Press.

Huddleston, R., & Pullum, G. K. 2005. *A Student's Introduction to English Grammar.* New York: Cambridge University Press.

Hume, D. 1748/1999. *An enquiry concerning human understanding.* New York: Oxford University Press.

Kahneman, D., Slovic, P., & Tversky, A. 1982. *Judgment under uncertainty: Heuristics and biases.* New York: Cambridge University Press.

Kamalski, J., Sanders, T., & Lentz, L. 2008. Coherence marking, prior knowledge, and comprehension of informative and persuasive texts: Sorting things out. *Discourse Processes, 45,* 323–345.

Keegan, J. 1993. *A history of warfare.* New York: Vintage.

Kehler, A. 2002. *Coherence, reference, and the theory of grammar.* Stanford, Calif.: Center for the Study of Language and Information.

Kelley, C. M., & Jacoby, L. L. 1996. Adult egocentrism: Subjective experience versus analytic bases for judgment. *Journal of Memory and Language, 35,* 157–175.

Keysar, B. 1994. The illusory transparency of intention: Linguistic perspective taking in text. *Cognitive Psychology, 26,* 165–208.

Keysar, B., Shen, Y., Glucksberg, S., & Horton, W. S. 2000. Conventional language: How metaphorical is it? *Journal of Memory and Language, 43,* 576–593.

Kosslyn, S. M., Thompson, W. L., & Ganis, G. 2006. *The case for mental imagery.* New York: Oxford University Press.

Lanham, R. 2007. *Style: An anti-textbook.* Philadelphia: Paul Dry.

Lederer, R. 1987. *Anguished English.* Charleston, S.C.: Wyrick.

Levy, R. 2008. Expectation-based syntactic comprehension. *Cognition, 106,* 1126–1177.

Liberman, M., & Pullum, G. K. 2006. *Far from the madding gerund: And other dispatches from Language Log.* Wilsonville, Ore.: William, James & Co.

Lindgren, J. 1990. Fear of writing (review of *Texas Law Review Manual of Style,* 6th ed., and *Webster's Dictionary of English Usage*). *California Law Review, 78,* 1677–1702.

Lloyd-Jones, R. 1976. Is writing worse nowadays? *University of Iowa Spectator,* April.

Lunsford, A. A. 2006. Error examples. Unpublished document, Program in Writing and Rhetoric, Stanford University.

Lunsford, A. A. 2013. Our semi-literate youth? Not so fast. Unpublished manuscript, Dept. of English, Stanford University.

Lunsford, A. A., & Lunsford, K. J. 2008. "Mistakes are a fact of life": A national comparative study. *College Composition and Communication, 59,* 781–806.

Macdonald, D. 1962. The string untuned: A review of *Webster's New International Dictionary* (3rd ed.). *New Yorker,* March 10.

McNamara, D. S., Crossley, S. A., & McCarthy, P. M. 2010. Linguistic features of writing quality. *Written Communication, 27,* 57–86.

Merriam-Webster's Dictionary of English Usage. 1994. Springfield, Mass.: Merriam-Webster.

Miller, G. A. 1956. The magical number seven, plus or minus two: Some limits on our capacity for processing information. *Psychological Review, 63,* 81–96.

Miller, G. A., & Johnson-Laird, P. N. 1976. *Language and perception.* Cambridge, Mass.: Harvard University Press.

Miller, H. 2004–2005. Image into word: Glimpses of mental images in writers writing. *Journal of the Assembly for Expanded Perspectives on Learning, 10,* 62–72.

Mueller, J. 2004. *The remnants of war.* Ithaca, N.Y.: Cornell University Press.

Nickerson, R. S., Baddeley, A., & Freeman, B. 1986. Are people's estimates of what other people know influenced by what they themselves know? *Acta Psychologica, 64,* 245–259.

Nunberg, G. 1990. *The linguistics of punctuation.* Stanford, Calif.: Center for the Study of Language and Information.

Nunberg, G., Briscoe, T., & Huddleston, R. 2002. Punctuation. In R. Huddleston & G. K. Pullum, *The Cambridge Grammar of the English Language*. New York: Cambridge University Press.

Nunnally, T. 1991. The possessive with gerunds: What the handbooks say, and what they should say. *American Speech, 66,* 359–370.

Oxford English Dictionary. 1991. *The Compact Edition of the Oxford English Dictionary* (2nd ed.). New York: Oxford University Press.

Piaget, J., & Inhelder, B. 1956. *The child's conception of space*. London: Routledge.

Pickering, M. J., & Ferreira, V. S. 2008. Structural priming: A critical review. *Psychological Bulletin, 134,* 427–459.

Pickering, M. J., & van Gompel, R. P. G. 2006. Syntactic parsing. In M. Traxler & M. A. Gernsbacher (eds.), *Handbook of psycholinguistics* (2nd ed.). Amsterdam: Elsevier.

Pinker, S. 1994. *The language instinct*. New York: HarperCollins.

Pinker, S. 1997. *How the mind works*. New York: Norton.

Pinker, S. 1999. *Words and rules: The ingredients of language*. New York: HarperCollins.

Pinker, S. (ed.). 2004. *The best American science and nature writing 2004*. Boston: Houghton Mifflin.

Pinker, S. 2007. *The stuff of thought: Language as a window into human nature*. New York: Viking.

Pinker, S. 2011. *The better angels of our nature: Why violence has declined*. New York: Viking.

Pinker, S. 2013. George A. Miller (1920–2012). *American Psychologist, 68,* 467–468.

Pinker, S., & Birdsong, D. 1979. Speakers' sensitivity to rules of frozen word order. *Journal of Verbal Learning and Verbal Behavior, 18,* 497–508.

Poole, D. A., Nelson, L. D., McIntyre, M. M., VanBergen, N. T., Scharphorn, J. R., & Kastely, S. M. 2011. The writing styles of admired psychologists. Unpublished manuscript, Dept. of Psychology, Central Michigan University.

Pullum, G. K. 1984. Punctuation and human freedom. *Natural Language and Linguistic Theory, 2,* 419–425.

Pullum, G. K. 2009. 50 years of stupid grammar advice. *Chronicle of Higher Education,* Dec. 22.

Pullum, G. K. 2010. The land of the free and "The Elements of Style." *English Today, 26,* 34–44.

Pullum, G. K. 2013. Elimination of the fittest. *Chronicle of Higher Education,* April 11.

Rayner, K., & Pollatsek, A. 1989. *The psychology of reading.* Englewood Cliffs, N.J.: Prentice Hall.

Ross, L., Greene, D., & House, P. 1977. The "false consensus effect": An egocentric bias in social perception and attribution processes. *Journal of Experimental Social Psychology, 13,* 279–301.

Sadoski, M. 1998. Mental imagery in reading: A sampler of some significant studies. *Reading Online.* www.readingonline.org/researchSadoski.html.

Sadoski, M., Goetz, E. T., & Fritz, J. B. 1993. Impact of concreteness on comprehensibility, interest, and memory for text: Implications for dual coding theory and text design. *Journal of Educational Psychology, 85,* 291–304.

Sanforth, A. J., & Filik, R. 2007. "They" as a gender-unspecified singular pronoun: Eye tracking reveals a processing cost. *Quarterly Journal of Experimental Psychology, 60,* 171–178.

Schacter, D. L. 2001. *The seven sins of memory: How the mind forgets and remembers.* Boston: Houghton Mifflin.

Schriver, K. A. 2012. What we know about expertise in professional communication. In V. Berninger (ed.), *Past, present, and future contributions of cognitive writing research to cognitive psychology.* New York: Psychology Press.

Shepard, R. N. 1978. The mental image. *American Psychologist, 33,* 125–137.

Siegal, A. M., & Connolly, W. G. 1999. *The New York Times Manual of Style and Usage.* New York: Three Rivers Press.

Skinner, D. 2012. *The story of* ain't: *America, its language, and the most controversial dictionary ever published.* New York: HarperCollins.

Smith, K. 2001. *Junk English.* New York: Blast Books.

Soukhanov, A. 1999. *Encarta World English Dictionary.* New York: St. Martin's Press.

Spinoza, B. 1677/2000. *Ethics* (G. H. R. Parkinson, trans.). New York: Oxford University Press.

Strunk, W., & White, E. B. 1999. *The Elements of Style* (4th ed.). New York: Longman.

Sunstein, C. R. 2013. *Simpler: The future of government.* New York: Simon & Schuster.

Sword, H. 2012. *Stylish academic writing.* Cambridge, Mass.: Harvard University Press.

Thomas, F.-N., and Turner, M. 1994. *Clear and simple as the truth: Writing classic prose.* Princeton: Princeton University Press.

Thurlow, C. 2006. From statistical panic to moral panic: The metadiscursive construction and popular exaggeration of new media language in the print media. *Journal of Computer-Mediated Communication, 11.*

Truss, L. 2003. *Eats, shoots & leaves: The zero tolerance approach to punctuation.* London: Profile Books.

Van Orden, G. C., Johnston, J. C., & Hale, B. L. 1988. Word identification in reading proceeds from spelling to sound to meaning. *Journal of Experimental Psychology: Learning, Memory, and Cognition, 14,* 371–386.

Wason, P. C. 1965. The contexts of plausible denial. *Journal of Verbal Learning and Verbal Behavior, 4,* 7–11.

Wegner, D., Schneider, D. J., Carter, S. R. I., & White, T. L. 1987. Paradoxical effects of thought suppression. *Journal of Personality and Social Psychology, 53,* 5–13.

Williams, J. M. 1981. The phenomenology of error. *College Composition and Communication, 32,* 152–168.

Williams, J. M. 1990. *Style: Toward clarity and grace.* Chicago: University of Chicago Press.

Wimmer, H., & Perner, J. 1983. Beliefs about beliefs: Representation and constraining function of wrong beliefs in young children's understanding of deception. *Cognition, 13,* 103–128.

Wolf, F., & Gibson, E. 2003. Parsing: An overview. In L. Nadel (ed.), *Encyclopedia of Cognitive Science.* New York: Macmillan.

Wolf, F., & Gibson, E. 2006. *Coherence in natural language: Data structures and applications.* Cambridge, Mass.: MIT Press.

Zwicky, A. M., Salus, P. H., Binnick, R. I., & Vanek, A. L. (eds.). 1971/1992. *Studies out in left field: Defamatory essays presented to James D. McCawley on the occasion of his 33rd or 34th birthday.* Philadelphia: John Benjamins.

写 作 与 表 达

《风格感觉：21世纪写作指南》

作者：[美]史蒂芬·平克 译者：王烁 王佩 译 阳志平 审校

写作在这个时代的重要性，远远超过以往任何时代。如果只读一本写作书，就读这一本。

比尔·盖茨大力推崇的心理学家、畅销书作者史蒂芬·平克教你如何运用语词打动人心

《纽约时报》畅销书/《经济学人》优秀图书

《学术写作原来是这样：语言、逻辑和结构的全面提升》

作者：易莉

中国人在英文学术写作中有哪些误区？如何提升学术写作的效率？北京大学心理与认知科学学院博导易莉多年英文论文写作课程精华，一部有关心理学、社会科学的英文学术写作指南

《故事板演讲术：4步打造看得见的影响力》

作者：[法]玛丽昂·沙罗 [美]珍妮弗·约翰逊 译者：胡晓琳

如何缓解公众演讲的焦虑和压力？如何轻松应对演讲前的痛苦准备？4个步骤、10个工具帮助你创作吸引人的演讲，实现与他人有效沟通

《用图表说话：职场人士必备的高效表达工具》

作者：[美]斯科特·贝里纳托 译者：王正林

数据可视化：一种新的商业沟通语言，一项商业精英的技能。数据可视化专家手把手教你做出有说服力的图表

《好图表，坏图表：可视化语言打造看得见的说服力》

作者：[美]斯科特·贝里纳托 译者：黄涛

当代职场沟通必备技能，《哈佛商业评论》可视化思维经典入门指南。4个步骤、300余张好图表VS坏图表，让你熟练掌握可视化语言，提升说服力和影响力，实现职场跨越式成长

脑与认知

《重塑大脑,重塑人生》
作者:[美]诺曼·道伊奇 译者:洪兰

神经可塑性领域的经典科普作品,讲述该领域科学家及患者有趣迷人的奇迹故事。

作者是四次获得加拿大国家杂志写作金奖、奥利弗·萨克斯之后最会讲故事的科学作家道伊奇博士。

果壳网创始人姬十三强力推荐,《最强大脑》科学评审魏坤琳、安人心智董事长阳志平倾情作序

《具身认知:身体如何影响思维和行为》
作者:[美]西恩·贝洛克 译者:李盼

还以为是头脑在操纵身体?原来,你的身体也对头脑有巨大影响!这就是有趣又有用的"具身认知"!

一流脑科学专家、芝加哥大学心理学系教授西恩·贝洛克教你全面开发使用自己的身体和周围环境。

提升思维、促进学习、改善记忆、激发创造力、改善情绪、做出更好决策、理解他人、帮助孩子开发大脑

《元认知:改变大脑的顽固思维》
作者:[美]大卫·迪绍夫 译者:陈舒

元认知是一种人类独有的思维能力,帮助你从问题中抽离出来,以旁观者的角度重新审视事件本身,问题往往迎刃而解。

每个人的元认知能力也是不同的,这影响了学习效率、人际关系、工作成绩等。

通过本书中提供的心理学知识和自助技巧,你可以获得高水平的元认知能力

《大脑是台时光机》
作者:[美]迪恩·博南诺 译者:闾佳

关于时间感知的脑洞大开之作,横跨神经科学、心理学、哲学、数学、物理、生物等领域,打开你对世界的崭新认知。神经现实、酷炫脑、远读重洋、科幻世界、未来事务管理局、赛凡科幻空间、国家天文台屈艳博士联袂推荐

《思维转变:社交网络、游戏、搜索引擎如何影响大脑认知》
作者:[英]苏珊·格林菲尔德 译者:张璐

数字技术如何影响我们的大脑和心智?怎样才能驾驭它们,而非成为它们的奴隶?很少有人能够像本书作者一样,从神经科学家的视角出发,给出一份兼具科学和智慧洞见的答案

更多>>>

《潜入大脑:认知与思维升级的100个奥秘》 作者:[英]汤姆·斯塔福德 等 译者:陈能顺
《上脑与下脑:找到你的认知模式》 作者:[美]斯蒂芬·M.科斯林 等 译者:方一雲
《唤醒大脑:神经可塑性如何帮助大脑自我疗愈》 作者:[美]诺曼·道伊奇 译者:闾佳